Illisibilité partielle

VALABLE POUR TOUT OU PARTIE DU DOCUMENT REPRODUIT

Couvertures supérieure et inférieure manquantes

LES ROMANS

DE

LA TABLE RONDE

IV

CE VOLUME CONTIENT

LANCELOT DU LAC. — DEUXIÈME PARTIE.

Typographie Lahure, rue de Fleurus, 9, à Paris.

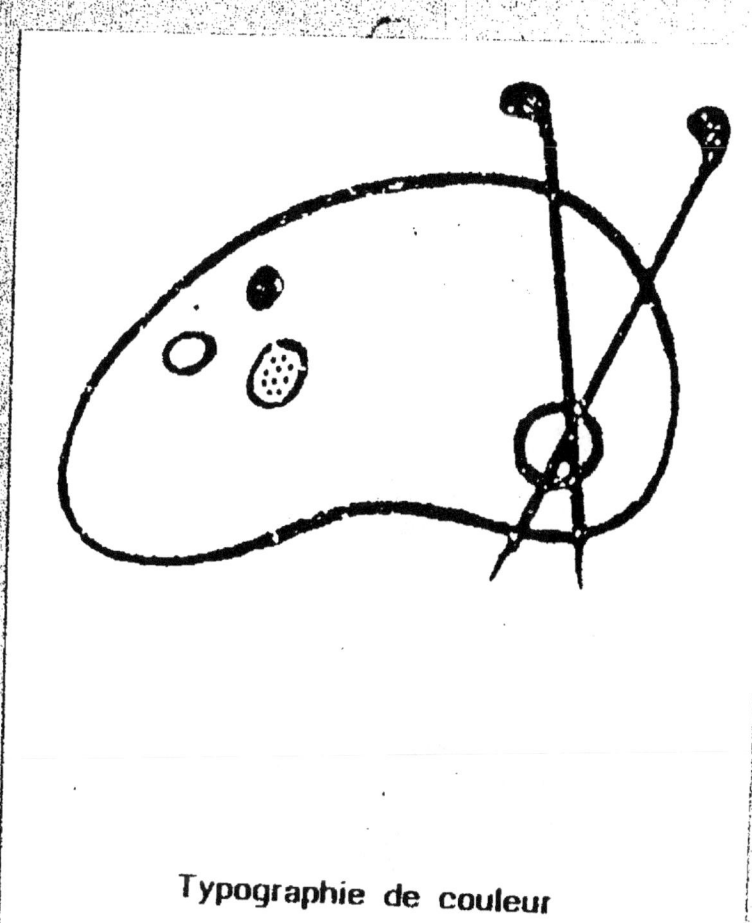

Typographie de couleur

LES ROMANS

DE

LA TABLE RONDE

MIS EN NOUVEAU LANGAGE

ET ACCOMPAGNÉS DE RECHERCHES SUR L'ORIGINE
ET LE CARACTÈRE DE CES GRANDES COMPOSITIONS

PAR

PAULIN PARIS

Membre de l'Institut, Professeur honoraire de langue et littérature
du Moyen âge au Collège de France

TOME QUATRIÈME

PARIS

LEON TECHENER, LIBRAIRE

RUE DE L'ARBRE-SEC, 52

—

MDCCCLXXV

LE ROMAN

DE

LANCELOT DU LAC.

TOME II

LANCELOT DU LAC.

XLVII.

Lancelot ne pouvait vivre longtemps éloigné de la reine sans tomber dans une tristesse profonde, et sa mélancolie ne pouvait échapper à l'attention de Galehaut. « Cher compain, lui dit-il un « jour, je sens que je me meurs. — Ah ! Lance- « lot, j'ai deviné la cause de votre malaise, elle « est à Logres : il faudrait, pour vous conforter, « la vue de votre dame ; travaillons donc à nous « rapprocher d'elle. Nous pouvons envoyer à « la cour un message que nous confierons à « Lionel : Lionel sait nos pensées, il les rendra « mieux que personne. »

Lionel fut appelé : « Écoute, bel ami, lui dit

« Galehaut, nous allons t'envoyer à la cour du
« roi Artus. Tu demanderas d'abord la noble
« dame de Malehaut, de la part de son ami, le
« seigneur des Iles lointaines. Quand tu seras
« seul avec elle, tu lui diras de te conduire à la
« reine ; et quand tu seras devant cette rose de
« toutes les beautés, ce parangon de toutes les
« dames, tu lui apprendras que tu es fils du roi
« Bohor et cousin de Lancelot. Elle demandera
« des nouvelles de son ami ; tu répondras que
« loin d'elle il ne peut être en bon point, et
« que, tous les deux, nous craignons d'être mis
« en oubli, lui par elle, moi par ma dame de
« Malehaut. Si elles veulent nous rendre heu-
« reux comme au temps où nous étions près
« d'elles, elles trouveront facilement un moyen
« de nous rappeler. »

Lionel se disposa à fournir le message. Quand il fut au monter, Galehaut lui recommanda de ne confier à personne au monde le secret de son voyage : la moindre indiscrétion pouvait causer de grands maux. « Avant, dit Lionel, d'en rien « laisser deviner, on m'arrachera la langue. »

Il prit la voie qui conduisait le plus droit à la cour du roi Artus. Mais son voyage est tellement lié à la quête entreprise par messire Gauvain, que nous devons, avant de le suivre, raconter ce qui advint au neveu d'Artus, quand il eut franchi le carrefour des Sept voies.

XLVIII.

Nous avons passé rapidement (1) sur ce qui était arrivé à mess. Gauvain dans le carrefour des Sept voies. Provoqué par un chevalier facilement réduit à demander merci, il lui avait ordonné de se rendre à la cour d'Artus, pour remettre à Hector des Mares l'épée dont lui faisait don la demoiselle de Norgalles (2). Le carrefour passé, mess. Gauvain chevaucha jusqu'à la rivière qui partageait en deux la forêt, et bientôt il fit rencontre d'un clerc revêtu, marchant à grands pas.
« Damp clerc, demanda-t-il, êtes-vous prêtre
« ou ermite? — Sire, je suis un simple clerc,
« et je vais en toute hâte à l'ermitage voisin du
« château de Loverzep. Le prêtre m'y attend
« pour commencer l'office de Vêpres. — N'est-
« il pas dans la forêt d'autre religion? — Il y
« en a deux : vous avez dépassé celle qui est
« avant le carrefour des Sept voies. L'autre,
« éloignée de toute habitation, est nommée le
« *Repost*. Pour la maison où je suis attendu,
« c'est l'ermitage dit de la *Croix* parce que là
« fut posée, dans les temps anciens, la pre-
« mière croix élevée dans la Grande-Breta-

---

(1) Tome V, p. 332. — (2) Tome V, p. 329.

« gne (1). De Loverzep on compte deux lieues,
« et il n'y a pas d'asile plus rapproché, tant
« le pays est ruiné par la guerre émue entre le
« duc Escaus de Cambenic et le roi de Nor-
« galles. Demain, au point du jour devra se
« faire devant Loverzep une grande assem-
« blée des deux partis; si vous m'en croyez,
« sire, vous viendrez passer la nuit à l'ermi-
« tage de la Croix. » Le jour tombait et
mess. Gauvain jugea qu'il n'avait rien de mieux
à faire. « Montez en croupe, dit-il au clerc.
« — Oh non! sire, je suivrai l'amble de votre
« cheval. » Mais mess. Gauvain suivit le clerc
au lieu de le précéder. Arrivés à la maison de
religion, l'ermite qui l'habitait en ouvrit la
porte en souhaitant la bienvenue au chevalier,
tandis que le clerc se chargeait d'établer le
cheval. Le prêtre après avoir désarmé messire
Gauvain alla dire ses vêpres, et quand il eut fini,
le manger fut disposé, frugal on doit le penser car l'ermite vivait de peu, et l'on était au
vendredi.

Après le souper, l'ermite demanda au chevalier s'il était au roi Artus. « Oui, damp er-
« mite. — Je dois connaître votre nom, car les
« chevaliers de la maison du roi Artus sont les
« plus renommés du siècle. — Comment pou-

---

(1) *Saint Graal*, p. 302.

« vez-vous le savoir? — Par un chevalier qui,
« après avoir servi le monde, a longtemps par-
« tagé ma solitude. Il se nommait messire
« Allier. En quittant le siècle, il avait laissé à
« Marest, son fils, une terre dépendante de la
« dame de Roestoc. Mais Marest ne put la dé-
« fendre contre un baron nommé Ségurade,
« qui faisait à la dame de Roestoc une guerre
« opiniâtre. Quand il eut tout perdu, il vint ra-
« conter ici ce qui lui était arrivé. Or, messire
« Allier, pour s'être voué à Dieu n'en était
« pas moins resté d'os et de chair; il me prit
« à conseil : *Père,* dit-il, *celui qui ruine et dé-*
« *pouille son voisin, sans avoir une injure à ven-*
« *ger, n'est-il pas pire que les Sarrasins* (1)? —
« *Peut-être aussi mauvais,* ai-je répondu, *mais*
« *non pire.* — *Et Jésus-Christ me tiendrait-il*
« *compte de mon voyage, si j'allais le venger*
« *outre-mer?* — *Assurément.* — *Eh bien! j'irai*
« *combattre ceux qui ne valent pas mieux que*
« *les Sarrasins.* » Il prit congé de moi, et se
« maintint dans la seule tour restée de son hé-
« ritage, sans renoncer pourtant aux draps de
« religion. Je pense même qu'il ne tardera pas
« à revenir, car on m'a dit qu'un preux cheva-

---

(1) Le ms. 751, f° 124 porte : « Pire que Saladin ». Ce nom semble rapporter la composition à la fin du douzième siècle; vers 1190.

« lier errant avait réduit à merci le tyran Sé-
« gurade (1). Messire Allier me parlait sou-
« vent des chevaliers de la maison du roi
« Artus, de messire Gauvain, de Sagremor le
« desréé; surtout il m'avait recommandé de
« ne jamais voir un compagnon de la Table-
« Ronde sans chercher à connaître son nom.

« — Je n'ai jamais caché le mien, dit alors
« le chevalier; et je ne veux pas commencer
« avec vous. On m'appelle Gauvain, le neveu
« du roi Artus. — Ah! messire Gauvain, soyez
« de tous les chevaliers le mieux venu! Tout
« le siècle parle de votre prouesse, et j'ai honte
« de vous avoir si peu honoré. Vous plairait-il
« de dire où vous allez ? — Oui; je voudrais ga-
« gner la terre du prince Galehaut, le fils de
« la Géante (2), et j'ai l'espoir d'y trouver un
« jeune chevalier qui passe en prouesse tous

---

(1) Voyez t. I, p. 310.

(2) Dans le *Tristan*, la « géande » est femme de Brunor de l'Ile aux géants; elle meurt ainsi que Brunor de la main de Tristan, et Galehaut leur fils, arrivé pour les venger, pardonne au meurtrier. — Pour ce qui est d'Allier, son histoire est racontée un peu autrement, dans la partie inédite du livre d'*Artus* (ms. 337). Il était seigneur de Taningue et avait vu mourir tous ses fils, à l'exception du plus jeune, dans un combat contre les Saisnes qui avait aussi rendu veuve la dame de Roestoc. Alors Allier avait pris les draps de religion et n'avait plus fait parler de lui. On lui donne pour fils Helain de Taningue, que nous

« les autres. Vous m'avez parlé d'une guerre
« émue entre le roi de Norgalles et le duc de
« Cambenic : de quel côté pensez-vous que
« soit le bon droit? — Du côté du duc Escaus ;
« car le roi Tradelinan avait profité d'un séjour
« du duc à la cour du roi Artus pour fortifier
« un château qui donne entrée à la terre de
« Cambenic : mais plus tard, le duc Escaus l'a
« repris et donné à un preux chevalier, ami
« de l'une des deux filles de Tradelinan. »

Gauvain reconnut, dans le preux chevalier
dont parlait l'ermite, son frère Agravain qu'il
avait naguères retrouvé dans ce château des
marches de Norgalles. « Jusqu'au présent jour,
« continua l'ermite, le duc a gardé l'avantage;
« mais, comme il a perdu son fils, il ne vou-
« dra pas entendre à la paix avant d'avoir
« vengé cette mort. — J'irais volontiers, dit
« mess. Gauvain, à l'assemblée dont vous me
« parlez, si vous pouviez m'indiquer la voie. »

L'ermite fit un signe au clerc qui se leva
et conduisit aussitôt mess. Gauvain jusqu'aux
abords de Loverzep. En sortant de la forêt de
Brequehan, ils virent les deux partis déjà aux
prises. Les chevaliers du roi de Norgalles semblaient en avoir le meilleur. Mess. Gauvain,

avons vu (t. I, p. 315), armé chevalier par mess. Gauvain. C'est le même fonds de récit vaguement suivi par
l'auteur du roman de *Tristan*.

1.

quand il eut donné congé à son guide, hésita quelque temps avant de prendre fait et cause pour un parti. Du côté de Norgalles il voyait un chevalier faisant de merveilleuses prouesses; personne ne lui résistait, il paraissait devoir emporter l'honneur de la journée. C'était Giflet fils Do, le même qu'Hector avait naguères abattu devant la Fontaine du Pin (1). Il s'était mis avec les chevaliers de Norgalles, sans trop savoir de quel côté était le droit. Mess. Gauvain cependant laçait son heaume, puis allait enfin se placer au premier rang des chevaliers de Cambenic. Bientôt il pénétrait dans les rangs des Norgallois, et les faisait renoncer à poursuivre leurs adversaires, frappant devant lui à droite et à gauche, renversant tous ceux qui tentaient de le retenir. « Quel peut être ce « chevalier? » pensait Giflet; il vaut à lui seul « une échelle entière. » Et brochant des éperons, il voulut tenter de l'arrêter à son tour : mais du premier choc il fut renversé, et quand son écuyer l'ayant remonté il voulut suivre celui qui lui avait donné une si rude leçon, non pour tenter une revanche mais afin de savoir qui il était, les Norgallois, privés du secours de Giflet et menacés par un autre chevalier plus terrible, plient, reculent et enfin abandonnent

(1) Voyez t. III, p. 292.

le champ de bataille. Or mess. Gauvain n'avait pu reconnaître Giflet, qui n'était pas adoubé de ses armes ordinaires : vous pouvez juger de leur joie commune, quand ils eurent levé leurs ventailles et qu'ils racontèrent ce qui leur était arrivé depuis la fâcheuse aventure de la Fontaine du Pin. Cependant, comme les guerriers de Norgalles se retiraient, le duc Escaus aperçut le neveu du roi Tradelinan, celui qu'il accusait du meurtre de son fils ; il le joignit, l'abattit et lui trancha la tête. Pour mess. Gauvain et Giflet, ils ne songèrent qu'à échapper aux remercîments de ceux qui leur devaient la victoire ; et, la nuit commençant à tomber, on ne les vit pas s'éloigner et prendre le chemin ferré qui devait les conduire à l'entrée de la forêt.

La lune blanchissait déjà la plaine, quand ils y arrivèrent. Là sous un chêne étaient arrêtées deux jeunes pucelles. « Oh ! dit Giflet, « l'agréable rencontre ! Dieu vous sauve, de« moiselles ! — Et vous, seigneurs, soyez les « bien venus ! Nous vous attendions impatiem« ment. — Comment saviez-vous que nous pas« serions ici ? — Nous l'espérions au moins. » Sans plus enquérir, les deux amis descendent, quittent heaume, épée, haubert. Mess. Gauvain s'en va prendre par la main celle qu'il jugeait la plus belle ; Giflet s'adresse à la seconde, et bientôt, assis tous quatre sur l'herbe menue, les demoiselles sont en même temps priées d'amour. Mais si la requête de Giflet est gracieusement accueillie, il en est autrement de celle de mess. Gauvain. « Non, sire, » dit la première pucelle « votre amour serait trop « mal employé. Je suis une pauvre fille, de « pauvre beauté, et je vous ai attendu pour « vous conduire à la plus belle et gentille de- « moiselle que vous puissiez désirer. — Je « n'en veux rien croire, répond mess. Gau- « vain ; comment trouverai-je demain mieux « que je n'ai aujourd'hui rencontré ? — Parlez « autrement, sire : quand vous aurez vu la dame « à qui je suis, vous changerez d'avis et vous « me saurez gré de n'avoir pas fait en ce mo- « ment votre volonté. — Quelle est donc cette « incomparable merveille ? — Veuillez seule- « ment me suivre. — Allons ! j'y consens. « Vous, Giflet, ne viendrez-vous pas avec nous ? « — Demandez à ma nouvelle amie si elle y « consent. — Non, répond la pucelle, j'entends « de mon côté mettre à l'épreuve la prouesse « de mon nouveau chevalier. »

Gauvain n'insista pas ; il reprit ses armes, aida la demoiselle à monter sur son palefroi, recommanda les nouveaux amants à Dieu, et remonta lui-même. En avançant dans la forêt, ils ne furent pas longtemps sans arriver devant un grand feu. Deux écuyers les accostèrent et demandèrent à la demoiselle quel chevalier l'accompagnait? « C'est le meilleur de mes amis. » Les valets s'inclinèrent puis aidèrent le chevalier à descendre. L'un prend son heaume, l'autre son écu; une seconde demoiselle pose un riche manteau sur ses épaules et fait porter ses armes dans le pavillon. La salle était garnie d'un beau lit, et près de ce lit une table couverte de mets; mess. Gauvain s'asseoit : quand les nappes sont levées, la première demoiselle propose une promenade dans le bois. Tout en marchant, mess. Gauvain lui demande à quelle intention avait été disposé le pavillon?—« A la « vôtre, sire, et pourtant on ne sait pas ici votre « nom. Mais combien s'est méprise la dame « qui vous attend, en supposant que nulle « femme n'était digne d'aspirer à votre amour! « Je sais déjà ce qu'il faut en penser, ajouta- « t-elle en souriant; mais rassurez-vous, je ne « dirai pas les raisons qui peuvent m'en faire « douter. — Grand merci, demoiselle! Or sa- « vez-vous où s'en est allé Giflet? — Il va sou- « tenir la cause de la pucelle qui l'a charmé. « Cette demoiselle avait aimé longtemps un « chevalier : puis elle apprit qu'il ne l'aimait « plus : elle alla lui redemander les drueries (1)

(1) Gages d'amitié. *Voy.* t. I, p. 305.

« qu'il en avait reçues. Pour toute réponse le « chevalier lui montra sa nouvelle amie qu'il « en avait parée. *Je saurai bien*, dit la demoi- « selle indignée, *vous contraindre à me les ren-* « *dre. — Vous! et par quel moyen? — Par un* « *chevalier plus preux que vous n'êtes. — En* « *vérité, je serais curieux de voir cela; et, pour* « *vous contenter, je m'engage à ne pas m'éloi-* « *gner d'ici avant un mois. Votre preux che-* « *valier pourra m'y trouver.*

« Or une pucelle nous avait hier averties que « mess. Gauvain devait traverser aujourd'hui « cette forêt avec un autre chevalier de la « maison du roi Artus. Messire Gauvain devait « être facile à reconnaître au sinople de son « écu. » Devisant ainsi, mess. Gauvain et la demoiselle rentraient dans le pavillon. Un lit y était préparé; la demoiselle ne souffrit pas qu'un autre lui ôtât ses chausses; et quand il fut couché, elle resta près de lui jusqu'à ce qu'il eût fermé les yeux : alors elle s'étendit aux pieds du lit et s'endormit elle-même. Le matin venu, mess. Gauvain demanda ses armes; deux écuyers l'aidèrent à les revêtir et il se remit à la voie avec la demoiselle. Après avoir chevauché une grande partie du jour, ils arri- vèrent devant la forte maison d'une tante de la demoiselle, où il fut honorablement reçu sans avoir besoin de dire son nom. Mais pen-

dant qu'ils étaient à table, deux valets entrèrent, l'un fils et l'autre neveu de l'hôtesse. « Quelles nouvelles? » demande la dame. — « Des plus mauvaises : mon père n'a plus
« à réclamer que vos prières pour son âme ;
« le duc Escaus fait préparer pour demain son
« supplice. »

La dame pâlit et devient plus morte que vive. « Qu'y a-t-il? demande mess. Gauvain. — Sire
« chevalier, répond le valet, mon seigneur de
« père est un des vassaux du duc Escaus : du-
« rant la guerre que nous soutenons encore, le
« fils du duc fut tué par les gens du roi de Nor-
« galles. Mon père, il n'était pas même avec
« ceux qui le frappèrent, fut accusé d'avoir eu
« part à sa mort parce qu'il avait eu, quelques
« jours auparavant, un entretien avec le jeune
« fils du roi. Le sénéchal de Cambenic se porta
« pour son accusateur, et Manassès, c'est le
« nom de mon père, ne put convaincre les ba-
« rons de la cour de son innocence. Il ne pour-
« rait, vu son grand âge, défendre lui-même sa
« cause contre le sénéchal, un des plus forts
« chevaliers de la contrée ; et la crainte que
« l'accusateur inspire a détourné tous les cham-
« pions de se présenter contre lui : c'en est
« donc fait de mon seigneur de père. »

Pendant ce récit, la demoiselle fondait en larmes. « Bel ami, dit mess. Gauvain, retourne

« vers ton père, annonce-lui qu'un chevalier
« viendra demain fournir sa bataille. » Les deux
valets rendent grâce au généreux chevalier et
remontent aussitôt, remplis d'une espérance
inattendue.

Le soir même, ils avaient fait assez de diligence pour que le duc Escaus fût averti qu'un champion se présenterait le lendemain contre le sénéchal. On disposa les barrières dans une grande plaine voisine du château où le combat devait avoir lieu.

Pour mess. Gauvain, après avoir bien dormi la nuit il se leva et s'enquit, pour ne pas être reconnu, d'un écu différent de celui qu'il avait déjà porté devant Loverzep. On n'en trouva dans la maison qu'un seul, vieux, noir et à demi rompu. Mess. Gauvain s'en contenta comme s'il eût été digne de lui. Au sortir de la messe, il demanda son cheval et se rendit à l'endroit où se trouvait le duc, en avant des lices. On apporte les saints, le duc jure le premier de faire justice de celui qui serait jeté hors du champ ; le sénéchal et ses garants jurent ensuite que Manassès avait eu part à la mort du fils du duc ; mess. Gauvain à son tour dément le sénéchal.

Alors ils traversent un large fossé sur un pont tournant qu'on revida après eux. La foule rangée en haie le long du fossé occupait tout le versant de la montagne au pied de laquelle avaient été dressées les lices. La femme de Manassès et la demoiselle sa nièce allèrent s'enfermer dans une chapelle voisine, pour prier Dieu d'accorder la victoire au défenseur du bon droit.

Les deux chevaliers prennent du champ et reviennent l'un vers l'autre. Les écus reçoivent le premier choc, les lances éclatent : mess. Gauvain juge, à la rudesse de la première atteinte, qu'il a devant lui un vigoureux champion. « Sénéchal, lui dit-il, demeurons-en là, je vous « le conseille. Grand dommage serait pour vous « de mourir en péché de mensonge ; sauvez « l'âme, si vous en avez plus souci que du « corps ; démentez ce que vous avez à tort « avancé. Manassès est innocent, je le sais ; je « m'engage à faire votre paix avec lui. — C'est à « toi, chevalier, répond le sénéchal, de deman-« der merci : celui qui m'outrera n'est pas en-« core né. » Ils en viennent donc aux épées : mess. Gauvain assène au sénéchal un coup qui l'étourdit ; il en frappe un second, et rougit le terrain du sang qu'il fait jaillir des mailles du haubert. Mais il ne se hâte pas d'en finir avec un ennemi dont il aime à suivre la défense désespérée. La foule assemblée sur les fossés était plus impatiente : un sergent va dans le moutier prévenir les dames que le combat se prolonge et que l'issue en est incertaine. La nièce ne peut dominer son impatience : elle sort de la chapelle et va se placer toute tremblante sur le tertre qui dominait les lices. A la vue du sang qui semblait ruisseler des hauberts, ses yeux se troublent, elle ferme les yeux et tombe pâmée sur l'herbe.

Non moins curieux et non moins attentif aux chances du combat, le jeune Lionel se tenait près de là. Il avait dû passer par Loverzep pour se rendre du Sorelois à la cour du roi Artus, et il avait arrêté son cheval justement à l'endroit où venait de tomber la demoiselle. Telle était l'attention qu'il donnait aux deux combattants qu'il ne l'avait pas aperçue. « Reculez-donc ! » lui crie brusquement un chevalier qui s'avançait pour la relever ; et prenant le cheval par le frein, peu s'en faut qu'il ne jette à bas le valet. Lionel furieux tire son épée et il allait frapper, quand la demoiselle en se relevant l'avertit qu'un écuyer ne doit pas s'attaquer à chevalier. Il baisse aussitôt le fer, et s'adressant au chevalier : « Je ne voyais pas, sire, cette « demoiselle, tant j'avais les yeux attachés sur « ces deux combattants. Je les trouve bons ; » mais, à tout prendre, ils ne valent pas ceux « que je viens de quitter. — Et quels sont-ils, « beau sire, dit en riant le chevalier, ces preux « que vous quittez ? — Peu vous importe ; mais si

« l'un d'eux vous tenait, vous ou ceux que je
« vois là aux prises, je suis bien sûr que vous
« donneriez bien pour vous dégager tous les
« honneurs de Galehaut. » Lionel se mordit les
lèvres après avoir prononcé le nom de Galehaut ; mais, tout en donnant quelque répit au sénéchal, mess. Gauvain avait recueilli ces paroles, et avait aussitôt supposé que le valet pourrait lui donner des nouvelles du grand ami de Galehaut. Il entendit ensuite la demoiselle s'écrier :
« Gauvain, messire Gauvain ! on vous tient pour
« le meilleur chevalier du monde ; vous laisse-
« rez-vous ainsi malmener ! — Eh, demoiselle !
« dit Lionel, que parlez-vous de messire Gau-
« vain ? Ce n'est pas lui qui se laisserait ainsi
« travailler par un seul champion. » Tous ces mots entendus par mess. Gauvain hâtèrent la fin du sénéchal. D'une dernière atteinte, le neveu d'Artus l'étourdit et d'un coup de poing le jeta hors des arçons. Cela fait, il descend, délace le heaume, abat la ventaille du vaincu, et attend qu'il crie merci. Mais le sénéchal n'avait plus la force de prononcer un mot ; et mess. Gauvain, à son grand regret, lui trancha la tête qu'il vint déposer aux pieds du duc Escaus. Aussitôt le corps fut conduit aux fourches, pendant que mess. Gauvain, sourd aux prières du duc qui voulait le retenir, et aux actions de grâces des parents de Manassès, brochait le che-

val des éperons : car il était impatient de rejoindre le valet qui avait prononcé le nom de Galehaut. Seulement il se promit, aussitôt après avoir parlé à ce valet, de venir reprendre la nièce de Manassès, et de la suivre jusqu'à la demeure de la belle inconnue dont elle lui avait parlé.

XLIX.

Mess. Gauvain pressa donc le pas de son coursier sur la voie qu'il avait vu prendre au valet; et il ne tarda pas à le joindre, comme il marchait tristement à pied, l'épée nue à la main. « Mon Dieu ! s'écriait-il, « pourquoi ne m'a-t-il pas tué ? — « Qu'avez-vous, bel ami ? lui demande mess. « Gauvain ; vous a-t-on fait tort ? Je suis prêt à « vous venir en aide : je me trompe fort, ou « vous êtes à l'homme du monde que j'aime le « mieux. — Comment, dit Lionel, savez-vous à « qui je suis ? — Vous êtes au prince Galehaut, « et vous n'avez pas à vous en défendre. Dites-« moi qui vous cause tant de chagrin ? — Sire, « avant de vous répondre, je voudrais savoir « qui vous êtes. — Je veux bien vous le dire : « je suis Gauvain, le neveu du roi Artus. — « Ah ! sire, pardonnez-moi ; je ne pouvais le « croire tout à l'heure, en voyant combien

« vous tardiez à outrer le sénéchal du duc Es-
« caus. Sachez qu'à l'entrée de cette forêt, je
« fis rencontre d'un chevalier inconnu qui me
« prit de force mon cheval. Je ne me défendis
« pas, n'étant qu'un simple valet; mais com-
« bien j'eus regret de n'être pas chevalier !
« — Et ce chevalier félon, quel chemin a-t-il
« pris ? — Celui-ci ; la terre est humide, on
« suivrait aisément les traces de mon cheval.
« — Je cours à lui, et, s'il ne te rend ta mon-
« ture, je te promets la mienne. »

Cela dit, il presse les flancs de son cheval.
A l'entrée d'une lande, il voit deux chevaliers
qui s'escrimaient à qui mieux mieux, et près
d'eux les coursiers attachés au même arbre.
« Lequel de vous, dit mess. Gauvain en appro-
« chant, s'est emparé d'un cheval ? » Les
combattants s'arrêtent : « C'est moi, dit l'un ;
« que vous importe ? — Vous avez fait que
« vilain à l'égard d'un écuyer que vous sa-
« viez contre vous sans défense ; vous amen-
« derez le méfait. — Oh ! j'ai bien à faire
« autre chose ! — Non, vous l'amenderez, et
« sur-le-champ ; tournez et défendez-vous, »
Mess. Gauvain était descendu, il avait déjà
l'épée levée. L'autre chevalier intervint : « Sire,
« ne m'enlevez pas ma bataille ; si vous avez
« l'avantage, le vaincu sera votre prisonnier, il
« ne pourra plus me rendre raison. Laissez-

« nous vuider notre querelle avant de lui rien
« demander. — Nous pouvons bien mieux faire,
« répond mess. Gauvain, soyez tous les deux
« contre moi; si vous avez l'avantage, je res-
« terai votre prisonnier. — Qui êtes-vous donc,
« pour proposer un combat si inégal? — Ah !
« fait l'autre chevalier, je vous reconnais main-
« tenant : vous êtes le meilleur vassal du
« monde; je vous ai vu vaincre hier le séné-
« chal de Cambenic. Demandez-moi, sire, la
« réparation qu'il vous plaira; j'aime mieux
« l'accorder que de me mesurer avec vous.
« Mais au moins sachez que je n'avais pas l'in-
« tention de garder le cheval; je l'avais em-
« prunté dans un cas pressant. — Chevaliers,
« dit mess. Gauvain, si j'ai interrompu votre
« combat, vous pourrez le reprendre une fois
« le méfait amendé. » Et voyant qu'ils dési-
raient savoir qui il était : « Je n'ai jamais ca-
« ché mon nom, dit-il, on m'appelle Gauvain. »
A ce mot, les deux chevaliers s'inclinent et ne
songent plus à continuer leur lutte.

Lionel s'était approché : « Bel ami, lui dit
« mess. Gauvain, voici le chevalier qui avait
« emprunté ton roncin; quelle amende en
« exiges-tu? — Sire, répond le valet, je le
« tiens quitte, s'il s'engage à ne jamais mettre
« la main sur valet ou sur écuyer, quand il sera
« lui-même armé. » Le chevalier promit, puis

raconta le sujet de la querelle qu'il était en train de vuider. « Nous sommes depuis longtemps « amis. Ce matin, comme nous nous vantions « à qui mieux mieux, il soutint qu'il me pas- « sait en force et en prouesse ; je n'en voulus « pas convenir, et je proposai de nous rendre « dans cet endroit pour voir qui de nous deux « aurait l'avantage. Il y consentit. A la pre- « mière rencontre, je quittai les arçons ; mon « cheval prit la fuite. En cherchant à le re- « joindre, je trouvai ce valet que je fis des- « cendre pour monter à sa place et revenir « vers mon ami. — En vérité, dit mess. Gau- « vain, si vous n'avez d'autre sujet de querelle, « il sera facile de vous accorder. Donnez- « vous franchement la main : et vous qui aviez « emprunté ce cheval, montez en croupe der- « rière votre ami. » Aussitôt, du meilleur cœur les deux chevaliers s'embrassent ; messire Gauvain les recommande à Dieu et s'éloigne.

Resté seul avec le valet il s'enquiert de Galehaut. « Sire, dit Lionel, je ne suis pas au « prince Galehaut. — Au moins, en sais-tu « quelque chose. — Je ne dois et ne puis rien « vous dire, et je vous prie, sire, de ne me pas « presser. — Si tu as promis de te taire, je « n'entends pas te faire parjurer ; mais au moins « me diras-tu si Galehaut est en Sorelois. — « Dans le Sorelois, » reprend Lionel, comme s'il

« n'avait pas bien entendu, « on n'entre pas
« facilement ; il faut passer par deux chaus-
« sées très-longues, très-étroites, très-bien gar-
« dées. » Et, sans rien ajouter, il pique des
deux et s'éloigne.

Mess. Gauvain revint à Loverzep, pour y reprendre la nièce de Manassès. Du moins, avait-il appris que Galehaut et par conséquent l'ami de Galehaut étaient en Sorelois.

L.

ON impatience d'arriver où la demoiselle avait offert de le conduire ne lui aurait pas permis de faire long séjour chez Manassès, quand même il n'eût pas été en quête de Lancelot. Il n'y revint que pour reprendre son jeune guide, et bientôt ils eurent ensemble gagné la sauvage forêt de Bleve. Après avoir quelque temps chevauché, ils aperçurent un chevalier qui se défendait contre trois hommes armés et en avait déjà mis cinq hors de combat. « Voilà, dit mess. Gau-
« vain, un vaillant chevalier, ne pensez-vous
« pas, demoiselle, qu'il mériterait bien d'être
« aidé ? — Assurément : j'admire même assez
« sa prouesse pour souhaiter d'avoir un tel ami,
« s'il m'arrivait de lui agréer. — Voilà, demoi-

« selle, une belle parole ; je ne l'oublierai
« pas. »

En se rapprochant du chevalier qui se défendait si vaillamment, il reconnut Sagremor le desréé. Les trois gloutons le voyant venir avaient pris la fuite. « Généreux chevalier, lui dit Sa-
« gremor, qui êtes-vous ? — Ne me connaissez-
« vous donc pas? Je suis Gauvain. — J'aurais
« dû le deviner, à la peur dont ces gloutons
« ont été saisis à votre approche. Ils m'avaient
« arrêté ce matin en réclamant mon cheval et
« mes armes : je les défendais de mon mieux.
« Mais dites-moi, sire, avez-vous rejoint quel-
« ques-uns de ceux qui ont entrepris comme
« nous la quête de Lancelot ? — Oui; j'ai re-
« trouvé Giflet devant le château de Loverzep.
« — Vous a-t-il dit comment il avait tenu
« prison après s'être éloigné de la Fontaine du
« Pin pour retrouver son cheval? — Non;
« mais en vérité, jamais chevalier ne fut aussi
« souvent pris que Giflet, et ce n'est assuré-
« ment pas faute de prouesse. — Hélas! nous
« n'avons pas été plus heureux, messire Yvain
« et moi : nous pourririons même encore dans
« la chartre de Marganor, un sénéchal du roi
« de Norgalles, sans un jeune chevalier qui fit,
« avant de nous délivrer, les plus belles armes
« du monde devant le château de l'Étroite
« Marche. Il est de la maison de la reine, et

« se nomme Hector. De son côté, il avait entre-
« pris la quête d'un autre chevalier champion
« de la dame de Roestoc, lequel pourrait bien
« n'être autre que vous-même. — Vous l'avez
« deviné. Apprenez que cet Hector, auquel
« vous devez votre délivrance, est celui que
« nous avions vu battre par un nain, le même
« qui vous désarçonna, vous, Keu et messire
« Yvain. — Voilà donc pourquoi, fit Sagremor,
« nous ayant entendus rappeler notre mésaven-
« ture, il s'était contenté de répondre que mieux
« valait pour ce chevalier avoir été battu par
« un nain, qu'avoir eu à jouter contre messire
« Gauvain. »

En parlant ainsi, Sagremor aperçut sous un
arbre la nièce de Manassès. « Est-ce votre amie,
« sire, demanda-t-il à mess. Gauvain. — Non,
« mais si vous le voulez bien, elle sera la
« vôtre : elle est belle à merveille. Apprenez
« qu'en vous voyant lutter contre huit hommes
« armés, elle ne put se défendre de souhaiter
« pour elle un aussi preux chevalier. — Qu'elle
« soit donc la bienvenue ! » Et mess. Gauvain
revenant à la demoiselle : « N'est-il pas vrai
« que vous avez désiré pour ami ce bon che-
« valier ? — Je ne m'en défends pas. — Veuillez
« en ce cas, demoiselle, baisser votre guimpe,
« dit Sagremor. — Comment ! vous voulez me
« voir avant de répondre ? — Demoiselle, il

« ne convient pas de s'engager en aveugle. —
« J'avais montré plus de confiance, quand,
« avant de voir, je m'étais donnée. Je veux
« bien pourtant baisser ma guimpe ; mais, de
« votre côté, vous ôterez votre heaume. Si je
« vous plais vous le direz ; je le dirai si vous
« me plaisez : autrement quitte et quitte. —
« Soit! » répond en riant Sagremor.

La pucelle baisse sa guimpe. — « Oh ! je
« veux bien être votre ami, dit Sagremor. —
« Reste à savoir si je veux être votre amie.
« Sachez, ajouta-t-elle, en regardant de côté
« mess. Gauvain, qu'il n'y a pas huit jours,
« un preux chevalier qui vous valait bien m'a
« priée d'amour et a été refusé. — Vous allez
« donc me trouver bien laid, » dit Sagremor en
délaçant son heaume. « Otez, ôtez ! je verrai
« bien. » Il était beau de visage et bien formé
de membres. « Que vous en semble, demoi-
« selle ? demanda mess. Gauvain. — Que je
« tiens à la parole dite. » Aussitôt Sagremor de
lui tendre les bras et de la baiser amoureuse-
ment, la demoiselle de rendre caresse pour caresse. « Par mon chef! dit mess. Gauvain, vous
« n'avez pas, demoiselle, mal engagé votre
« cœur : sachez que votre amant est Sagremor
« le desréé, un des plus renommés compagnons
« de la Table ronde. » La demoiselle ne se sent
pas de joie : ils restent les yeux attachés l'un

sur l'autre, et plus ils se regardent, plus ils s'entr'aiment. Enfin ils remontent, et chevauchent jusqu'à la première heure de la nuit.

LI.

SAGREMOR avait d'étranges habitudes d'esprit et de corps. Quand il était échauffé, il aurait affronté une armée entière; mais, une fois l'heure du combat passée, il devenait inquiet, timide; une douleur lui montait à la tête; il enrageait de faim, et s'il ne trouvait pas à manger, on le voyait en danger de mourir. Ce dérangement, ce trouble dans les humeurs avait justifié le surnom de *desréé* (démesuré) que lui avait donné la reine Genièvre, un jour que s'étant jeté au milieu des Saisnes et des Irois, il avait occis, l'un après l'autre, Quinquenart un roi d'Irlande, et Brandaigne un roi des Saisnes. De son côté, Keu voulant lui faire un reproche de ses défaillances maladives, l'avait surnommé le mort-de-jeun (1).

(1) On conte cela dans la partie inédite de l'*Artus*. Mais voici le passage du Lancelot, que j'ai rendu comme j'ai pu : « Si l'i mist ce nom de desréé la reine, très devant
« Estrechères; le jor que li xxx chevaliers desconfirent
« l'ost des Saisnes et des Irois et chacierent jusqu'à
« l'arc de Vargairice; là où Sagremor trencha la teste à

« Ah ! dit tout à coup Sagremor, je me sens
« mourir. Donnez-moi à manger ou faites ap-
« procher un prêtre. — Il ne sera pas facile
« à trouver, dit mess. Gauvain, ni d'apaiser
« votre faim. — Ne soyez pas inquiet, reprit
« la demoiselle, nous ne tarderons guère à
« arriver. » Mais Sagremor se maintenait à cheval à grand'peine ; il chancelait et risquait de
tomber d'un moment à l'autre. Mess. Gauvain
descendit alors, confia la bride de son cheval à
la demoiselle, et se mettant en croupe derrière

« Branduagne li roi des Saisnes et Magrant le roi d'Il-
« lande. Et par la maladie qui si sovent li avenoit, li
« mist à non Keus li senechaus Sagremor le mort-jeun. »
Dans l'*Artus* (ms. 337, f° 146), comme Sagremor venait de tuer les rois Quinquenart et Brandaigne, une
douleur aiguë le saisit ; il en serait mort si Gauvain ne
se fût hâté de lui apporter à manger. On parla beaucoup
de ses prouesses et de son infirmité ; et la reine remar-
qua qu'on ne lui pouvait rien reprocher, sinon d'être
trop *desréé*, surnom qui ne lui déplaisait pas. Keu ajouta
en raillant qu'on aurait aussi bien raison de l'appeler
Mort-géun (mort de jeune), et ce mot devint l'occasion
d'une grande querelle. Gauvain ayant en vain essaié de
faire taire Keu, Gaheriet avait donné une *buffe* au mauvais railleur, et le roi Artus avait demandé une réparation pour son sénéchal. Mess. Gauvain voulut alors quitter la cour et renoncer à servir un roi qui laissait insulter
les preux par un mauvais bouffon. Il fallut pour l'apaiser
que le roi Artus et la reine Genièvre vinssent s'agenouiller devant lui, et que le sénéchal fît amende honorable.

Sagremor, il le retint dans ses bras. On était à l'heure du premier somme, quand il fallut passer un courant d'eau sur une planche large de trois pieds. Par bonheur la lune luisait. La demoiselle passa d'abord en tenant, du haut de son palefroi, les rênes du second cheval. Sagremor et Gauvain suivirent. A peu de distance de l'autre rive s'élevait une grande et superbe maison où l'on arrivait en passant par un beau verger. La demoiselle les introduisit par une poterne ou porte secrète, en poussant devant elle les deux chevaux ; mess. Gauvain et Sagremor passèrent. « Maintenant, dit-elle, descendez ; « voici une étable, laissez-y vos chevaux. »

Puis elle les conduit en silence dans une salle haute : « N'oubliez pas, lui dit mess. Gau- « vain, que Sagremor n'en peut mais. — Un « peu de patience, répond la demoiselle, avan- « cez avec moi jusqu'à cette autre chambre ; « c'est la mienne. » La lune qui brillait de tout son éclat y pénétrait par plus de vingt fenêtres. Elle les fait asseoir, les quitte un instant, puis revient avec plusieurs plats couverts et un flacon d'excellent vin.

Peu à peu Sagremor reprend ses forces ; et quand ils eurent tous trois bien bu et mangé, la demoiselle dit : « Messire Gauvain, laissez- « moi le soin de Sagremor, vous avez ici mieux « à faire. Cette maison appartient au roi de

« Norgalles dont votre amie est la fille; elle
« ne désire rien tant que votre venue; mais
« sa chambre est assez éloignée de celle-ci, et
« pour y arriver, vous aurez à braver bien des
« dangers; mais à cœur vaillant rien n'est im-
« possible. »

Ce disant, elle prend plein son poing de chandelles et fait d'abord passer mess. Gauvain par une étable où se trouvaient jusqu'à vingt palefrois noirs.

Au milieu de la chambre suivante perchaient vingt oiseaux de proie. Dans l'autre encore vingt beaux destriers. « Ces chevaux, dit-elle,
« sont à vingt chevaliers qui chaque nuit vien-
« nent près de cette salle reposer sur des
« lits, sans quitter leurs armes. Ils ont la garde
« de ma demoiselle; car le roi, averti de l'a-
« mour que sa fille vous a voué, prévoit que
« l'aventure pourra vous amener ici. Elle m'a-
« vait envoyée à votre recherche, après avoir
« su ce que vous aviez dit chez votre frère
« Agravain, que, si l'occasion de la voir se pré-
« sentait, vous ne la laisseriez pas échapper.
« Avancez jusqu'à l'entrée de la salle des vingt
« chevaliers : ils sont là; les voyez-vous? Main-
« tenant, faites comme vous entendrez : je re-
« tourne à Sagremor. »

Mess. Gauvain avance le heaume lacé, l'épée nue. Il prête l'oreille et n'entend rien. Il avance encore, et dans les angles de la chambre voûtée et carrée, il aperçoit dix lits occupés par autant de chevaliers armés, les écus sur la poitrine, les heaumes posés sur le chevet. Il marche avec précaution; aucun ne se réveille. Il éteint un grand cierge, gagne l'autre porte et la ferme après lui. Au milieu de cette seconde chambre était un lit magnifique, et sous la couverture d'hermine reposait une jeune fille dont la beauté était facile à reconnaître, grâce à quatre cierges allumés dans la salle. Il les éteint, ôte son heaume, abat sa ventaille, détache son épée et vient au lit. Ses baisers réveillent la demoiselle qui d'abord se plaint comme femme dont on vient à troubler le sommeil; puis en ouvrant les yeux : « Sainte Marie! « s'écrie-t-elle, qu'est-ce donc? et qui êtes- « vous? — Celui qui vous aime et que vous « aimez, belle et douce amie. N'éveillez per- « sonne. — Êtes-vous un des chevaliers de « mon père? — Non, belle douce amie; je suis « Gauvain, le neveu du roi Artus, auquel vous « avez promis votre amour. — Allumez, je « verrai bien. » Les cierges rallumés, la pucelle regarde le visage de celui qui venait la surprendre; elle aperçoit l'anneau qu'il avait au doigt. « Plus de doute, c'est bien messire Gau- « vain. » Alors d'un visage radieux de bonheur, elle se lève à demi et lui ouvre les bras, tout

armé qu'il était encore. « Otez, bel ami, votre
« haubert, et laissez-moi bien voir celui que
« j'ai tant désiré. » Mess. Gauvain quitte ses
armes, revient au lit et se place à ses côtés.
Après en avoir fait sa volonté, il raconte comment il est venu, et sur la minuit ils s'endorment dans les bras l'un de l'autre.

Or la partie de la maison réservée à la demoiselle et aux chevaliers qui la gardaient donnait sur une cour, en face des chambres du roi de Norgalles. Le malheur voulut que Tradelinan eut besoin de se lever : en revenant, il ouvre la fenêtre, et comme les cierges étaient allumés, il voit à n'en pas douter les bras de la jeune fille passés autour du cou d'un chevalier. « Voilà! dit-il, un beau profit de ma garde! » Il referme doucement la fenêtre et revient conter à la reine ce qu'il a vu. « Ne pleurez pas, dit-il,
« ne faites pas de bruit, je sais un moyen de
« nous venger sans que le monde sache rien de
« l'aventure. » Il va réveiller deux chambellans. « Voulez-vous gagner de grandes sei-
« gneuries ? — Sire, il n'est rien que nous
« ne soyons prêts à faire pour vous. — Sa-
« chez qu'un chevalier félon est entré dans
« la chambre de ma fille : prenez, vous une
« épée, vous un gros mail. Vous approcherez
« du lit doucement ; vous qui tiendrez l'épée
« avancerez la pointe sous la couverture, juste

« vers le cœur du chevalier; vous qui tiendrez
« le mail donnerez un grand coup sur le pom-
« meau de l'épée; le traître sera mort avant
« d'avoir dit un mot. Nul autre que vous et
« moi ne saura jamais rien de la honte de ma
« fille et du châtiment de celui qui l'aura ven-
« gée. »

Les chambellans munis du mail et de l'épée, entrent dans la chambre de la pucelle, par la porte opposée à celle des chevaliers. Ils restent un instant en admiration de la beauté de l'amoureux couple : puis le premier avance la lame de l'épée, l'autre recule d'un pas pour mieux frapper de long. Mais mess. Gauvain, dont le bras était hors de la couverture, sent le froid de l'acier; il s'éveille, il relève le bras et détourne par ce mouvement la lame, et le mail frappe de telle force sur le pommeau de l'épée que la pointe, qui venait de remonter et changer la visée, va se ficher dans le mur où elle pénètre d'un demi-pied. Mess. Gauvain en ouvrant les yeux voit devant lui un homme armé : il s'élance du lit, arrache l'épée de la paroi murale, et perce d'outre en outre celui qui l'avait tenue. L'autre chambellan gagnait la porte; mais il est devancé; mess. Gauvain d'un coup d'épée lui met à jour la cervelle. Cela fait, il soulève et rapproche les deux corps, puis les pousse hors de la chambre. Au bruit de leur chute, le roi, la reine arrivent et crient alarme : les chevaliers de l'autre chambre se réveillent. « Ouvrez, demoiselle, ouvrez! » Pas de réponse. Ils frappent à coups redoublés, ils menacent de briser la porte. « Tant qu'il vous « plaira, dit la pucelle; elle est forte et ne « craint rien de vous. » Cependant elle aidait mess. Gauvain à revêtir ses armes. Il voulait aller sur les chevaliers qui frappaient toujours; il conjurait son amie de lui permettre d'ouvrir. « Je m'en garderai bien, dit-elle. — Ah! « douce amie, ne faites pas dire que j'aie craint « de sortir par où j'étais entré. — Au moins « attendez un peu. Vous allez prendre cette « autre porte et vous tiendrez sous l'arc de la « voûte (1), où l'on ne vous verra pas. J'ouvri- « rai aux chevaliers qui, ne vous trouvant plus « ici, vous poursuivront jusqu'à la chambre de « mon père où cette porte conduit; quand ils « auront inutilement cherché, ils reviendront « par la première porte. Et comme le couloir « est étroit, vous en aurez facilement raison, « l'un après l'autre. Ainsi pourrez-vous sortir « comme vous le souhaitez. »

Nous épargnerons au lecteur le récit assez compliqué des luttes que mess. Gauvain eut à

---

(1) « Et vous serez de ça, dessous cet arc volu. » (Ms. 751, p. 131.)

soutenir. Il suffira de dire qu'il eut grand'peine à triompher non-seulement des vingt chevaliers de garde, mais de tous ceux qui se trouvaient dans les chambres du roi et dans le verger qu'il lui fallut traverser de nouveau. Heureusement Sagremor par sa prouesse, la demoiselle par ses ruses, le secondèrent à merveille.

Un des chevaliers du roi, plus hardi que les autres, avait arrêté Sagremor comme il rentrait dans le verger. Après un long combat, il demanda et obtint merci, à condition de les aider à regagner la planche sur laquelle ils avaient passé dans le verger. Ce chevalier les conduisit, et en prenant congé il obtint de Sagremor la permission d'être à jamais son chevalier.

La nièce de Manassès qui les avait amenés semblait craindre de rester après eux : « Que « va devenir, lui demanda mess. Gauvain, ma « douce amie, si nous l'abandonnons au ressen- « timent du roi son père? — Ne tremblez « pas pour elle; le roi et la reine l'aiment trop « pour ne pas lui pardonner. Depuis le départ « de sa sœur, l'amie de votre frère Agravain, « elle est leur seul enfant. Pour moi, s'ils vien- « nent à me prendre, rien ne me sauvera de « leur ressentiment. »

Sagremor, son nouvel ami, offrit de l'accompagner jusqu'au château d'Agravain. Elle y consentit, et chargea un valet qui l'avait suivie de conduire mess. Gauvain jusqu'à l'entrée du Sorelois, où nous saurons comment il arriva, après avoir appris ce que devient un autre de nos amis, le bon Hector des Mares.

LII.

Nous avons vu le châtelain des Mares retenir le chevalier auquel un de ses fils avait dû la vie et l'autre la mort. Hector n'eut pas à subir longtemps cette prison courtoise. Une cousine de Lidonas, sur le récit qu'on lui avait fait de ses prouesses, vint un jour prier son oncle de le lui céder. « Vous ne voulez pas sa mort, dit-
« elle ; permettez-moi de mettre sa prud'homie
« à l'épreuve, en faveur de ma sœur dont vous
« connaissez les peines. » Le vieillard ne refusa pas. Elle alla donc trouver Hector et lui demanda s'il lui conviendrait de changer de maître ? « Mon oncle veut bien me céder ses droits ;
« et si vous consentez à prendre en main la
« cause de ma sœur contre un des meilleurs
« chevaliers du pays, je vous rendrai votre li-
« berté, sans autre condition.

« — Demoiselle, dit Hector, le chevalier que je
« devrai combattre est-il au roi Artus ? — Non,

« il est au roi Tradelinan de Norgalles. — Il
« suffit : je consens à vous appartenir. »

Il prit congé du seigneur des Mares et de
Lidonas pour suivre la demoiselle qui, chemin
faisant, lui apprit ce qu'elle attendait de lui.
« Ma sœur passe à bon droit pour la plus belle
« femme de ce monde. Elle est connue sous
« le nom d'*Hélène sans pair*. Perside, un preux
« chevalier de naissance plus haute, l'a épou-
« sée au grand regret de ses parents et amis ;
« il l'a tant aimée, que pour ne pas la quitter,
« il avait renoncé à l'exercice des armes. Un
« jour, il était assis sur l'herbe près d'une fon-
« taine, la tête appuyée sur les genoux de ma
« sœur, quand son oncle, homme d'âge, vint
« à passer, et les trouvant dans cette position, il
« ne put se défendre de les railler. — « Quelle
« honte, leur dit-il, de se rendre esclave d'une
« femme, au point d'en oublier toute chevale-
« rie ! » Hélène entendit ces paroles et répon-
« dit, plus fièrement peut-être qu'elle n'eût dû :
« — Si celui qui m'a prise à femme en est moins
« prisé, il n'a pas donné plus qu'il n'a reçu.
« Je suis plus belle qu'il n'est preux, et j'ai
« reçu de ma beauté plus d'éloges qu'il n'en
« a reçu de sa prouesse. — Hélène, reprit
« froidement Perside, dites-vous cela de cœur
« vrai ? — Oui, tel est le fond de ma pensée.
« — J'en ai regret. Moi, je fais serment sur

« les saints de vous tenir enfermée dans ma
« grande tour, jusqu'à ce que j'aie pu savoir
« si vous avez eu tort ou raison de parler ainsi.
« Vienne à mon hôtel une dame plus belle que
« vous, je quitte votre compagnie et vous rends
« votre liberté. Qu'un chevalier m'oblige à
« demander merci, vous prendrez de moi l'a-
« mende qu'il vous plaira.

« Depuis cinq ans ma sœur est enfermée :
« les parents de Perside lui ont présenté les
« plus belles dames qu'ils avaient pu trouver, au-
« cune n'a soutenu la comparaison. Il est aussi
« venu grand nombre de chevaliers, ils n'ont
« pu surpasser la prouesse de Perside. J'espé-
« rais en messire Gauvain, et je suis allée vingt
« fois à la cour du roi Artus pour l'intéresser
« à ma sœur; mais il était toujours entrepris
« ailleurs. »

Ces récits ajoutaient à l'impatience qu'Hector avait de juger par lui-même de tant de beauté et de tant de prouesse. Ils arrivèrent au château de Garonhilde (1), résidence de Perside. La dame était dans le donjon; ils en montent les degrés et s'arrêtent à la porte de la chambre d'Hélène. « Que voulez-vous ? disent les
« gardiens. — Je veux voir la dame que vous

---

(1) Var. Ganilte. — Gulerwilte. — Gaborwilte. — Le ms. 751 ne le nomme pas.

« retenez. » Hélène alors occupée à se parer, entendit une voix et se hâta de paraître à la fenêtre; car sa geôle, fermée d'une haute cloture de fer (1), avait une seule fenêtre par laquelle on pouvait la voir. Il y avait une petite porte dont Perside gardait la clef et qu'il ouvrait, quand il lui plaisait de visiter sa chère victime. Hector avança donc un peu la tête et, tout aussitôt, ébloui de la beauté de la dame, il détache son heaume pour mieux la contempler. « Soyez le bienvenu, chevalier! dit Hélène. — « A vous, dame, bonne aventure, comme à la « plus belle que le monde ait pu jamais pro- « duire! Je me suis chargé de soutenir votre « cause avant de penser qu'elle fût aussi juste. « Quelle prouesse pourrait être mise en ba- « lance avec votre beauté! Dieu, j'en ai la con- « fiance, sera du même avis que moi. »

Un chevalier arrive et demande à Hector s'il a bien l'intention de soutenir, les armes à la main, la suprême beauté d'Hélène. « Plus que « jamais, puisque j'ai pu juger par moi-même « de mon bon droit. — Sire, monseigneur vous « attend au bas de la tour. — Maudit soit-il de « m'arracher si tôt à la vue de la belle des bel-

---

(1) Elle estoit enserrée en un prosnel de fer, si n'i avoit c'une fenestre où on poïst sa teste boter (ms. 751, f° 133). Sur le mot *prosne*, voyez *saint Graal*, t. I, p 283, note 1.

« les! ne pouvait-il attendre? Dame, pour me
« rendre plus digne de vous défendre, ne vou-
« drez-vous pas approcher un peu, et me tou-
« cher de votre main nue. S'il m'arrive de per-
« dre le heaume que je tiens à la main, je
« saurai bien encore garantir la chair nue que
« vous aurez touchée. » La dame sourit, et prenant dans ses deux mains la tête du chevalier,
elle le baise tendrement au front. « Dieu, dit-
« elle, qui naquit sans péché, vous donne la
« vertu de me délivrer! »

Hector aussitôt relace son heaume et descend au pied de la tour où son cheval l'attendait. Perside, en l'apercevant, lui demande s'il
veut toujours soutenir qu'Hélène soit plus belle
que son époux n'est vaillant. « Si vous étiez
« sage, dit Hector, il n'y aurait pas de bataille
« entre nous. Seriez-vous aussi preux que mon-
« seigneur Gauvain, les perfections de ma dame
« Hélène l'emporteraient encore sur les vôtres.
« Toutes les beautés sont en elle, et j'ai trouvé
« maint autre preux chevalier doué d'une vertu
« qui vous fait défaut : c'est la courtoisie. Si
« vous la possédiez, vous auriez reconnu depuis
« longtemps qu'elle est plus belle que vous
« n'êtes vaillant! — Chevalier, répond Perside,
« il est trop tard; je suis lié par mon serment.
« — Eh bien! gardez-vous, car je veux mourir
« si je ne vous oblige à confesser votre tort. »

Alors ils s'entr'éloignent, puis reviennent de toute la force de leurs chevaux. Perside rompt sa lance; Hector de la sienne le porte à terre. « Je ne sais, dit-il, comment vous soutiendrez « l'escrime, mais vous avez déjà le pire de la « joute : restons-en là je vous le conseille, et « délivrez votre femme de l'odieuse prison où « vous la retenez. — Non, chevalier, cela ne « peut être. » Il se lance aussitôt de nouveau, Hector le reçoit le glaive levé; mais, du tranchant de son épée Perside coupe le glaive en deux et atteint le cheval qui, mortellement blessé, tombe sans mouvement. « Ce n'est pas, « dit Hector, la coutume des bons chevaliers « de s'en prendre aux chevaux : mais vous y « perdrez plus que moi, car j'entends bien « m'en aller sur le vôtre. » Et il se précipite à pied sur Perside qui, bientôt criblé de coups de pointe et de taille, oppose en vain à l'épée de son adversaire un écu percé, déchiqueté. Il tourne, s'esquive; Hector ne lui laisse pas de relâche. Enfin sa propre épée lui échappe des mains, il fléchit sur les genoux, et se résigne à crier merci, quand il voit Hector délacer son heaume et abattre sa ventaille. « Je veux bien « vous l'accorder, dit le vainqueur, mais à trois « conditions. — Oui, oui, telles que vous les « direz. — Vous confesserez que la beauté d'Hé- « lène l'emporte sur votre prouesse. — Vous

« irez à la cour du roi Artus et tiendrez la pri-
« son de la reine : Hélène sans pair vous ac-
« compagnera, et c'est devant elle que vous
« confesserez ce que je vous oblige en ce mo-
« ment à reconnaître. — Enfin, vous demande-
« rez la demoiselle qu'on vous désignera pour
« mon amie ; vous la saluerez de ma part et
« vous lui direz que je ne suis pas encore avancé
« dans ma quête. — Sire, comment nommerai-
« je celui qui m'a vaincu ? — Vous le nomme-
« rez Hector. Maintenant, conduisez-moi vers
« dame Hélène. »

Perside releva le pan de son haubert et prit
une clef qu'il tendit à l'heureux libérateur d'Hélène. Hector ôta son heaume avant d'aller ouvrir la porte de la geôle : « Venez, dame ; il ne
« faut pas que tant de beautés demeurent ca-
« chées. » Hélène le prend entre ses bras :
« Ah chevalier ! » dit-elle en le baisant, « que
« Dieu vous récompense mieux que je ne puis
« le faire ! — Dame, je ne puis rien lui de-
« mander, après avoir été baisé de la belle des
« belles. — Avouez, au moins, que jamais
« baiser n'aura été mis à si haut prix. »

Hector passa la nuit au château de Garonhilde, et l'on devine la joie que montrèrent la
sœur d'Hélène sans pair et les gens de la
maison. Perside lui-même n'était pas fâché de
se voir affranchi du serment indiscret qui l'em-

pêchait de témoigner à la belle Hélène l'amour qu'il n'avait pas cessé de lui porter. Le lendemain au point du jour, Hector entendit la messe, revêtit ses armes et prit congé. Perside lui présenta son meilleur coursier, il fut convoyé jusqu'au carrefour voisin. La sœur de Perside lui demandant alors quel chemin il voulait prendre : « Vraiment, je l'ignore : je suis « en quête d'un chevalier dont le nom m'est « inconnu et qui est je ne sais où ; mais à force « d'errer, j'en apprendrai peut-être quelque « chose. » Perside lui conseilla de suivre la voie que fréquentaient le plus les chevaliers errants. « Cette voie, » lui dit-il, « traverse le « Norgalles, et parmi les chevaliers venus en « aide au roi Tradelinan, vous pourrez bien « rencontrer celui que vous cherchez. » Hector suivit le conseil, et s'éloigna en les recommandant à Dieu.

Ici le conte lui laisse continuer sa quête, pour revenir au jeune Lionel qui s'en allait porter à la cour d'Artus le message de Lancelot et de Galehaut.

LIII.

Le roi Artus était dans la grande cité de Londres quand y arriva Lionel. Le varlet vit d'abord la dame de Malehaut qui le conduisit dans la chambre de la reine. Grande fut la joie des deux dames en apprenant qu'il venait du Sorelois. « Comment, lui demanda Genièvre, le fait Ga-« lehaut et son ami? — Assez bien, dame, s'ils « ne craignaient d'être oubliés; j'ai charge d'en-« quérir comment ils pourront vous revoir. »
Les deux dames, après s'être conseillées, croyaient avoir trouvé le moyen de contenter leurs amis, quand arriva la nouvelle de l'entrée des Saisnes et des Irois en Écosse. Ils avaient déjà mis le siége devant le château d'Arestuel. Le roi Artus avait aussitôt mandé aux barons de se rendre à Carduel. Il voulait réclamer le secours de Galehaut; mais la reine lui persuada d'attendre que le besoin en fût plus pressant. Cependant, elle donnait congé à Lionel en lui recommandant de dire à Lancelot que son intention était de suivre le roi en Écosse : il aurait donc soin d'y venir avec son ami, mais sous des armes déguisées. Elle chargea encore Lionel de lui remettre une bande

de soie vermeille qu'il pourrait attacher à son heaume, et une bande blanche oblique dont il chargerait le champ noir de l'écu qu'il avait porté à la dernière assemblée. A ces dons elle joignit encore le fermaillet de son cou, l'annelet de son doigt, un riche peigne dont les dents étaient garnies de ses cheveux, enfin son aumônière et sa ceinture.

Nous passerons rapidement sur l'entrée de mess. Gauvain et du gentil Hector dans le pays de Sorelois. Mess. Gauvain triomphe des nombreux obstacles qui en défendaient l'entrée : après avoir abattu le chevalier chargé de l'arrêter sur le pont qu'il lui fallait passer, il voit inscrire son nom près de ceux qui avaient avant lui mis à fin les mêmes épreuves. C'était le roi Ydier de Cornouailles, le roi Artus de Logres, Dodinel le Sauvage et Melian du Lis. Quand Hector arrive pour lutter contre le dernier occupant du pont (mess. Gauvain), il allait peut-être garder l'avantage sur le neveu d'Artus, si celui-ci ne se fût avisé de lui demander son nom et l'objet de sa quête. Alors ce fut à qui des deux persisterait à s'avouer vaincu, à refuser l'honneur que l'autre voulait lui décerner. Mais il leur fallait respecter la coutume et attendre que de nouveaux chevaliers vinssent tenter de passer le pont qu'ils auraient défendu. Heureusement Galehaut envoya un de ses hommes pour occuper la place. Une demoiselle leur apprit que le prince des Lointaines-Iles était avec son ami dans un manoir écarté de l'Ile-Perdue. Pour y arriver, il leur fallut livrer de nouveaux combats; d'abord contre deux chevaliers de Galehaut, puis contre le Roi des cent chevaliers et Lancelot lui-même. Lionel arriva justement de la cour de Logres pour interrompre ces luttes aveugles et faire embrasser messire Gauvain et Lancelot. Puis, la demoiselle amie d'Agravain sachant que mess. Gauvain devait se trouver dans le Sorelois, vint lui rappeler que son frère avait besoin du sang du meilleur des chevaliers. Messire Gauvain ne l'avait pas oublié. Il tira d'abord à part Galehaut et Lancelot, pour leur demander s'il ne leur conviendrait pas de se rendre à l'ost du roi. C'était leur intention; mais, pour répondre au désir de la reine, ils lui déclarèrent qu'ils tenaient à n'y paraître que sous armes déguisées. « Je suivrai votre « exemple, » dit mess. Gauvain; nous partirons « à la fin de cette semaine et, d'ici là, nous « aurons le temps de nous faire saigner. »

Lancelot n'avait jamais eu besoin qu'on lui tirât du sang; mais il ne voulait rien refuser à mess. Gauvain. Il se laissa donc ouvrir les veines, et la demoiselle recueillit le sang et se hâta de le rapporter à son amie. Dès qu'Agravain en fut légèrement arrosé, il sentit éteindre l'ardeur de ses plaies ; son bras reprit sa première vigueur, comme auparavant le sang de mess. Gauvain l'avait rendue à sa jambe malade.

Sur la fin de la semaine, ils quittèrent le Sorelois et ils approchaient des marches d'Écosse, quand une demoiselle parut et leur vint demander s'ils tenaient à savoir où campait l'ost du roi Artus ? — « Assurément, demoi-
« selle. — Je vous le dirai si, de votre côté,
« vous prenez l'engagement de me suivre pen-
« dant une heure où je vous conduirai, dès qu'il
« me plaira de le réclamer. » Tous les quatre consentirent.

« L'ost du roi, dit-elle, est à douze lieues
« d'Arestuel en Écosse, devant la *Roche aux*
« *Saisnes*. » C'était une forteresse dont la construction remontait au temps du mariage de Wortigern avec la sœur d'Hengist. La belle Camille, sœur du roi Hargodabran le Saxon, y résidait. Camille avait dans l'art des enchantements une science égale à celle de Viviane et de Morgain. Par ses conjurations, le roi Artus était devenu éperdûment amoureux d'elle, et elle ne désespérait pas de lui faire passer le seuil des portes d'Arestuel.

On doit se souvenir que mess. Gauvain et les vingt compagnons de sa quête s'étaient tous engagés à retourner, si le roi venait à réclamer leur service, avant l'heureux succès de leur recherche; mais ils devaient, dans ce cas, reparaître sous des armes déguisées. Or Lancelot voulant de son côté demeurer inconnu, mess. Gauvain ne pouvait encore annoncer le succès de sa quête et par conséquent reparaître devant le roi Artus. Il fut donc convenu que tout en apprenant à ses compagnons qu'il avait trouvé Lancelot, il leur ferait comprendre que le moment n'était pas arrivé de le déclarer. Il les retrouva sous des tentes séparées de celles du camp. Sagremor seul n'avait pas reparu, retenu plus longtemps qu'il n'eût voulu par sa nouvelle amie. Mess. Gauvain fit dresser sa tente et celle de son jeune ami Hector assez près des compagnons de la quête. « Quel est, lui de« manda Keu le sénéchal, ce chevalier avec « lequel vous êtes; était-il des nôtres? — Non, « sénéchal; mais vous n'aurez pas oublié, je « pense, celui qui vous abattit devant la Fon« taine du Pin. — Il suffit : nous répondons « de sa prouesse. »

Galehaut et Lancelot partagèrent la tente de mess. Gauvain. Elle était placée entre la ville d'Arestuel et le camp du roi. Avec nos chevaliers étaient dix vaillants écuyers, sans compter le gentil Lionel.

Ils avaient reposé une nuit quand le Roi, impatient de combattre sous les yeux de la belle Camille, donna le signal de monter, passa le gué et alla attaquer les Saisnes jusque dans leur camp. Hector, messire Gauvain et ses dix-neuf compagnons formèrent avec leurs nombreux sergents une forte échelle qui rejoignit les Bretons quand déjà l'action était engagée et que les Saisnes, revenus d'un premier effroi, avaient repris l'avantage sur leurs moins nombreux assaillants. Galehaut et Lancelot apprirent encore plus tard, que les Bretons et les Saisnes étaient aux prises : ils s'armèrent, Galehaut des armes du Roi des cent chevaliers, Lancelot de ses armes ordinaires, sauf la bande blanche à travers le champ noir de l'écu, et le pennon flottant sur le heaume. Pour la première fois était porté ce signe de reconnaissance (1). Ils arrivent sous la tour où la reine Genièvre se trouvait avec la dame de Malehaut ; et quand, en levant les yeux vers les créneaux, ils reconnurent leurs dames, Lancelot eut grande peine à se maintenir en selle. Lionel les accompagnait avec le chapeau et le haubergeon des sergents : la reine le fit appeler par une de ses demoiselles ; il descendit de cheval, posa les lances dont ses bras étaient chargés contre le mur de la tour et il monta les premiers degrés. Genièvre,

(1) « Ce fu la premiere connoissance qui onc sous le roi Artu fu portée sur hiaume » (msc. 339, f° 61, v°). Cette remarque d'un romancier du douzième siècle prouve au moins que l'usage était de son temps déjà ancien.

de son côté, descendit vers lui. « Lionel, dit-
« elle à la hâte, il faut que le fort du tour-
« noi (1) soit en vue de la tour. » Lionel revint à son cheval, reprit ses lances et courut
rapporter à Lancelot les paroles de la reine.
Mais Lancelot était tellement perdu dans ses
rêveries qu'il n'avait pas vu Lionel entrer dans
la tour. Avant même d'écouter, il répondit :
« Je ferai ce qui plaira à la reine. »

Pour bien comprendre les incidents de la
journée, il ne faut pas oublier qu'un cours
d'eau sépare les Bretons de leurs ennemis. Sur
la rive occupée par les Bretons est la tour de la
reine ; sur l'autre rive la Roche aux Saisnes, et
plus loin le camp des païens. Ceux-ci, pris à
l'improviste, avaient été d'abord assez maltrai-
tés ; mais une fois armés, comme ils étaient
deux fois plus nombreux, ils allaient contraindre les Bretons à repasser la rivière, quand
mess. Gauvain et ses dix-neuf compagnons,
suivis de près par Lancelot et Galehaut, arrivent à-propos et repoussent les Saisnes jusqu'aux premières lices de leur camp. Lionel
cependant, étonné de ne pas voir Lancelot répondre aux vœux de sa dame, se jette au frein

---

(1) On donnait encore au douzième siècle le nom de
tournois ou *assemblées* à toutes les grandes rencontres
d'armées ennemies.

de son cheval et lui répète que la reine désire vivement que la bataille ait lieu devant la tour. Voilà Lancelot tout éperdu : « Lionel, dit-il, re-
« tourne vers ma dame, et demande-lui si elle
« veut encore nous voir revenir de son côté. »
— Lionel obéit, et la reine le voyant approcher, descend de la tour et lui répète que tel est son désir. Lancelot, dès que la réponse lui est rendue, se rapproche de mess. Gauvain et de ses compagnons : « Je sais, leur dit-il, un
« moyen de mettre aux mains du roi autant de
« riches prisonniers qu'il lui plaira. Les Bre-
« tons ne voient en vous que des chevaliers
« errants ; tournez-vous un instant contre eux,
« et repoussez-les au delà de la rivière ; les Sais-
« nes, rassurés par le secours qui leur arrive,
« ne manqueront pas de poursuivre, et quand
« ils auront passé le gué à la chasse des nôtres,
« vous tournerez bride et frapperez sur eux
« comme vous savez faire : alors nos hommes
« reprendront l'avantage, les païens saisis d'é-
« pouvante fuiront à qui mieux-mieux, et je
« les recevrai à l'entrée du gué. »

Galehaut applaudit au plan de son ami, mais mess. Gauvain hésitait : « Je ne puis, disait-
« il, aller même pour un moment contre les
« gens du roi mon seigneur. — Pourquoi ? ré-
« pond Galehaut, quand c'est pour le mieux
« servir ? » Et mess. Gauvain consentit.

Aussitôt le mouvement s'exécute ; Lancelot, Galehaut, mess. Gauvain et ses compagnons de quête font volte-face, et poussent devant eux les Bretons étonnés qui reculent entraînant le roi lui-même dans leur retraite. Ils repassent le gué en désordre ; mais quand les Saisnes l'ont eux-mêmes franchi en les chassant devant eux, mess. Gauvain et les siens se tournent de nouveau contre eux, et après quelque résistance, les Païens fléchissent, lâchent pied et arrivent effrayés et pêle-mêle devant le gué qu'ils veulent à qui mieux mieux repasser. Lancelot les y attendait au pied de la tour, avec ses écuyers. Ils sont immolés à mesure qu'ils se présentent, et si grand fut le carnage qu'à compter de ce moment le passage ne fut plus connu que sous le nom de *Gué du sang*.

Jamais Lancelot n'avait tant frappé ni reçu tant de horions : son écu était troué, son heaume bosselé et fendu, le cercle s'en était détaché. La reine, qui ne le perdait pas de vue, appelle une de ses demoiselles, et lui met entre les mains un riche heaume appartenant au roi Artus. « Va, lui dit-elle, le présenter à ce « preux chevalier aux armes noires ; je ne puis « supporter la vue de tant de sang ; dis-lui de « laisser commencer la chasse. » La demoiselle obéit ; Lancelot remercie, ôte son heaume et lace celui que la reine lui envoie ; puis il s'éloigne un peu et laisse libre le gué. Aussitôt les Saisnes se pressent et passent dans le plus grand désordre. Lancelot, les Bretons et le roi surtout, furieux d'avoir été une fois contraints de fuir, les poursuivent avec fureur. Grand fut le nombre des prisonniers, parmi lesquels le frère du roi des Saisnes. Durant la chasse, Artus fut trois fois désarçonné et trois fois relevé et remonté par Lancelot.

Mais l'approche de la nuit contraignit enfin les Bretons victorieux à cesser la poursuite. Il fut convenu que mess. Gauvain resterait pour protéger le retour, pendant que Lancelot et Galehaut reviendraient jusqu'à la tour de la reine. Genièvre descendit et tous, à l'envi la saluèrent. Les bras de Lancelot étaient ensanglantés jusqu'aux épaules : « Comment le faites-
« vous, lui demande la reine? — Bien, dame.
« — Et ces bras ne sont-ils pas meurtris, bri-
« sés? Je veux m'en assurer; descendez. » Elle ne peut alors se tenir d'embrasser son ami; Galehaut reçoit de son amie la même étreinte; et la reine approchant de l'oreille de Lancelot : « J'en-
« tends demain visiter ces plaies à mon aise et
« pourvoir au meilleur moyen de les guérir. —
« Dame, répond Lancelot, de vous seule pour-
« raient venir les plaies mortelles. — Remon-
« tez, doux ami, que personne n'ait soupçon
« de ce que j'ai pu vous dire. » En ce moment

le gros des chevaliers revenait et repassait le gué. La reine ne les attend pas et rentre dans la tour, mais après avoir averti Lionel de venir lui parler tandis que Lancelot et Galehaut retourneraient à leur tente.

LIV.

Le roi n'était pas revenu de la chasse aux Saisnes en même temps que mess. Gauvain. Il s'était arrêté de l'autre côté de la rivière, dans l'espérance d'apercevoir au moins la dangereuse Camille. Elle parut en effet à sa fenêtre et lui fit signe qu'elle voulait descendre et parler à lui. Quand elle fut à la porte du château, « Sire, lui
« dit-elle, on vous tient pour le premier entre
« tous les preux : si je vous en crois, vous n'ai-
« mez aucune femme autant que vous m'aimez.
« J'ai bien envie d'éprouver si vous parlez loya-
« lement. — Camille, vous le savez, je ne suis
« pas maître de vous refuser la moindre chose.
« — Ce que j'ai à vous demander ne saurait
« donc vous causer grand'peine. J'ai pris mes
« précautions : cette nuit, vous pourrez sans
« danger venir me trouver. Le voulez-vous, le
« désirez-vous, comme je le désire moi-même ?
« Vous retournerez avant le jour ; personne ne

« vous arrêtera, ne devinera que nous devions
« passer la nuit ensemble. — Mais, Camille, pro-
« mettez-vous de ne rien refuser à mon amour?
« — Oui, par tous mes dieux et les vôtres. —
« Je viendrai donc. — Maintenant, éloignez-
« vous; il ne faut pas qu'on vous aperçoive.
« Quand vous reviendrez, vous trouverez un
« fidèle valet pour vous ouvrir. »

Le roi rejoignit ses chevaliers; ils ne furent aucunement surpris de le voir rayonnant de joie. Il envoya aussitôt vers la reine, pour lui annoncer qu'il était revenu sain et sauf de la chasse, et qu'il avait l'intention de passer la nuit au camp. Il l'engageait de son côté à faire belle chère.

La reine avait averti, comme on a vu, Lionel de venir lui parler; il arriva et elle le chargea de dire aux deux grands amis de se rendre le soir dans la tour et d'entrer dans le jardin par une porte secrète. « Madame, dit Lionel, je
« ne sais comment ils pourront quitter leur cou-
« che, sans éveiller messire Gauvain et Hector
« qui occupent la même tente. — Gauvain est
« donc de retour? reprend la reine. J'en suis
« bien aise. Mais rien ne doit être impossible
« au cœur de nos chevaliers. Ils feindront, je
« suppose, un grand besoin de repos, et ils se
« mettront les premiers au lit. Hector et Gau-
« vain suivront leur exemple, et quand nos

« amis les verront endormis, ils se lèveront
« doucement, tu les conduiras, et nous les at-
« tendrons aux premières lices. »

Lionel remplit fidèlement le message : vous devinez la joie et le doux espoir de Lancelot. Artus ne se promettait pas moindre fortune aux mêmes heures. Quand les chambellans furent endormis, il réveilla son neveu Gaheriet, auquel il avait confié le secret de son amoureux aveuglement. Le valet de Camille les attendait à la première entrée et les conduisit du verger, dans la première salle où la belle Camille les reçut d'un visage riant. Elle aida même à désarmer le roi ; Gaheriet fut conduit à la couche d'une belle et jeune fille, et Camille passa avec le roi dans une autre chambre où elle n'eut rien à lui refuser. Il s'endormit dans les bras de sa trompeuse maîtresse : mais bientôt un grand bruit le réveille ; quarante chevaliers frappent à la porte et paraissent. Le roi se lève et court à son épée, avant même d'avoir passé ses braies. Les chevaliers (un d'eux portait plein poing de chandelles) l'entourent, l'avertissent que la défense ne lui servira de rien et qu'il est leur prisonnier. Ils lui arrachent des mains sa bonne épée, et le saisissent pendant que d'autres vont prendre Gaheriet. Puis on les enferme dans une chartre dont la porte était ferrée.

Comme cela se passait à la Roche aux Sais-

nes, Lancelot et Galehaut, après avoir doucement quitté leur couche, s'étaient armés et, sous la conduite de Lionel, avaient gagné l'entrée du jardin. La reine avait su trouver une raison pour éloigner de ses chambres toutes ses dames : elle vint elle-même avec la dame de Malehaut ouvrir la porte secrète, et les deux chevaliers ayant déposé leurs armes et attaché leurs chevaux dans un endroit couvert, les suivirent dans l'une et l'autre chambre. Douce fut pour eux la nuit, la première où leur étaient données toutes les joies réservées aux plus tendres amoureux. Avant le retour du jour, il prit envie à la reine d'aller, sans lumière, toucher l'écu fendu que la Dame du lac lui avait envoyé. Les deux parties en étaient rejointes, comme si elles n'eussent jamais été séparées. Ainsi reconnut-elle que de toutes les femmes elle était la plus aimée. Elle courut aussitôt réveiller la dame de Malehaut pour lui montrer la merveille. La dame en riant prit Lancelot par le menton, non sans le faire rougir en se faisant reconnaître pour celle qui l'avait si longtemps retenu dans sa geôle : « Ah ! Lancelot, Lancelot ! dit
« elle, je vois que le roi n'a plus d'autre avan-
« tage sur vous que la couronne de Logres ! »
Et comme il ne trouvait rien à répondre de convenable : « Ma chère Malehaut, dit la reine,
« si je suis fille de roi, il est fils de roi ; si je

« suis belle, il est beau ; de plus il est le plus
« preux des preux. Je n'ai donc pas à rougir de
« l'avoir choisi pour mon chevalier. » Le jour
les avertit de se séparer, avec l'espoir de bientôt reprendre ces doux entretiens.

Et cependant, Camille la magicienne faisait pendre aux créneaux de la Roche les écus du roi Artus et de Gaheriet. Ce fut un grand sujet d'étonnement et de douleur quand les Bretons les aperçurent. Ils ne devinaient pas comment les Saisnes avaient fait une telle capture ; seulement ils supposaient qu'on les avait entourés comme ils allaient reconnaître le camp ennemi. Dès que la reine aperçut ces douloureux trophées, elle manda mess. Gauvain et Lancelot.

LV.

ANCELOT et mess. Gauvain allaient se rendre près de la dolente reine, quand entra dans leur tente la demoiselle qui leur avait, quelques jours auparavant, indiqué la place où les Bretons avaient établi leur camp. Nos chevaliers ne soupçonnaient pas en elle une émissaire de la perfide Camille : elle venait les sommer de tenir la promesse qu'ils lui avaient faite. « Demoiselle,
« lui dit mess. Gauvain, vous avez choisi un

« fâcheux moment : nous n'avons déjà que trop
« à faire. — C'est pour vous être en aide que
« je suis venue. Apprenez que les Irois veulent
« emmener dans leur île le roi Artus, pour
« être mieux assurés de le garder. Je viens
« vous offrir un moyen de les prévenir ; vous
« n'aurez qu'à me suivre. — Grands mercis, de-
« moiselle, » répond mess. Gauvain. Et sans
retard nos quatre chevaliers, mess. Gauvain,
Lancelot, Hector et Galehaut, s'arment, montent et suivent la pucelle jusqu'aux premières
lices de la Roche aux Saisnes. « Le roi, dit-
« elle, sera emmené par une des issues ; il
« faut vous en partager la garde, tandis que
« j'entrerai pour revenir à vous quand il sera
« temps. »

Elle les quitte et laisse ouverte la poterne
qu'elle avait su défermer. Nos quatre chevaliers
demeurent en aguet, et bientôt Lancelot entend
la pucelle crier : « A l'aide ! à l'aide ! (1) ». Il
s'élance dans le courtil et voit à peu de distance vingt fer-armés qui attaquent deux chevaliers couverts des armes du roi Artus et de
Gaheriet. Il broche vers eux ; mais ceux qu'il
venait défendre le saisissent et le font tomber
de cheval. Les autres se jettent sur lui, lui

---

(1) « Aïe ! aïe ! » De là peut-être notre exclamation
douloureuse : *Aye! aye!*

prennent son épée et lui crient de se rendre s'il tient à la vie. « Plutôt mourir que deman- « der merci à des traîtres ! » On le désarme, on lui lie les mains ; il est transporté dans une forte prison.

Les trois autres compagnons commençaient à perdre patience. Enfin Galehaut croit apercevoir un chevalier revêtu des armes qu'on venait de prendre à Lancelot, et qui semblait demander aide. Galehaut s'élance ; mais il est assailli comme Lancelot par vingt gloutons qui l'abattent, le lient et le jettent en prison. Le même piége attendait Hector et messire Gauvain. Désarmés à leur tour, ils sont liés et conduits dans une grande geôle où ils eurent tout le temps de maudire la messagère de la perfide magicienne.

Cependant la reine attendait Lancelot et mess. Gauvain. Quelle ne fut pas sa douleur, son désespoir en apprenant de Lionel qu'une pucelle les avait emmenés et sans doute trahis, puisqu'ils n'étaient pas revenus. Le lendemain, elle vit, ainsi que tous les Bretons de l'ost, les écus des quatre chevaliers suspendus aux murs de la Roche et réunis à ceux du roi Artus et de Gaheriet. Pour comble de disgrâce, les Saisnes devaient, ce jour-là même, tenter l'attaque du camp ; et c'était pour leur donner plus de chances de succès que Camille avait attiré dans la Roche les plus redoutables champions de l'armée opposée. La reine manda sur-le-champ messire Yvain de Galles qui dut, avant d'aller vers elle, prendre l'avis des chevaliers revenus avec lui de la quête de Lancelot. Elle le reçut en pleurant, au bas de la tour : « Ma dame, dit « Lionel, je ne dois pas entrer dans vos cham- « bres avant d'avoir mis à fin la quête entre- « prise ; mais je vous offre tout ce qu'il m'est « permis de donner. Espérons que Dieu nous « fera sortir de ce mauvais pas. — Ah! pour « Dieu, messire Yvain, sauvez l'honneur du « roi! » Mess. Yvain la soutenait et mêlait ses larmes aux siennes. Il fut décidé qu'il tiendrait le lendemain, la place du roi et qu'on lui obéi- rait comme au roi lui-même. La bannière royale fut mise aux mains de Keu, ainsi le demandait sa charge de sénéchal.

Les Saisnes sortirent de leur camp en bon ordre, remplis de confiance dans le succès de la journée. Mess. Yvain disposa et régla la dé- fense, en cela merveilleusement secondé par le roi Ydier de Cornouailles. Celui-ci pour la pre- mière fois parut monté sur un cheval bardé de fer, et non, comme c'était jusqu'alors l'usage, de cuir vermeil ou de drap. On fut d'abord tenté de le blâmer, on finit en l'imitant par montrer qu'on l'approuvait. Il fit encore une autre chose nouvelle, ce fut d'arborer une bannière de ses armes, en jurant d'avancer toujours au delà de toutes les autres bannières, et de ne pas reculer d'un pas. Elle était blanche à grandes raies (ou bandes) vermeilles, le champ de cordouan, les raies en écarlate d'Angleterre ; car en ce temps-là, les bannières n'étaient pas de cendal, mais de cuir ou de drap (1).

Jamais les compagnons de la Table-Ronde ne firent mieux en l'absence du roi Artus : aucune échelle ennemie ne put arrêter le preux Ydier : de toute la journée il ne délaça pas son heaume, et jusqu'à la fin il tint le serment de pousser en avant, tant qu'il y aurait des païens à frapper. « Dieu, criait-il, me fasse la grâce de tenir mon « vœu, fût-ce au prix de ma vie ! plus belle « mort ne saurait être désirée. » Les Saisnes finirent donc par lâcher pied et la chasse commença : en tête des poursuivants se trouva toujours le grand cheval d'Ydier. Par malheur, il passa sur le corps d'un Saxon qui avait gardé son épée droite ; la pointe en frappa le ventre du bon coursier, lequel prenant le mors aux dents, alla s'affaisser et mourir un peu plus avant. Le roi tomba engagé sous ses flancs,

---

(1) « Li chans de cordouan et les raies d'escarlate à un « drap vermeil d'Angleterre. Ne tant comme l'en portoit-« l'en à cel tems, n'estoient-èles se de cuir vermeil non « et de drap » (ms. 339, f° 63).

toute la chasse lui passa sur le corps. Les échelles revinrent, après avoir poursuivi les Saisnes, jusqu'aux abords de la tour, et la reine fut alors avertie que le roi Ydier n'avait pas reparu. Elle sortit aussitôt avec ses dames, parcourut le champ de bataille et découvrit enfin le bon roi qu'elle fit lever doucement par ses dames et transporter dans ses chambres. Là, les mires visitèrent ses plaies et parvinrent à les fermer ; mais, à partir de ce jour, Ydier ne put remonter à cheval et montrer sa grande prouesse (1).

Dans cette journée, les Saisnes et les Irois avaient perdu tant de leurs meilleurs chevaliers qu'ils n'osèrent de longtemps renouveler leurs attaques. Les Bretons transportèrent leur camp de l'autre côté du fleuve, et cernèrent la Roche d'aussi près que pouvait le permettre la pluie de flèches et de carreaux que les assiégés ne cessaient d'entretenir, du haut de leurs créneaux et de leurs murs.

(1) Remarquons que ce brave Ydier est roi de Cornouailles, pays qui, suivant le roman de Tristan, ne produisit jamais de bons chevaliers. C'est une preuve d'ailleurs surabondante de l'absence primitive de tout lien entre les traditions de la cour d'Artus et la Tristaneïde.

LVI.

PLUSIEURS semaines passèrent : mais pour le grand cœur de Lancelot, l'épreuve était trop rude. Il se voyait pour la première fois victime d'une odieuse trahison ; désarmé, enfermé : il pensait au message de Lionel, aux souffrances de la reine en ne le voyant pas arriver. Avait-elle pu savoir qu'il eût suivi une demoiselle inconnue, pour partager avec mess. Gauvain, Hector et Galehaut, la prison de l'artificieuse Camille.

Ces tristes pensées ne tardèrent pas à ébranler sa santé. Il cessa de manger, il devint sourd à la voix de mess. Gauvain et de Galehaut lui-même. Peu à peu le vide se fit dans sa tête ; il sentit un trouble étrange ; ses yeux grandirent et s'allumèrent. Il devint un objet d'épouvante pour ses compagnons de captivité. Le geôlier le voyant hors de sens ouvrit une autre chambre et l'y enferma. Galehaut eût bien voulu ne le pas quitter, au risque d'avoir à se défendre de sa fureur insensée. « Ne vaudrait-« il pas mieux, disait-il, mourir de ses mains « que vivre sans lui ? » Mais il eut beau réclamer, il ne fléchit pas le geôlier.

La nouvelle de la frénésie de Lancelot arriva

bientôt aux oreilles de la trompeuse enchanteresse. Elle demanda si le malheureux chevalier pouvait être mis à rançon. « Demoiselle, ré-
« pondit le geôlier, ses compagnons assurent
« qu'il n'a pas sur terre de quoi poser le pied.
« — Il n'y a donc aucun profit à le retenir.
« Ouvrez la porte et qu'il s'éloigne ! »

La sortie du château de la Roche donnait précisément sur la tour du roi Artus. Sur la porte, Camille avait jeté un charme : les gens du château pouvaient seuls l'ouvrir et la fermer; elle résistait à tous les efforts de ceux qui auraient du dehors essayé de la rompre; et quand les Saisnes y étaient rentrés, ils n'avaient plus rien à craindre de ceux qui les poursuivaient.

Lancelot, au sortir de la Roche, arriva au milieu des tentes et commença par les renverser çà et là. Puis il se jeta sur les Bretons, qui ne le connaissaient pas, ne l'ayant vu que couvert de ses armes, au passage du Gué. Tous s'enfuirent effrayés : il arrive devant le logis du roi; la reine était aux fenêtres. Elle regarde, entend crier : Au fou ! et reconnaît dans ce fou Lancelot. Ses genoux fléchissent, elle tombe sans mouvement. Quand elle revient de pâmoison : « J'en mourrai, dit-elle. — Ah! dit la
« dame de Malehaut, pour Dieu ! contenez-
« vous; peut-être Lancelot feint-il d'être en

« frénésie afin de nous revoir. S'il a perdu le
« sens, il faut essayer de le retenir, nous le
« guérirons. Je vais aller à lui. » La reine la
laisse descendre, en proie à la plus vive douleur ; mais bientôt, ne pouvant se contenir, elle
ouvre, va, vient, retourne aux fenêtres. En ce
moment la dame de Malehaut s'approchait de
l'insensé qui saisit une pierre ; elle fuit en
poussant un cri auquel répond celui de la reine.
Lancelot, comme s'il eût reconnu la voix, aussitôt tressaille, se rasseoit et se calme. La reine
descend et s'étant approchée : « Levez-vous, »
dit-elle, et il se lève. Elle le prend par la main,
l'emmène en une chambre haute. « Quel est ce
« pauvre homme ? demandent les dames. — Le
« meilleur chevalier du monde, dont le sens est
« troublé : mandez Lionel, peut-être l'enten-
« dra-t-il. » Lionel arrive et tend les mains
vers lui. Lancelot paraît se réveiller et s'élance
furieux. Pourtant la reine ne le quitte pas. La
nuit venue, elle défend d'allumer les cierges :
« La clarté, dit-elle, lui ferait mal. » Elle détache le bliau de Lancelot, le conduit au lit et
se tient à ses côtés. Et ceux qui la voient pleurer attribuent sa grande douleur à la prise du
roi.

Les jours, les mois passent sans produire le
moindre changement dans la forcenerie de Lancelot et dans les douleurs de la reine. Un jour

il arriva que les Saisnes firent une sortie contre les Bretons. Lancelot, pour la première fois depuis dix jours, dormait. La reine attirée par les cris d'alarme vient aux fenêtres, et voit les deux partis prêts à fondre l'un contre l'autre. De sa chambre, la dame de Malehaut l'entend sangloter : elle vient à elle : « Qu'avez-vous en- « core ? » dit-elle en la soutenant dans ses bras ? « — Hélas ! quand tous peuvent mourir, pour- « quoi ne le puis-je aussi ? O Fleur de toute « chevalerie ! que n'êtes-vous ce que vous étiez, « la bataille serait menée à meilleure fin ! » Lancelot entend la voix, il se lève, se jette sur une vieille lance pendue aux parois et s'en escrime contre un pilier de la chambre, jusqu'à ce qu'elle vole en éclats. Alors il tombe épuisé de faiblesse sur un bloc de pierre ; ses yeux se ferment, et la reine court le soutenir. Peut-être, pense-t-elle, l'écu apporté l'autre jour par la demoiselle aura-t-il la vertu de le calmer. Elle le passe autour de son cou ; aussitôt il revient à lui. « Où suis-je ? — Dans la maison « de la reine Genièvre. » A ces mots il se pâme de nouveau ; quand il se remet, la reine lui demande comment il est. « Bien ! Dieu merci ! « Où est monseigneur le roi et messire Gauvain ? « — Ils sont en la Roche aux Saisnes, avec « Gaheriet et les autres compagnons. — Pour- « quoi ne suis-je plus avec eux ? pourquoi ne

« puis-je mourir avec eux, puisque ma dame
» est loin! » La reine le prend dans ses bras :
« Bel ami, me voici, je suis près de vous. » Il
ouvre de grands yeux, la reconnaît. « Ah!
« dame, dit-il, qu'elle vienne quand elle vou-
« dra, puisque vous êtes ici! » Et toutes les
dames ne devinent pas que c'est de la mort
qu'il entend parler. « Beau doux ami, reprend
« la reine, me reconnaissez-vous? — Dame, je
« vous dois connaître, au grand bien que vous
« m'avez fait. » On le croit alors guéri. C'est
à qui lui demandera comment il se trouve et
ce qu'il avait eu. Mais il ne peut en rien dire
et fait d'inutiles efforts pour se tenir levé. Il
se regarde et voyant l'écu qu'on lui a passé au
cou : « Dame! s'écrie-t-il, ôtez moi cela. » Dès
qu'on l'a ôté, il saute, court et redevient forcené
comme auparavant.

En ce moment entra dans la salle une belle
et gente dame, vêtue d'un drap blanc de soie,
accompagnée de pucelles, de chevaliers et
sergents. La reine surmontant son désespoir
soulève la tête, la salue et la fait passer dans
une chambre voisine où elles s'assoient sur
une couche. Au nom de Lancelot que la
dame prononce, la reine va fermer la porte :
« Qu'est-ce? dit la dame. — Un sujet de grande
« douleur; le meilleur chevalier du monde
« tombé dans la plus cruelle frénésie. — Ou-

« vrez la porte, dit la dame, et laissez-le
« venir. » La reine conte auparavant comment
on avait espéré de le guérir, jusqu'au moment
où on lui avait ôté l'écu qu'il avait à son cou.
On rouvre la porte, Lancelot arrive d'un bond,
et la dame le prend par le poing en l'appelant
le *Beau trouvé*, nom qu'on lui donnait autrefois au Lac (1). En entendant ce nom, il
s'arrête tout honteux. La dame fait apporter
l'écu. — « Ah! Bel ami, lui dit-elle, je viens
« ici de bien loin pour votre guérison. » Dès
qu'elle a passé l'écu à son cou il rentre dans
son bon sens. La dame le prend par la main
et le fait asseoir sur la couche; il la reconnaît
et répand un torrent de larmes, à la grande
surprise de la reine qui ne devine pas encore
ce que la dame peut être. « Dame, dit Lan-
« celot, je vous prie d'ôter cet écu, il me fait
« souffrir mortellement. — Non, pas encore.
« Qu'on m'apporte un onguent, » dit-elle à ses
chevaliers. Quand on le lui a présenté, elle
en mouille ses pieds, ses bras, ses tempes et
son front. Le malade s'endort, et la dame revenant à la reine : « A Dieu, reine, soyez-vous
« recommandée! je m'en vais; laissez dormir
« le chevalier tant qu'il voudra. Dès qu'il se
« réveillera vous disposerez un bain, vous l'y

---

(1) Tome Ier, p. 27.

« ferez entrer; il en sortira guéri. Ayez en-
« core soin de ne pas lui laisser quitter cet
« écu. — Ah! dame, répond la reine, je vois
« que vous aimez bien ce chevalier, pour être
« venue si loin afin de le guérir; ne me direz-
« vous pas qui vous êtes? — Assurément je
« l'aime; j'avais pris soin de le nourrir quand il
« perdit son père et sa mère; je l'ai conduit à
« la cour, et c'est à ma prière que le roi le fit
« chevalier. — Soyez donc mille fois la bien
« venue! » dit la reine en lui sautant au cou, et
« la couvrant de baisers. Je le vois mainte-
« nant : vous êtes la Dame du lac. Pour Dieu!
« veuillez nous demeurer, ne fût-ce que pour
« achever la guérison de notre chevalier. Vous
« êtes la dame que je dois le plus aimer et
« honorer; vous avez fait plus pour moi que
« jamais il ne fut fait pour autre femme. C'est
« à vous que je dois cet écu, et vous le voyez,
« il a tenu ce qu'il promettait. — Ah! reprit
« la Dame du lac, vous en verrez naître en-
« core d'autres merveilles; sachez que je vous
« l'avais envoyé, comme à la dame la meil-
« leure et la plus aimée. J'avais deviné quelle
« serait la prouesse de cet incomparable che-
« valier; ainsi que j'ai dit, je le conduisis à
« la cour et demandai au roi Artus de l'ar-
« mer chevalier. Je suis en effet revenue pour
« hâter sa guérison et pour vous annoncer que

« le roi dans dix jours sortira de prison, grâce
« aux prouesses de votre chevalier. En vous
« envoyant cet écu à Caradigan, je vous man-
« dai que personne au monde ne savait comme
« moi le fond de vos pensées, et que j'ai-
« mais ce que vous aimiez, bien que ma ten-
« dresse ne fût pas de la même nature. Au-
« jourd'hui, je vous recommande une chose :
« aimez avant tout celui qui avant tout vous
« aime et ne cessera de vous aimer. Hélas ! le
« monde ne permet pas de vivre sans péché ;
« votre amour, je le sais, est une folie : mais
« en vous y abandonnant en faveur du plus
« digne d'être aimé, de la fleur de toute cheva-
« lerie, vous témoignez encore de la grandeur
« de vos sentiments, de l'excellence de votre
« raison (1). Vous avez choisi la fleur de toute
« chevalerie terrienne. Si vous avez gagné le
« premier des preux, vous m'avez également
« gagnée. Mais je ne dois pas demeurer plus
« longtemps; entraînée comme je le suis par
« une force que je ne puis vaincre : la force
« d'amour. Celui que j'aime ne sait pas où je

(1) « Li pechié dou siecle ne puent estre mené sans
« folie ; mais moult a grant confort de sa folie qui raison
« i trueve et honor; et se vous poez folie trover en vos
« amors, ceste folie est desor totes autres honorée, car
« vous aimez la signorie et la flor de tous les chevaliers
« del monde. »

« suis, bien que j'aie pris pour me conduire
« son frère; si je tardais à revenir, il se cour-
« roucerait, et l'on doit se garder de cour-
« roucer celui qu'on aime, de qui l'on attend
« toutes les joies, et pour lequel on donnerait
« le monde. »

La dame du lac en prenant congé laissait la reine Genièvre plus joyeuse qu'elle n'avait été depuis longtemps; grâce à l'espoir de la guérison de Lancelot. Elle s'approcha de lui, en prenant garde de ne pas hâter le moment de son réveil. Lancelot ouvrit enfin les yeux, en exhalant une faible plainte. — « Doux ami, dit
« la reine, comment vous sentez-vous? — Bien;
« mais d'où vient que je suis faible? — Pre-
« nez confiance, ami, bientôt serez-vous en
« santé. » Elle fait préparer un bain pour lui; jamais malade ne fut entouré de soins plus tendres. En peu de jours les forces lui reviennent; il retrouve sa première vigueur, sa première beauté. Mais il est grandement émerveillé de ce qu'il entend dire de sa frénésie qui lui faisait méconnaître tous ceux qui l'entouraient, hors la reine et celle qui avait pris soin de ses premières années. « Sans la Dame du
« lac, lui disait la reine, vous ne seriez pas guéri. — « Je me souviens bien, répondait-il,
« de l'avoir vue : seulement je croyais que c'é-
« tait en rêve. Mais vous, chère dame, pourrez-

« vous encore aimer celui que vous avez vu dans
« un état si honteux ? — Sur cela, n'ayez, doux
« ami, aucune crainte. Vous êtes plus mon sei-
« gneur que je ne suis votre dame ; et cesser de
« vous aimer serait pour moi cesser de vivre. »

Voilà donc Lancelot revenu en parfaite santé : toutes les joies que l'amour peut donner, il les ressent ; il les partage avec la reine qui ne se lasse pas de le contempler et de lui témoigner sa vive tendresse. Que serait pour elle la vie, si elle n'en partageait avec lui toutes les douceurs ? Elle a pourtant un regret, une inquiétude : c'est de le savoir trop vaillant, trop intrépide : elle ne pourra l'empêcher de courir au-devant de tous les dangers, et d'exposer constamment une vie dont dépend la sienne. Mais quoi ! sans cette incomparable prouesse, pourrait-elle se pardonner l'amour qu'elle lui a voué, comme au plus loyal, au plus parfait des chevaliers ?

LVII.

Cependant les Saisnes, enfermés dans leur château de la Roche, recommencèrent leurs sorties. La frénésie de Lancelot, la captivité du roi Artus, de messire Gauvain, d'Hector et de Galehaut leur rendaient l'espoir que les derniers tournois leur avaient fait perdre. Un jour, dans l'intention d'occuper les Bretons pendant qu'ils entraîneraient le roi Artus au rivage et le feraient passer en Irlande, ils fondirent sur le camp des chrétiens. La plaine fut bientôt couverte de gens d'armes, et le cri d'alarme retentit jusqu'aux chambres de la reine. Lancelot voulait s'armer : « Bel ami, lui dit la reine, vous n'êtes « pas encore en assez bon point. Attendez au « moins que nos hommes réclament un nouveau « secours. » En ce moment arrive un chevalier, l'écu brisé, le heaume rompu. Il dit en s'agenouillant devant la reine : « Dame, messire « Yvain réclame le secours de tous les cheva- « liers qui ne sont pas encore armés : il craint « de ne pouvoir soutenir l'effort des païens; « car il vient d'envoyer de ses meilleurs cheva- « liers vers Arestuel qui était menacé par les « Saisnes. — Ne souffrirez-vous pas maintenant, « dame, dit Lancelot, qu'on m'apporte mes ar- « mes? » La reine se tait avec un léger signe de consentement. On présente à Lancelot l'écu du roi Artus et la bonne épée Sequence que le roi ne portait que dans les cas désespérés. Il ne restait plus que les gantelets à passer et le heaume à lacer, quand Lancelot s'adressant au chevalier : « Combien d'hommes envoyés vers « Arestuel? — Deux cents. — Si les deux cents

« revenaient, messire Yvain reprendrait-il l'a-
« vantage? — Au moins la lutte serait-elle
« moins inégale. — Dites à messire Yvain qu'il
« aura le secours dont il a besoin, sous le pen-
« non de ma dame la reine. »

Le chevalier salue, demande un autre heaume pour remplacer celui qu'il avait perdu et revient à mess. Yvain comme déjà les Bretons reculaient en désordre. Mess. Yvain les soutenait de son mieux; au grand besoin voit-on le bon chevalier. Et cependant, Lionel faisait approcher deux chevaux ; le plus grand pour Lancelot, l'autre pour lui. Avant de lacer son heaume, la reine prend Lancelot entre ses bras, le baise doucement et le recommande à Dieu. Elle tend ensuite à Lionel un glaive auquel elle avait attaché un pennon d'azur à trois couronnes d'or ; à la différence de l'enseigne du roi où les couronnes étaient sans nombre.

Quand mess. Yvain aperçut le pennon de la reine : « Voyez-vous, dit-il à ses chevaliers,
« cette enseigne ; nous avons le secours promis.
« Or paraîtra qui bien fera ! »

Lancelot était déjà au fort de la bataille, criant : « *Clarence* ! l'enseigne au roi Artus. » (Clarence est une cité de Norgalles, grande et plantureuse, où jadis avait résidé le roi Taulas, aïeul d'Uterpendragon. De là le cri que ses descendants avaient conservé (1). Il atteint de son glaive le premier Saisne qu'il rencontre et le jette mort sous le ventre de son cheval. Le glaive rompu, il sort du fourreau la bonne épée d'Artus (2), il renverse chevaux Saisnes et Irois; tranche les heaumes, les écus et les bras, à droite, à gauche : rien ne lui résiste, et bientôt personne ne l'ose attendre. On eût dit un ardent limier au milieu des biches qu'il déchire de ses coups de dents, non pour apaiser sa faim, mais pour s'enorgueillir de l'effroi qu'il inspire. Les Saisnes disaient : « Ce n'est pas un « homme de la terre, c'est un habitant du ciel « envoyé pour nous détruire. »

Les Bretons, revenus de leur premier effroi, s'étaient ralliés autour du pennon de la reine ; les Saisnes pensent qu'il arrive à leurs ennemis une nouvelle armée à laquelle ils ne peuvent résister. Ils fuient de toutes parts. Mess. Yvain devinant que Lancelot est arrivé, disait : « Voilà le seul chevalier vraiment digne de « porter ce nom ! Nous ne sommes près de lui

---

(1) L'ancienne *Clarence* était un château féodal dont les ruines sont encore visibles dans le bourg de *Clare* (province de Suffolk, sur les confins du comté d'Essex). De ce château tirent leur nom les ducs de Clarence.

(2) Ce n'est pas *Escalibur* qu'il avait cédée à Gauvain, ni *Marmiadoise* qu'il avait conquise sur le roi Rion. On a vu plus haut qu'elle se nommait *Sequence*.

« que des écuyers et sergents. » Alors les plus couards commencent à faire plus d'armes que n'en avaient fait jusque-là les meilleurs. La chasse se poursuit avec furie : Lancelot joint le plus grand des rois ennemis, l'énorme Hargodabran, frère de la belle Camille. En s'entendant défier, il tremble pour la première fois de sa vie, de ses éperons il rougit les flancs de son cheval. Lancelot l'atteint de nouveau, lui ferme passage. L'épée haute et l'écu rejeté sur le dos, il saisit d'une main les crins de son cheval et de l'autre tranche la cuisse gauche du mécréant. Hargodabran tombe en laissant sa jambe dans l'étrier, et Lancelot, au lieu de l'achever, passe outre, tandis que mess. Yvain approche du moribond : à la vue de cet énorme membre séparé du tronc : « N'est pas sage, « dit-il, qui se joue à tel chevalier. C'est vrai-« ment le fléau de Dieu. »

Hargodabran fut reporté aux tentes bretonnes. A peine y fut-il déposé qu'il saisit un couteau et le plongea dans son cœur. Pour Lancelot, il avait chassé les Saisnes jusqu'à l'étroite chaussée qui partait de la rivière et qu'on appelait le *détroit de Gadelore*. Les Saisnes virent alors qu'ils avaient été mis en fuite par un seul chevalier : ils se reformèrent, se massèrent à l'ouverture de la chaussée, attendant résolûment Lancelot qui, les bras rouges de leur sang, allait encore s'élancer sur eux, quand Lionel arrêta son cheval : « Par sainte « Croix, lui dit-il, n'allez pas plus avant ; vou- « lez-vous courir à la mort, et n'en avez-vous « assez fait ? — Laisse-moi, Lionel. — Non, « non ! par la foi que vous devez à votre dame, « vous n'irez pas plus avant. »

A ces derniers mots, Lancelot retient son frein, soupire et tourne en arrière. « Oh ! Lio- « nel, pourquoi m'avoir ainsi conjuré ! » Il rejoint en courroux les autres chevaliers : « Soyez le bien venu ! dit en le revoyant mess. « Yvain. — Ne parlez pas ainsi ; je reviens « couvert de honte. — Comment l'entendez- « vous, cher sire ? — Oui, je dois être honni ; « n'aurais-je pas dû chasser les païens bien « loin du détroit. — Vous auriez ainsi fait acte « non de prouesse mais de folie. » Lancelot ne répond rien, mais tout en revenant avec les chevaliers il jetait des regards furieux et cour- roucés sur Lionel qui baissait la tête et n'osait tenter de l'apaiser.

LVIII.

Il fallait maintenant arracher le roi Artus des mains de l'artificieuse enchanteresse Camille. Nous avons dit que la porte de la Roche aux Saisnes était impénétrable pour les assiégeants; mais, grâce à l'anneau que Lancelot avait reçu de la Dame du lac, le sortilége pouvait être conjuré. Notre héros passa d'abord au milieu de gens d'armes bretons chargés d'empêcher les Irois de faire sortir le roi et de l'emmener en Irlande. Il se fit reconnaître d'eux et put entrer sans difficulté dans la forteresse. Renverser le premier qui tenta de lui fermer le passage; tuer, blesser, navrer, mettre en fuite ceux qu'il trouva dans les premières chambres, fut pour Lancelot l'affaire d'une heure. Il parvint enfin dans une salle où Camille était assise auprès de son ami, le beau Gadresclain : il commença par fendre jusqu'aux épaules le jouvenceau, sans égard pour les cris désespérés de la dame; puis il sortit en fermant la porte pour aller trouver le geôlier : « Tu es mort, lui dit-il, si « tu ne me conduis vers ceux que tu as « charge de garder. » Le geôlier tremblant de peur le mène à la tournelle où étaient Artus et Gaheriet. « Vous êtes libres, » leur dit-il. Artus remercie son libérateur qu'il ne reconnaît pas. De là, Lancelot se fait conduire à la prison de Galehaut et de ses compagnons. Les premiers mots de Galehaut sont : « Que « ferai-je de la liberté, quand j'ai perdu la « fleur de chevalerie? Où trouverai-je le cou- « rage de vivre, loin de celui que j'aime plus « que la vie? — Ne vous affligez pas tant, « dit Lancelot en levant son heaume : me « voici, cher sire. » Et ils s'élancent dans les bras l'un de l'autre, ils se baisent mille fois. Et mess. Gauvain revenu vers le roi lui disait : « Sire, voilà celui dont nous étions en « quête : Lancelot du Lac est devant vous, le « fils du roi Ban de Benoic, celui qui ménagea « votre paix avec Galehaut. » Grande fut la surprise, l'admiration et la joie du roi Artus. « Beau sire, dit-il à Lancelot, je vous mets en « abandon ma terre, mon honneur et moi- « même. » Lancelot le releva en rougissant de confusion. Quand le geôlier eut rapporté aux prisonniers leurs épées, ils montèrent à la grande tour dont l'entrée était défendue par de fortes barres. Lancelot, jugeant que leurs efforts seraient inutiles pour les lever, retourne à la chambre où il avait enfermé Camille : il la saisit par les tresses, et menace de lui trancher la tête. « Ne vous suffit-il d'avoir tué mon

5.

« ami ? — Non ; j'entends que vous me fassiez
« ouvrir la grande tour. — J'aime mieux mou-
« rir et souffrir de vous ce que jamais loyal
« chevalier n'aurait la cruauté de faire. » Lancelot hausse encore l'épée ; elle crie merci,
promet de le satisfaire et le conduit à la porte
de la tour : « Ouvrez, » dit-elle aux chevaliers
qui la gardaient. « Nous n'en ferons rien, »
répondent-ils. Mais Lancelot tenant de nouveau son épée suspendue sur la tête de Camille, les chevaliers promettent d'ouvrir si on
les laisse sortir sains et saufs ; ce qui leur est
accordé. Les portes cèdent ; le roi Artus avertit
mess. Gauvain d'entrer le premier, pour indiquer qu'il en est mis en possession. Les chevaliers bretons pénètrent dans le château ; la
bannière du roi remplace sur les créneaux de
la tour celle d'Hargodabran. On visite toutes
les salles, tous les souterrains. Dans un réduit secret, Keu le sénéchal trouve une demoiselle enchaînée contre un pilier. Elle avait été
longtemps l'amie du chevalier que Lancelot
venait d'immoler aux pieds de Camille. Camille la retenait captive et loin de tous les yeux,
par l'effet d'une jalousie furieuse. Quand elle
fut déliée Keu demanda où se trouvaient les
derniers prisonniers. « Qui vient me délivrer ?
dit-elle. — C'est le roi Artus, le vrai seigneur
« de la Roche aux Saisnes. — Dieu soit loué !

« Mais êtes-vous assuré contre la fausse Ca-
« mille? — Elle est en notre pouvoir. — Ce
« n'est pas assez, et vous n'avez rien gagné,
« si vous lui laissez emporter ses boîtes et son
« livre. En ouvrant le grimoire, elle peut en-
« fermer le château dans un déluge d'eau, et
« vous noyer tous tant que vous êtes. — Mais
« ce grimoire, où est-il? — Là, dans ce grand
« coffre. » Keu essaie d'ouvrir le coffre, mais
voyant ses efforts inutiles ; il y met le feu et le
réduit en cendres avec tout ce qu'il contenait.

Camille sentit aussitôt que son pouvoir lui
échappait; et ne pouvant espérer la merci de
ceux qu'elle avait indignement attirés dans ses
piéges, elle n'écouta que son désespoir : elle
se précipita du haut de la roche. On recueillit ses
membres ensanglantés; le roi les fit réunir et
enfermer dans une tombe sur laquelle on in-
scrivit le nom et la triste fin de la belle et
criminelle magicienne, qu'il ne pouvait s'empêcher de plaindre et même un peu de regretter.

LIX.

GALEHAUT prévoyait avec chagrin que Lancelot, une fois inscrit parmi les chevaliers de la maison du roi, et admis au nombre des compagnons de la Table ronde, lui échapperait pour devenir l'homme d'Artus. Aussi eût-il tout donné pour le voir résister aux vives instances que le roi et la reine ne devaient pas manquer de lui faire. Avant de quitter la Roche aux Saisnes, Artus d'après les sages conseils de messire Gauvain, avait prié la reine de venir remercier Lancelot qui l'avait conquise. Genièvre en arrivant, regarda son ami, lui jeta les bras au cou et lui rendit grâces de la délivrance du roi. « Sire « chevalier, dit-elle, je ne sais qui vous êtes, « et j'en ai grand regret. Mais vous avez tant « fait pour mon seigneur que je vous offre tout « ce qu'il m'est permis de donner d'amour et « de loyauté à loyal chevalier. — Ma dame, « grands mercis! » répond Lancelot d'une voix tremblante. Le roi, témoin de l'entrevue, remercia vivement la reine de ce qu'elle venait de faire et ne l'en prisa que davantage.

Alors, avec une grâce insigne, la reine s'enquit de tous les chevaliers qui avaient pris part à la quête de Lancelot. Sagremor seul manquait : « Il était retenu, dit mess. Gauvain, « par une demoiselle à laquelle il avait donné « son amour. » De son côté, la reine raconta comment le chevalier qui venait de délivrer le roi était tombé en frénésie, et avait dû sa guérison à une demoiselle appelée la Dame du lac. « Le connaissez-vous? demanda le roi. — Je sais maintenant quel il est ; mais quant à

« son nom, je l'ignore encore. — Eh bien, c'est
« Lancelot du Lac, celui que vous venez de
« remercier; c'est lui qui vainquit les deux as-
« semblées et fit ma paix avec Galehaut. — Se
« peut-il! » s'écria la reine, en se signant et en
témoignant la plus grande joie d'apprendre ce
qu'elle savait déjà mieux que personne.

Après, ce fut le tour d'Hector : il montra
mess. Gauvain, et demanda qu'on le tînt quitte
de la quête qu'il en avait entreprise. Mess.
Yvain le reconnut et courut l'embrasser en ra-
contant comment Sagremor et lui devaient à
Hector la fin de leur captivité chez le sénéchal
du Roi des cent chevaliers. « Ce n'est pas
« tout, ajouta mess. Gauvain; je l'avais vu
« auparavant faire vider les arçons à Sagre-
« mor et à Keu, à messire Yvain, devant la Fon-
« taine du Pin. » Chacun alors de faire honneur
à Hector, en présence de la nièce d'Agroadain,
son orgueilleuse amie (1).

On annonça que les tables étaient dressées.
Quand on fut levé, le roi prenant la reine à
part la pria de l'aider à retenir Lancelot compagnon de la Table ronde. « Sire, répond-elle,
« vous savez qu'il est déjà compain de Gale-
« haut; c'est de Galehaut qu'il faut d'abord
« avoir le consentement. »

(1) T. I, p. 340.

Le roi se rapproche aussitôt de Galehaut et le prie de trouver bon que Lancelot soit de sa maison. « Sire, répond Galehaut, j'ai fait tout « ce que Lancelot m'avait demandé pour ga- « gner votre amitié; mais si j'étais privé de sa « compagnie, je souhaiterais de mourir : vou- « lez-vous m'arracher la vie? » Le roi regarde la reine et lui fait un signe pour qu'elle se jette aux genoux de Galehaut. Elle s'incline devant les deux amis : quand Lancelot la voit en posture de suppliante, il ne peut se conte- nir et, sans attendre la réponse de Galehaut : « Dame, dit-il, nous ferons tout ce qu'il vous « plaira demander. — Grands mercis! » dit la reine. Et Galehaut à son tour : « Puisqu'il en est ainsi, j'entends que vous ne l'ayez pas « seul. J'aime mieux tout quitter en le gardant, « que me séparer de lui au prix de l'empire « du monde. Veuillez, sire, me retenir aussi. « — Je n'aurais pu, répond le roi, demander « sans outrecuidance un tel honneur pour ma « maison; je vous retiens donc non comme « mes chevaliers, mais comme mes compa- « gnons. Et vous, Hector, ne serez-vous pas « aussi des nôtres? — Pour refuser, sire, il « me faudrait oublier tout sentiment d'hon- « neur. »

Et le lendemain, le roi tint une cour plé- nière qui dura huit jours, et qui finit à la Toussaint. Il y porta couronne et reçut à la Table ronde les trois nouveaux compagnons.

Durant les fêtes, il eut soin de mander les quatre clercs chargés de mettre en écrit les actes des temps aventureux. Ils se nommaient : Arrodian de Cologne, Tamide de Vienne, Thomas de Tolède et Sapiens de Baudas. Ils continuèrent leur livre à partir des gestes de mess. Gauvain et des dix-neuf compagnons de sa quête. Puis ils arrivèrent aux prouesses d'Hector dont la quête se rapportait encore à mess. Gauvain; le tout devant être compris dans l'histoire de Lancelot, branche elle-même, du grand livre du Saint Graal (1).

De la Roche aux Saisnes le roi se rendit à Karaheu en Bretagne, et permit à Galehaut,

---

(1) Le manuscrit 751, fº 144 vº, ajoute quelques lignes qui montrent assez bien comme ont été remaniées les premières rédactions : « Et le grant conte de Lancelot « convient repairier en la fin à Perceval qui est chiés « et la fin de tos les contes ès autres chevaliers. Et tout « sont branches de lui (c'est-à-dire se rapportent à Per« ceval), qu'il acheva la grant queste. Et li contes Perce« val meismes est une branche del haut conte del Graal « qui est chiés de tos les contes » (ms. 751, fº 144 vº).

Mais dans la *Quête du saint Graal*, Perceval (dans la plus ancienne rédaction, nommé Pelesvaus) n'est plus le héros qui découvre le Graal et accomplit les dernières aventures. Galaad, le chevalier vierge, fils naturel de Lancelot, est substitué au *Perceval* des dernières laisses non sans regret, d'emmener Lancelot en Sorelois (1), à la condition de le ramener, vers la prochaine fête de Noël, dans la ville où il avait eu le bonheur de les armer chevaliers.

du Lancelot. La manie des prolongements aura conduit à ces modifications des premières conceptions. Et c'est la difficulté de distinguer ces retouches successives qui a donné à la critique, qu'on me pardonne l'expression, tant de fils à retordre.

(1) Dans notre roman, le Sorelois est, comme au théâtre, les coulisses. Les acteurs s'y retirent pendant que d'autres personnages remplissent la scène. Le romancier y envoie Lancelot, pour nous avertir qu'il va suivre un autre courant de traditions et joindre un nouveau rameau à la branche principale. Ces rameaux sont déjà au nombre de cinq :

1º La reine aux grandes douleurs.
2º Les Enfances.
3º La prise de la Douloureuse garde.
4º Le Galehaut.
5º La guerre d'Écosse.

Le sixième qu'on va lire pourrait s'appeler *Les deux Genièvres* et *la mort de Galehaut.*

LX.

ous savons par le sage Tamide de Vienne, — celui de tous les clercs du roi Artus qui a le plus raconté des bontés de Galehaut, — que nul chevalier de son temps ne le surpassait en largesse, valeur et puissance, à l'exception du roi Artus auquel il n'est permis de comparer personne. Il aurait tenté la conquête du monde, si Lancelot en se rendant maître de ses pensées, ne l'eût décidé à servir le roi Artus. « Le « cœur d'un prud'homme, lui avait-il dit, est « une richesse bien préférable à la possession « des terres et des royaumes. » A compter de là, Galehaut ne vécut plus que pour Lancelot; car son amour pour la dame de Malehaut lui était venu du désir de seconder celui de son compain pour la reine Genièvre. Il avait vu avec douleur Lancelot entrer dans la maison du roi; mais en l'éloignant de la cour, il savait qu'il lui faisait violence. De son côté, Lancelot cachait ses ennuis pour ne pas augmenter ceux de Galehaut; si bien qu'ils chevauchèrent longtemps en évitant de se parler.

Avant d'entrer en Sorelois, ils passèrent la nuit dans un château du duc d'Estrans, nommé

la Garde du Roi, sur la rivière d'Hombre. Le sommeil de Galehaut fut très-agité; il levait les bras et faisait des exclamations qui ne pouvaient échapper à son ami. Le lendemain, ils remontèrent : Galehaut, le chaperon abattu sur les yeux, parut vouloir dépasser Lancelot et pressa le pas de son cheval jusqu'à l'entrée de la forêt de Gloride, sur les marches du duché d'Estrans. Lancelot se rapprochant alors de lui : « Cher sire, dit-il, vous avez des pensées « que vous me cachez; vous savez pourtant « combien vous avez droit à mon conseil. —
« Assurément, beau doux ami, répond Gale-
« haut, et vous savez aussi combien je vous
« aime; laissez-moi donc vous découvrir ce
« que j'aurais voulu ne dire à personne. Dieu
« m'a donné tout ce que pouvait désirer cœur
« d'homme. Aujourd'hui, la crainte de perdre
« ce que j'aime autant qu'on peut aimer m'ap-
« porte chaque fois des songes fâcheux. La
« nuit dernière, je me croyais dans la maison
« du roi Artus; un énorme serpent s'élançait
« de la chambre de la reine, venait à moi et
« m'environnait de flammes. Je sentais la moi-
« tié de mes membres se dessécher. Puis j'en-
« tendais battre dans ma poitrine deux cœurs
« entièrement de la même grandeur. L'un se
« détachait pour céder la place à un léopard
« luttant contre une foule de bêtes sauvages;

« l'autre ne sortait de ma poitrine qu'en m'ar-
« rachant la vie.

« — Cher sire, dit Lancelot, un prince sage
« comme vous êtes peut-il se tourmenter d'un
« songe? Il faut laisser les femmes et les hom-
« mes sans courage prendre un tel souci. —
« Ils annoncent parfois, dit Galehaut, les cho-
« ses à venir. — Non, l'avenir n'est pas à la
« connaissance des hommes. — Je veux pour-
« tant demander aux sages clercs ce que je
« dois présumer de ces visions. Autrefois le
« roi Artus fut aussi visité par des songes
« merveilleux, et l'intention lui en fut révélée
« par de grands clercs. J'ai résolu de demander
« ces clercs au roi, et je les ferai venir en So-
« relois pour apprendre d'eux ce que je dois
« attendre s'ils présagent ma mort, ou bien un
« surcroît d'honneur. »

Avant de quitter la Garde du Roi, Galehaut
vêtit une chappe legère d'isembrun (1), fourrée
de cendal vert; et, pour mieux rêver à son
aise, il en abattit le chaperon sur ses yeux.
Ainsi remontèrent-ils, seulement accompagnés
de quatre écuyers. Après avoir traversé le
fleuve d'Azurne qui confinait aux marches de

---

(1) *Isembrun* ou *isangrin*, de couleur gris de fer. *Isangrin* est le nom du loup dans les romans de *Renart*,
comme ceux de *Brun*, l'ours; de *Roussel*, l'écureuil, etc.

Galore, ils suivirent le cours de la Tarance jusqu'à l'entrée d'une forêt qui couvrait une roche dominée par le grand et splendide château de l'Orgueilleuse Garde. « Voilà, » dit Lancelot en l'apercevant, « une construction mer-
« veilleuse. — Elle fut, répond Galehaut, érigée
« pour garder la mémoire d'un grand orgueil et
« d'une folie des plus étranges. C'était du temps
« où je méditais la guerre contre le roi Artus.
« Après l'avoir conquise, je ne pensais pas avoir
« grande peine à soumettre tous les autres rois
« du monde ; et, dans cette confiance, je fis
« disposer sur les murailles cent cinquante cré-
« neaux, pour autant de rois que je voulais
« conquérir. J'aurais hébergé ces rois, dans le
« château, le jour où je devais prendre le titre
« de roi des rois. Les fêtes du couronnement
« auraient duré deux semaines : et après la
« messe du grand jour, je me serais assis à
« table sur le plus haut siége, en manteau royal,
« ma couronne sur un grand candélabre d'ar-
« gent : autour de moi se seraient assis les
« cent cinquante rois, leur couronne également
« posée devant eux sur un moindre candé-
« labre. Après le manger, tous ces candélabres
« auraient été portés aux créneaux, jusqu'à
« la chute du jour ; puis on aurait enlevé les
« couronnes, pour les remplacer par autant de
« cierges assez pesants pour n'avoir rien à

« craindre du vent et rester allumés jusqu'au
« lendemain. Sur la plus haute tour aurait étin-
« celé, le jour, ma grande couronne, et la nuit
« le plus grand cierge qu'on aurait pu façonner.
« Dans chacune des journées suivantes j'aurais
« prodigué les dons les plus riches. Enfin, les
« fêtes passées, j'aurais fait avec tous ces rois un
« voyage dans toutes les parties du monde (1). »

« Mais quand, par vos conseils, je me fus ac-
« cordé avec le roi Artus, j'ai dû cesser de
« nourrir ces projets. Sachez seulement, beau
« doux ami, que je ne suis jamais entré dans ce
« château, sans laisser au seuil tout sujet d'en-
« nui et de tristesse. Et j'y vais aujourd'hui,
« parce que j'ai, plus que jamais, besoin de ré-
« confort. »

Mais voilà qu'arrivés au pied de la roche, et comme ils commençaient à la gravir, leurs yeux sont frappés d'une grande merveille. Les murs de l'enceinte, les tours elles-mêmes s'inclinèrent, puis éclatèrent par le milieu. Galehaut voyant tomber les créneaux avance de quelques pas, et ce qui restait des tours et des murailles s'écroule avec un bruit effroyable. « Assurément dit Galehaut, ce que je vois est un
« présage de malheur. — Sire, reprend Lan-

(1) J'ai tenu à reproduire fidèlement le fond de ce projet singulier de Galehaut, dont on a peine à entrevoir le côté *pratique* et raisonnable

« celot, n'allez pas vous affliger de pertes ter-
« riennes. Il faut laisser les mauvais hommes
« gémir de la ruine de leurs domaines, parce
« qu'ils n'ont d'autre valeur que celle de ces
« domaines. Pour nous, rendons grâces au
« Seigneur-Dieu qui a bien voulu renverser le
« château avant que nous y fussions entrés. »
Galehaut se prit à sourire : « Beau doux ami,
« vous attribuez donc mon chagrin à la ruine
« de ce château : mais eût-il mieux valu que
« tous les châteaux du monde, sa perte ne m'eût
« pas causé la moindre peine. Connaissez mieux
« le fond de mon cœur, et sachez que jamais
« aucune perte de terre n'a troublé ma séré-
« nité, aucune conquête ne m'a donné la joie
« que j'attends de votre compagnie. Mais je m'af-
« flige des tourments de cœur que ces ruines
« me présagent. Or ces tourments ne peuvent
« être que de vous à moi. Je vis tellement en
« vous, qu'après votre mort, rien ne pourrait
« me donner la force de vivre; et ce n'est pas
« seulement votre mort que je redoute, mais
« votre éloignement. Ah! si la reine votre dame
« m'avait réellement aimé, elle eût senti qu'il
« ne fallait pas vous donner à un autre, fût-il le
« roi Artus. Je ne la blâme pas; j'aurais dû
« me souvenir de ce qu'elle me dit un jour :
« *C'est folie de faire largesse de ce dont on ne*
« *pourrait se passer.* Elle vous a donné au roi,

« pour vous avoir tout à elle, et elle a bien fait.
« Mais ne l'oubliez pas, beau doux ami, le jour
« que je perdrai votre compagnie, le monde
« perdra la mienne. — Cher sire, avec l'aide
« de Dieu, pourrions-nous jamais cesser d'être
« compains! Je me suis donné au roi Artus
« de votre consentement; mais, pour être son
« homme, je n'en reste pas moins entièrement
« à vous de corps et d'âme. »

Ainsi parlèrent-ils longuement, tout en continuant à chevaucher. Les lieux où ils passèrent (nous laissons à d'autres le soin d'en reconnaître la place) furent, d'abord la maison aux rendus de Chesseline (1), fondée près du château du même nom par le roi Glohier; puis une ville nommée Alentin (2), et enfin Sorhaus, la principale cité du Sorelois. Et comme ils en approchaient, cent chevaliers de la contrée vinrent à Galehaut, conduits par son oncle, vieillard qui avait eu soin de son enfance. En tendant les bras à son nourri, des larmes s'échappèrent de ses yeux. « Sire, dit-il, nous avons été en
« grande crainte à votre endroit! nous vous
« supposions mort ou gravement malade, en
« raison de l'étrange merveille dont nous avons
« été témoins. »

---

(1) *Var.* Dessous *Tesseline.* — *Chesseline.*
(2) Var. *Caellus.*

« Que vous est-il donc arrivé? dit Galehaut, « Ai-je perdu quelqu'un de mes amis? — Non « sire, vous n'avez perdu aucun de vos amis, « grâce à Dieu! » Galehaut ne veut pas en entendre davantage; il pique son cheval, salue d'un air riant ses chevaliers, en passant devant eux. L'oncle le suivait de son mieux : « Bel « oncle lui dit Galehaut, je vous avais jusqu'à « présent trouvé des plus fermes; il faut que « vous ayez bien changé, si vous avez pensé « qu'une ruine de terre ou une perte d'avoir pût « me causer un vrai chagrin. Dites hardiment ce « que j'ai perdu, et sachez que je n'ai souci « d'aucune perte ni d'aucun gain. — Sire, il n'y « a pas jusqu'à présent de grands dommages, « mais il y a des présages merveilleux. Dans « tout le royaume de Sorelois, il n'est pas une « forteresse dont la moitié ne se soit écroulée « dans la même nuit. — Je m'en consolerai « facilement, reprit Galehaut. J'ai vu fondre le « château que j'aimais le mieux, et je n'en ai « pas été plus mal à l'aise. Grâce à Dieu, j'ai « reçu le don d'un cœur qui n'eût assurément « pu tenir dans la poitrine d'un petit homme; « il ne m'a jamais fait défaut. Les gens moins « bien fournis de ce côté ne comprendront « jamais mon peu de souci de ce qui les ac- « cablerait. Pourquoi s'émouvoir des merveil- « les qui arrivent à mon occasion? ne suis-je

« pas moi-même une merveille plus grande en-
« core? »

C'est ainsi que Galehaut accueillit la nouvelle de ce qui était arrivé dans ses terres. Il fit dans Alentin belle chère aux chevaliers et bourgeois de la ville. Le lendemain, il manda par ses clercs aux barons de Sorelois qu'ils eussent à se trouver à Sorehau, quinze jours après Noël. Il leur fit écrire d'autres lettres au roi Artus pour le prier de lui envoyer les plus sages clercs de sa terre, afin d'apprendre d'eux le sens de ses derniers songes. Mais ici le conte laisse pour un temps Galehaut et Lancelot pour nous ramener à la cour du roi Artus.

LXI.

L E messager de Galehaut trouva le roi Artus à Kamalot (1), et lui remit les lettres dont on l'avait chargé Le roi, la reine et la dame de Malehaut eurent une grande joie d'apprendre des nouvelles de leurs amis; mais leur joie fut de courte durée. Le jour même, on vit descendre, devant le degré, une demoiselle qui d'un pas ferme entra dans la salle où le roi siégeait en-

(1) Van Carduel en Galles (ms. 339).

touré de ses chevaliers. Elle était richement vêtue d'une cotte de soie ; le manteau fourré, le visage couvert, les cheveux roulés en une seule tresse. Trente chevaliers l'accompagnaient. Les barons s'écartèrent pour la laisser passer, persuadés que ce devait être une haute dame. Arrivée devant le roi, elle détacha le manteau qui la couvrait et le laissa tomber ; les gens qui la suivaient s'empressèrent de le relever. Puis elle abaissa la guimpe qui cachait son visage et tous ceux qui la regardèrent furent frappés de sa beauté. D'une voix haute et ferme elle dit :

« Dieu sauve le roi Artus et sa baronnie !
« l'honneur et le droit de ma dame réservés.
« Sire, vous êtes le prud'homme par excel-
« lence ; mais j'en excepte un point. — De-
« moiselle, répond le roi, tel que je suis, Dieu
« donne bonne aventure et garde l'honneur
« de votre dame, si, comme je le pense, elle
« en est digne. Mais je vous saurais gré de
« m'apprendre ce qui m'empêche d'être un vrai
« prud'homme. Vous me direz ensuite quelle
« est votre dame et en quoi je puis avoir mé-
« fait envers elle. Jusqu'à présent je ne croyais
« pas avoir donné à dame ou demoiselle le droit
« de m'adresser un reproche.

« — J'aurais fait un voyage inutile, si je ne
« justifiais le blâme dont je vous ai chargé :

« mais en le faisant je sais que je jetterai votre
« cour dans le plus merveilleux étonnement.
« Apprenez donc, sire, que ma dame est la reine
« Genièvre, fille du roi Leodagan de Carmelide.
« Avant de vous parler en son nom, veuillez
« prendre et faire lire ces lettres scellées de
« son scel. »

Alors s'avance un chevalier de grand âge qui remet à la demoiselle une boîte d'or richement ornée et garnie de pierres précieuses. Elle l'ouvre, en tire des lettres qu'elle présente au roi : « Sire, elles doivent être lues en
« présence de tous vos chevaliers, de toutes vos
« dames et demoiselles. » Le roi, muet d'étonnement, regarde la demoiselle, puis envoie querir la reine et toutes les dames dispersées dans les chambres. Elles arrivent de tous côtés, et la demoiselle demande une seconde fois que la lecture ne soit pas retardée. Le roi les tend à celui de ses clercs qu'il savait le plus habile. Le clerc déploie le parchemin, lit à part, puis se sent pris d'angoisse, et des larmes coulent de ses yeux. « Qu'avez-vous ? dit le roi ;
« lisez tout haut. Je suis impatient de savoir le
« contenu de ces lettres. » Le clerc, au lieu d'obéir, regarde la reine alors appuyée sur l'épaule de mess. Gauvain. Il tremble de tous ses membres, il chancelle et serait tombé, sans messire Yvain qui se hâta de le retenir. Le roi,

de plus en plus surpris et inquiet, envoie querir un autre clerc, et lui donne les lettres. Celui-ci les lit des yeux, puis soupire, fond en larmes, laisse tomber le parchemin au giron du roi et se retire. En passant devant la reine : « Ah ! s'écrie-t-il, quelles douloureuses nou-
« velles ! »

Voilà la reine tout aussi émue que le roi. Artus ne s'en tient pas là : il envoie vers son chapelain, et quand il est arrivé : « Damp cha-
« pelain, dit-il, lisez ces lettres, et sur la foi
« que vous me devez, sur la messe que vous
« avez ce matin chantée, dites tout ce que
« vous y trouverez, sans en rien celer. » Le chapelain les prend, les parcourt, puis en pleurant : « Sire, serai-je obligé de les lire
« tout haut ? — Assurément. — Il m'en pèse
« de plonger dans le deuil toute votre cour. Et
« s'il vous plaisait, vous me dispenseriez de
« révéler ce qu'elles contiennent. — Non, non,
« c'est à vous qu'il appartient de le faire. » Le chapelain se remet un peu, et d'une voix claire, lit ce qui suit :

« La reine Genièvre, fille du roi Leodagan
« de Carmelide, salue le roi Artus et tous ses
« chevaliers et barons. Roi Artus, je me plains
« de toi d'abord, puis de toute ta baronnie. Tu
« as été envers moi aussi déloyal que je fus loyale
« envers toi. Tu n'es plus vraiment roi, car un

« roi ne doit pas vivre avec femme non épou-
« sée. Je t'ai été donnée en loyal mariage; j'ai
« été sacrée comme épouse et reine, de la
« main d'Eugène le bon évêque, dans la cité
« de Londres, au moutier de Saint-Étienne (1).
« Je n'ai gardé l'honneur qui m'était dû
« qu'un seul jour. Soit par ton ordre, soit par
« l'ordre de ceux qui t'entouraient, j'ai vu tous
« mes droits méconnus et ma place occupée
« par celle qui jusqu'alors avait été ma serve
« chétive. La Genièvre qui passe pour ton
« épouse, au lieu de garder mon honneur
« comme elle était tenue de le faire même aux
« dépens du sien, a pourchassé ma mort et
« ma honte. Mais Dieu, qui n'oublie pas ceux
« qui l'implorent de cœur loyal, m'a tirée de ses
« piéges, à l'aide de ceux dont je ne pourrai
« jamais assez reconnaître la fidélité. J'ai pu
« secrètement sortir de la tour d'Hengist le
« Saxon, au milieu du Lac au Diable, où la
« fausse reine m'avait fait enfermer. Toute
« déshéritée que je sois, il me reste l'honneur
« et les moyens de réclamer ce qui m'est dû.
« Je demande vengeance de la malheureuse
« qui t'a si longtemps tenu en péché mortel.
« Elle devra recevoir la juste peine dont elle

(1) Dans le livre d'Artus (t. II, p. 234). C'est non pas
à Londres, mais à Caroaise et de la main de l'archevêque
Dubricius que le mariage est célébré.

« pensait me frapper. J'ai bien voulu t'écrire
« ces lettres : mais comme le parchemin ne
« peut pas tout dire, j'ai donné la charge de
« te les remettre à celle qui est mon cœur et
« ma langue; c'est Hélice, ma cousine ger-
« maine. Crois tout ce qu'elle te dira; car elle
« sait tout ce qui touche aux cas que je viens
« d'exposer. Je la fais accompagner par un
« chevalier qui a le même droit d'en être cru :
« c'est Bertolais, le plus vrai, le plus loyal
« des hommes qui soient aux Iles de mer. Je
« l'ai choisi pour soutenir ma cause, en rai-
« son même de son grand âge, afin de mieux
« témoigner que toutes les forces humaines
« ne peuvent rien contre la justice et la vé-
« rité. »

Les lettres lues, le chapelain les remit au roi, et se hâta de sortir, la tête basse et le cœur oppressé.

Il se fit un long silence dans la salle. Le roi le premier prit sur lui de parler à la demoiselle restée debout devant lui : « J'ai, dit-il, en-
« tendu ce que me mande votre dame. Si vous
« avez quelque chose à ajouter à leur contenu,
« nous sommes prêts à vous écouter; car vous
« êtes, nous a-t-on lu, le cœur et la langue de
« celle qui vous envoie. Vous me présenterez
« ensuite le chevalier qui vous accompagne. »
La demoiselle alors va prendre par la main le

chevalier qui lui avait mis les lettres en main : « Le voici, dit-elle. » Le roi regarde et juge de son grand âge par ses blancs cheveux, son visage pâle, ridé, labouré de plaies, sa longue barbe tombant sur la poitrine. D'ailleurs, il avait les bras longs et gros, les épaules larges, le reste du corps aussi bien conservé que tout autre homme dans la force de l'âge. « Ce che-
« valier, dit le roi, a trop vécu pour ne pas
« reculer devant un faux témoignage. — Vous
« en seriez encore mieux persuadé, Sire, dit
« la demoiselle, si vous le connaissiez aussi
« bien que moi ; mais il lui suffit que Dieu soit
« témoin de sa prouesse. Pour compléter ce
« que les lettres vous ont appris, ma dame se
« plaint d'avoir été trop longtemps méconnue :
« à peine étiez-vous roi de Bretagne que vous
« entendîtes parler du roi Leodagan, comme du
« meilleur des princes répandus dans les îles
« d'Occident, et de sa fille qu'on proclamait
« la plus belle de toutes les princesses. Vous
« dites alors que vous n'auriez pas de repos
« avant d'avoir jugé par vous-même et de la
« bonté du roi et de la beauté de sa fille.
« Vous êtes arrivé en Carmelide sous le dégui-
« sement d'un simple écuyer ; vous avez servi
« le roi, vous et votre compagnie, depuis Noël
« jusqu'à la Pentecôte. A cette dernière fête,
« vous avez tranché le pain à la Table ronde,

« et chacun des cent cinquante compagnons en
« fut servi à son gré. Pour reconnaître votre
« prouesse, le roi vous fit les deux plus riches
« dons que vous pouviez souhaiter : la plus
« belle demoiselle du monde, ce fut ma dame
« la Reine, et la Table ronde, dont la renom-
« mée était déjà grande en tous lieux. Vous
« avez emmené ma dame en la cité de Logres
« où vous l'avez épousée, et, la nuit, un seul
« lit vous a reçus. Mais vous veniez de vous
« lever, quand des traîtres furent introduits
« dans la chambre nuptiale par celle qui devait
« le mieux la garder; ma dame fut saisie, en-
« levée : celle que j'aperçois fut conduite à
« votre lit. On enferma madame la reine avec
« ordre de la mettre à mort; ce que Dieu ne
« permit pas. Elle fut tirée de prison, grâce à
« ce chevalier qui se mit en aventure de mort
« pour la porter sur ses épaules hors de la tour
« d'Hengist le Saxon, sur le Lac au Diable.
» Longue avait été la prison de ma dame; mais
« aujourd'hui, rentrée en possession de son
« droit héritage, plus d'un grand prince serait
« heureux de l'épouser. Elle a refusé leurs
« offres et vous a réservé son cœur, résolue, si
« justice ne lui est pas rendue, à finir en re-
« ligion ses jours. Mais, Sire, croyez-en tous
« ceux qui la connaissent : si vous réparez le
« dommage qu'elle a reçu, vous serez elle et

« vous les nonpairs du monde; vous, le plus
« vaillant des rois, elle, la plus vaillante des
« reines. Laissez votre concubine et rendez
« à votre loyale épouse tout ce qu'elle eut
« toujours droit d'attendre de vous. Si vous
« ne le faites, ma dame vous défend, de par
« Dieu et de par ses amis, de garder la dot que
« vous avez reçue, la noble Table ronde. Vous
« la renverrez garnie du même nombre de
« chevaliers qu'au jour où vous la reçûtes du
« roi Leodagan. Et ne pensez pas en établir
« une seconde; car dans le monde entier, il
« ne doit y en avoir qu'une.

« Maintenant, chevaliers, gardez de conti-
« nuer à vous dire compagnons de la Table
« ronde, avant que le jugement n'en soit rendu.
« Et vous, roi Artus, si vous n'avouez pas que
« ma dame ait été trahie par la fausse demoi-
« selle qui occupe encore sa place, je suis
« prête à montrer le contraire en votre cour, ou
« partout ailleurs. Le champion de la vérité
« sera le prud'homme que voici : il vaincra, car
« il a tout vu, tout entendu. »

La demoiselle cessa de parler, et la cour demeura longtemps interdite et silencieuse. La
reine, indignée au fond du cœur, ne donnait
aucun signe d'émotion et de courroux : elle
semblait dédaigner de se justifier et ne regardait même pas son accusatrice. Il n'en était

pas ainsi du roi : il se signait en levant les mains, il ne savait que résoudre. Enfin, il se tourna vers la reine : « Dame, avancez ; c'est à « vous de démentir ce que vous venez d'en- « tendre. Si l'accusation est vraie, vous m'au- « riez indignement trompé et vous mériteriez « la mort. Au lieu d'être la plus loyale des « dames, vous en seriez la plus perfide et la « plus fausse. »

La reine se lève et, sans témoigner la moindre émotion, vient se placer auprès du roi. En même temps s'élancent quatre ducs et vingt barons, comme pour demander à la défendre. Messire Gauvain, le visage enflammé de colère et d'indignation, serrait avec rage le bâton neuf qu'il avait en main. « Demoiselle, « dit-il, nous tenons à savoir si vous avez en- « tendu jeter un blâme sur ma dame la reine. « — Je ne vois pas ici de reine, répond la de- « moiselle ; mon blâme s'adresse à celle que je « vois devant moi et qui a trahi sa dame et « la mienne. — Sachez, reprit Gauvain, que « ma dame, ici présente, ne sera jamais soup- « çonnée de trahison, et qu'elle saura bien s'en « défendre. Peu s'en faut, demoiselle, que « vous ne m'ayez fait manquer à la courtoisie « que j'ai toujours témoignée pour dames ou « demoiselles ; car vous avez brassé la plus « grande folie qu'on ait jamais pensée. » Puis,

s'adressant au roi : « Je suis prêt à soutenir
« la cause de ma dame, contre le chevalier ou
« les chevaliers qui oseraient dire qu'elle n'est
« pas la plus loyale reine du monde, et qu'elle
« n'a pas été sacrée votre compagne et votre
« reine. — Chevalier, dit la demoiselle, vous
« semblez bien mériter d'être reçu à partie,
« mais nous désirons savoir votre nom. —
« Mon nom ne fut jamais un secret pour per-
« sonne : j'ai nom Gauvain. — Dieu soit loué,
« messire Gauvain ! Je n'en suis que plus con-
« fiante en mon droit. Vous êtes tellement re-
« connu prud'homme que vous craindrez de
« vous parjurer en vous portant le champion
« de cette femme. Toutefois, comme il y a des
« renommées trompeuses, sachez-le bien, qui-
« conque osera me contredire sera vaincu et
« réduit à se confesser foi-mentie. »

Elle va prendre alors par la main Bertolais :
« Faites ici, lui dit-elle, votre serment, comme
« celui qui a tout vu et tout entendu. » Bertolais se met à genoux devant le roi, et défie quiconque essaierait de contredire la parole de la demoiselle. Messire Gauvain le regarde et se détourne en voyant le vieillard qu'on lui oppose. Dodinel le Sauvage, qui se trouvait le plus près du roi, dit à Bertolais : « Sire vassal,
« est-il vrai que vous entendiez, à votre âge,
« fournir la bataille ? Honni le chevalier qui se

« présenterait contre vous ! Faites mieux : ap-
« pelez les trois meilleurs champions de votre
« pays, monseigneur Gauvain les recevra vo-
« lontiers, et à son défaut moi, le moindre des
« trois cent soixante-six chevaliers du roi. —
« J'ai, répond la demoiselle, amené le plus
« preux chevalier de mon pays ; libre à vous de
« le combattre, si vous tenez à garantir messire
« Gauvain. — Ah ! fait Dodinel, que Dieu m'a-
« bandonne, si je daigne m'éprouver contre un
« pareil champion ! » Et ce disant, il tourne le
dos en crachant de dépit. Puis revenant au roi :
« Sire, j'ai trouvé le chevalier qui pourra se me-
« surer avec le souteneur de la demoiselle :
« c'est Charas de Quimper (1), hautement re-
« nommé d'armes avant que votre père, le roi
« Uter Pendragon, ne fût armé chevalier. »

Ces paroles font éclater de rire tous ceux qui
les entendent. Mais le vieux Bertolais insistant
pour qu'on lui accordât la bataille :

« Demoiselle, dit le roi Artus, j'ai bien
« entendu ce que contiennent vos lettres et ce
« que vous avez dit ; mais la chose est assez
« grave pour réclamer conseil avant d'y ré-
« pondre. Je ne veux pas m'exposer à blâmer
« à tort la reine ou celle qui vous envoie. Avant
« peu, j'assemblerai mes barons : dites à votre

---

(1) *Var.* Riols de Caus. — Kanut de Kars.

« dame qu'à la Chandeleur elle se trouve à Ca-
« radigan sur les marches d'Irlande ; j'y tien-
« drai ma cour avec mes barons, elle aura les
« siens. Mais qu'elle se garde de rien avancer
« sans en donner la preuve ; j'en atteste le
« Créateur de qui je tiens mon sceptre (1), jus-
« tice terrible sera faite de celle qui aura com-
« mis la déloyauté. Vous, dame reine, préparez
« vos défenses pour le jour que je viens d'in-
« diquer. — Sire, répond-elle froidement, je
« n'ai pas de défense à présenter ; c'est au roi
« qu'il convient de garder mon honneur et le
« sien. »

La demoiselle sortit au milieu des malédictions de tous ceux qui la rencontrèrent ; car
bien qu'on ne démêlât pas encore la vérité,
chacun s'accordait à dire de la véritable reine
Genièvre tout le bien possible. Le roi demeura
pensif, comme s'il eût craint que les lettres
qu'on venait de lire ne renfermassent quelque
chose de vrai. Mais le message de Galehaut
réclamait une réponse : il ne voulut pas tarder
à la donner.

(1) « Car par le haut signor de cui je tiens le *cestre*
« par coi je soie redoutés. » C'est bien le latin *sceptrum*,
ici romanisé dans une forme plus douce.

LXII.

L'ASTRONOMIE est un art qui permet de savoir bien des choses qui sont à venir. Artus choisit les dix maîtres qui passaient, au jugement des archevêques et des évêques, pour connaître le mieux tous les secrets de cette haute science; et d'abord, maître Helie le Toulousain qui, parvenu à un grand âge, n'avait cessé d'avancer dans les secrets de la nécromancie.

Le roi chargea en même temps le messager d'apprendre au prince Galehaut l'arrivée de la demoiselle, et la nature de la clameur qu'elle avait levée contre la reine Geniévre. Il l'invitait ainsi que Lancelot à se trouver au parlement qu'il devait tenir à la Chandeleur. Galehaut, à cette nouvelle, ressentit une vive douleur : il prévit le rude coup que son ami allait en recevoir, et aurait bien voulu tenir la chose secrète; mais Lancelot avait déjà tout appris par leur messager. Galehaut étant allé le trouver le vit profondément soucieux : « Qu'avez-
« vous, lui dit-il, beau doux ami? Qui vous
« peut causer de l'ennui? — Hélas! sire, une
« nouvelle qui sans doute me fera mourir. —
« J'aurais bien voulu n'en pas parler; mais en-

« fin, si le roi Artus vient à répudier celle qu'il
« a épousée, ne sera-t-elle pas en votre garde
« à vous? — Sire, sire, répond Lancelot, sachez
« bien que si le cœur de ma dame en est à mal-
« aise, le mien ne sera pas en bon point. —
« Je l'entends bien; mais la reine étant aussi
« vraie de fond que d'apparence, elle aimera
« mieux, je pense, vivre avec vous dans une
« humble retraite, qu'être sans vous reine du
« monde entier. Écoutez-moi, doux ami : si
« la reine est séparée de son droit époux, je lui
« réserve le plus beau royaume des îles de Bre-
« tagne, le Sorelois. Vous pourrez alors vivre
« l'un pour l'autre, et vous n'aurez plus rien à
« craindre pour vos amours. Voulez-vous plus
« encore? qui vous empêchera de prendre en
« loyal mariage la plus belle et la mieux en-
« seignée dame de la terre. — Tel serait le
« plus cher de mes souhaits, mais je prévois
« le chagrin que ma dame en ressentira. Si le
« roi Artus venant à croire qu'il a été trompé,
« tentait de mettre en jugement la reine, elle
« n'aurait assurément rien à craindre, tant que
« nous serions là; mais, cher sire, ne vous
« avais-je pas déjà causé assez d'ennuis! Com-
« bien vous auriez droit de me haïr, moi qui
« vous ai conduit à fléchir devant celui qui al-
« lait s'incliner devant vous; et vous ai par là
« détourné de la conquête du monde! »

Il fondait en larmes et tendait les bras vers Galehaut qui disait en lui essuyant le visage :
« Beau doux ami, confortez-vous; Dieu soit
« loué, j'ai les meilleurs sujets de consolation.
« Je vous ai conquis, une telle victoire vaut
« cent fois trente royaumes. Qu'aurait été la
« conquête du monde près de celle de votre
« cœur? Si vous me restez, si vous ne dési-
« rez pas vous éloigner de ma compagnie, je
« n'ai rien à désirer. Mais je le sens : pour vous
« retenir ici, il faut que ma dame la reine soit
« des nôtres ; et je le comprends si bien que
« j'avais naguères formé un dessein dont j'ai
« honte aujourd'hui, car il m'eût conduit pour
« la première fois à une vilaine action. Si je
« vous en fais l'aveu, me pardonnerez-vous ?
« Quand j'appris la clameur levée sur la reine,
« j'eus la pensée de saisir le moment où le
« roi s'approcherait de la terre de Sorelois,
« pour enlever la reine et l'emmener avec moi;
« j'aurais su bien empêcher de deviner où je
« l'aurais conduite. Ainsi vous aurais-je réuni
« à tout ce que votre cœur aime. Mais bientôt
« je compris que l'action serait laide, et que
« je pouvais vous réduire au désespoir si la
« reine en était mécontente. » Lancelot répondit sévèrement : « Sire, vous m'auriez donné la
« mort. Gardez-vous de tenter rien de pareil.
« Oui, ma dame en aurait eu regret, et j'en au-

« rais été inconsolable. — Vous voyez, reprit
« Galehaut, à quel excès pouvait me porter la
« passion que j'ai pour vous. J'espérais adoucir
« vos douleurs et je les aurais augmentées ;
« tout ce que j'ai pu faire jusqu'à présent ne
« m'aurait pas garanti contre le renom de che-
« valier déloyal. Ne m'en voulez pas trop,
« pourtant, d'avoir risqué de perdre l'honneur,
« dans l'intention de vous procurer quelque
« bien. » Ainsi parlèrent-ils longtemps ; puis
Galehaut fit avertir les sages clercs envoyés par
le roi Artus de venir le trouver.

LXIII.

Galehaut conduisit les clercs dans sa chapelle et il s'y enferma avec eux et Lancelot. « Maîtres, leur dit-il,
« nous devons remercier également
« le roi Artus : car il me permet de vous con-
« sulter, et il vous a jugés les plus sages de
« son royaume. Écoutez-moi :
« J'ai des terres et des forêts en abondance ;
« j'ai le cœur et le corps tels que je pouvais
« souhaiter ; j'ai les plus loyaux amis du
« monde. Et cependant, je suis en proie à la
« plus profonde tristesse ; le grand malaise du
« cœur me fait perdre le boire, le manger, le

« dormir. D'où naît cela, je l'ignore : une va-
« gue terreur me saisit, et je ne puis dire
« si elle vient du mal ou si elle en est cause.
« C'est pour cela que je vous ai appelés ; veuil-
« lez y mettre conseil, pour l'amour de Dieu
« de qui vous tenez la sagesse, pour le roi Ar-
« tus qui vous a choisis, et pour moi qui suis
« en état de reconnaître le grand service que
« je vous demande. »

Galehaut se tut ; un des maîtres clercs, le sage Helie de Toulouse, prit la parole :

« Sire, vous ne trouverez pas aisément celui
« qui découvrira la source d'un mal si étrange.
« Il est des maladies de cœur qui proviennent
« de la perte ou de l'absence de ceux qu'on
« aime d'un violent amour. Nul autre méde-
« cin ne saurait les guérir que Notre Seigneur
« Jésus-Christ. Il faut alors recourir aux priè-
« res, aux jeûnes, aux aumônes, à la conversa-
« tion des gens de religion. — Il est d'autres
« maux qui veulent des remèdes terrestres. Ain-
« si, quand ils viennent du chagrin de n'avoir pu
« venger une offense ou une honte, on peut
« les apaiser, en obtenant raison de l'offenseur,
« en rendant honte pour honte. Le cœur prend
« sur lui toutes les amertumes que le corps peut
« ressentir ; car le corps n'est que la maison
« du cœur, maison éclairée par la prud'homie,
« ou souillée par le fiel de celui qui l'habite.

« Le cœur opprimé par la honte ou l'injure peut
« donc retrouver la santé dans la réparation de
« cette honte ou de cette injure.

« Il est une troisième maladie du cœur à la-
« quelle sont sujets les jeunes gens; et quand
« elle est fortement enossée (1), peu de mé-
« decins la pourront guérir. C'est le mal d'a-
« mour qui se gagne par la surprise des yeux et
« des oreilles. Le malade, dès qu'il en est at-
« teint, est dans une prison d'où il a grand'-
« peine à se tirer, parce que certaines joies en-
« tretiennent sa faiblesse, comme le son des
« douces paroles de celle qui l'asservit. Mais ici
« la souffrance surpasse beaucoup les joies : le
« malade tremble, soupçonne, se courrouce; il
« croit que ses désirs ne seront jamais satisfaits,
« et qu'il sera constamment menacé de perdre
« ce qui les excite.

« Voilà les trois maladies du cœur. On guérit
« de la première par aumônes et prières; de la
« seconde en rendant honte pour honte; mais
« la troisième est la plus maligne, parce que
« le malade s'y complaît et n'en demande pas
« la guérison, préférant ses maux à la santé
« qu'il a perdue. Dites-nous, sire, laquelle de

---

(1) Mot vieilli, mais qui a son énergie. Le roi de Na-
varre l'emploie heureusement dans une de ses chansons :

Une dolors enossée — Est dedens mon cors.

« ces trois maladies vous accable. Si la science
« peut vous en délivrer, nous y aurons recours
« avec la bonne volonté que réclame un grand
« prince. »

Galehaut répondit : « Vous avez parlé sage-
« ment ; je m'abandonne à vos conseils. Je vous
« confesserai tout ce que j'ai ressenti, quand
« vous m'aurez juré sur les saints que vous me
« soulagerez autant qu'il sera en vous, et que
« vous ne me cacherez rien de ce que vous
« découvrirez, soit à ma joie soit à mon deuil. »
Les clercs jurèrent, et Galehaut leur raconta
les songes qu'il avait faits plusieurs nuits de
suite : le lion couronné ; le fort lion venant de
points divers ; le léopard cause de la mort du
fort lion qui l'aimait. « Voilà, dirent-ils tous,
« une étrange vision ! Pour bien en saisir l'en-
« semble, dit maître Helie, il faut de longues
« méditations. Veuillez, sire, nous accorder un
« délai de neuf jours, après lesquels nous
« pourrons vous en donner le vrai sens. — Je
« vous accorde ce répit. »

Les clercs mirent en œuvre toute leur science
pour percer le secret de l'avenir. Le neuvième
jour, Galehaut les rappela : l'un d'eux, Boni-
face (1) le Romain, commença par lui avouer
qu'il n'avait rien découvert qui pût éclaircir le

---

(1) *Var.* Bonaces.

sens des songes : « Mais, dit Galehaut, n'a-
« viez-vous pas promis de m'apprendre au
« moins ce que vous auriez trouvé ? — Puis-
« que vous voulez le savoir, je vis une grande
« merveille. Vers les îles d'Occident venait un
« grand dragon escorté de nombreux animaux.
« Il y en avait un autre vers Orient portant cou-
« ronne, escorté de bêtes moins nombreuses.
« Un combat s'engageait entre toutes ces bê-
« tes, et celles qui étaient venues d'Occident
« avaient l'avantage, quand d'une haute mon-
« tagne descendait un léopard qui les faisait
« fuir devant lui, les atteignait et les arrêtait.
« Le dragon, qui semblait commander aux au-
« tres, approchait du léopard et lui faisait
« grande fête. En allant vers Orient, ils trou-
« vaient le dragon couronné, ils s'inclinaient
« devant lui et le voyaient tout à coup s'élever
« sur celui qui n'avait pas de couronne. Enfin
« je crus voir le grand dragon s'humilier de-
« vant le léopard, et demeurer avec lui. Et
« quand le léopard s'éloignait, le dragon en
« mourait de douleur. Voilà tout ce qu'il me
« fut permis de voir. »

Le second clerc, maître Hélimas de Radol
en Hongrie, parla ensuite ; il avait cru voir
les mêmes objets que le premier ; « mais je
« sais bien, ajouta-t-il, que le dragon couronné
« est monseigneur le roi Artus ; vous êtes celui

« qui venait des parties d'Occident. Quant au
« léopard, je n'ai pu rien découvrir de ce qu'il
« représentait; seulement je le vis se ranger
« de votre compagnie. Permettez-moi de ne
« pas en dire davantage. — Parlez, si vous ne
« craignez de vous parjurer. — Eh bien ! je vis
« que vous deviez mourir par lui. »

Le troisième ne fit que justifier ce qu'avaient trouvé les deux premiers, et il en fut de même des quatre suivants. Le tour du huitième arriva; c'était Pétrone, natif de Lindenort, un « château du royaume de Logres, à six lieues de celui que Merlin, le maître de Pétrone, avait appelé le *Gué des Bucs* (1), en annonçant que de là sortirait vers la fin des temps la science du monde. C'est par Pétrone que les prophéties de Merlin ont été retenues et mises en écrit. Il a tenu, le premier, école à Osineford (Oxford); car il savait les Sept arts, mais il s'était particulièrement voué à l'étude de l'Astronomie. A ce que les premiers clercs avaient dit, Pétrone ajouta : « Le chevalier qui a ménagé
« la paix de Galehaut avec le roi Artus est le
« fils du roi qui mourut de deuil, et de la reine
« aux grandes douleurs. »

Le neuvième, maître Aquarinte de Cologne, confirma les paroles de Pétrone et ajouta : « J'ai

---

(1) Peut-être Buckingham.

« trouvé qu'il vous convenait de traverser un
« pont formé de quarante-cinq planches ; et que
« vous deviez tomber dans une eau noire et pro-
« fonde dont nul ne revenait. Vous serez à la
« dernière de ces planches, quand approchera
« le terme de votre vie. Ces planches doivent
« répondre à des années, à des mois, à des
« semaines ou à des jours ; mais je n'en ai pu
« faire la distinction. Je ne dis pas cependant
« que vous ne puissiez passer outre, car le
« pont se continuait plus loin que l'eau ; mais
« le léopard était à l'issue des planches : il en
« permettait ou défendait le passage. » Ces
paroles émerveillèrent grandement Galehaut et
Lancelot.

Et quand ce fut au tour d'Helie de Toulouse, il dit : « Vous avez appris, sire, quelle de-
« vait être l'occasion de votre mort ; il ne vous
« reste qu'à en reconnaître le moment. Vous ne
« trouverez pas aisément qui pourra vous le
« dire, car la divine Écriture nous apprend que
« les jugements de Notre Seigneur sont secrets,
« et nul mortel ne peut de lui-même en rien
« pénétrer. Il est vrai que, par notre grande
« *clergie*, Dieu permet que certaines parties
« nous en soient révélées, mais non toutes ;
« lui seul peut connaître le sort de ses œuvres.
« — Maître, reprit Galehaut, les neuf premiers
« clercs ont acquitté leur serment, il faut que

« vous suiviez leur exemple. — Mais si je vous
« apprends des choses qui seraient à votre dom-
« mage, ne vous plaindrez-vous pas plus que
« si je persiste à les taire ? — Non, car vous
« ne pouvez m'annoncer rien de plus que la
« mort. J'en présume déjà quelque chose ; di-
« tes le reste. — Je parlerai, mais à la condi-
« tion que nul autre que vous ne sera témoin
« de mes paroles. » — Galehaut fit signe aux
huit premiers clercs de s'éloigner : « Mais celui-
« ci, mon ami, mon compagnon, faut-il aussi,
« maître Helie, qu'il se retire ? — Sire, quand
« le médecin veut fermer une plaie dange-
« reuse, il ne prend pas conseil de son cœur.
« Je sais que vous n'avez rien de secret pour
« votre ami : mais la fin de notre entretien ne
« supporte pas la présence d'une troisième
« personne. » Lancelot à ces mots se leva et
sortit, plus inquiet qu'on ne saurait l'imaginer
de ce que le maître de Toulouse allait dire à
Galehaut.

Dès qu'il fut sorti, maître Helie reprit :
« Sire, vous êtes assurément un des princes
« les plus sages du monde ; si vous avez fait
« quelques folies, ce fut par bonté de cœur et
« non par défaut de sens. Laissez-moi vous
« donner un petit enseignement profitable : Ne
« dites jamais à l'homme ou à la femme
« que vous aimez ce qui pourrait mettre son

« cœur à malaise. Je le dis à l'occasion du
« chevalier qui vient de s'éloigner, et que vous
« chérissez si profondément. S'il fût resté, il
« aurait entendu des choses qui lui auraient
« causé honte et chagrin de cœur. — Vous le
« connaissez donc, maître, pour en parler ainsi ?
« — Assurément, bien que personne ne m'ait
« appris ce qu'il pouvait être. C'est le meilleur
« des chevaliers vivants; c'est le léopard de
« votre songe. — Mais, beau maître, le lion
« n'est-il pas de plus grande force que le léo-
« pard ? — Oui. — Et le lion représente le meil-
« leur chevalier ? — Vous dites vrai. Entendez-
« moi à mon tour : Votre ami est le meilleur
« chevalier aujourd'hui vivant; mais un autre
« viendra plus tard qui sera meilleur encore.
« — Savez-vous quel sera son nom ? — Je ne
« l'ai pas encore cherché. — Comment donc
« savez-vous qu'il sera meilleur ? — Parce qu'il
« doit mettre à fin les temps aventureux de la
« Grande-Bretagne, et occuper le dernier siége
« de la Table ronde. — Et pourquoi mon com-
« pagnon ne ferait-il pas tout cela ? — Parce
« qu'il n'est pas tel qu'il puisse le tenter sans
« être frappé de mort, ou sans perdre au moins
« l'usage de ses membres. Et la raison, c'est
« que votre ami n'a pas toutes les perfections
« de celui qui doit arriver au Saint-Graal.
« Le chevalier auquel est réservé cet honneur

« sera chaste de cœur et vierge de son corps :
« aucune dame ou demoiselle n'aura pris rien
« de ses pensées. Vous voyez que tel n'est pas
« votre compagnon.

« Merlin a dit : Des îles d'Orient s'élancera
« un dragon merveilleux qui volera à droite,
« à gauche, et fera trembler de crainte tous
« ceux qui le verront. Il s'abaissera sur le
« royaume de Logres, portant trente têtes d'or
« plus belles que celle qu'il avait d'abord.
« Toutes les terres se courberaient devant lui,
« il aurait conquis le royaume aventureux, si
« le léopard ne l'en détournait et ne le for-
« çait à s'incliner devant celui qu'il venait
« combattre. Alors le dragon merveilleux et le
« léopard s'aimeront tellement qu'ils n'au-
« ront plus qu'un seul cœur. Et quand le ser-
« pent au chef d'or attirera le léopard à lui,
« le dragon ne pourra supporter cette sépa-
« ration et cessera de vivre.

« Voilà ce qu'a dit Merlin. Je sais bien que
« vous êtes le merveilleux dragon et que le
« serpent au chef d'or qui vous enlèvera le
« léopard est ma dame la reine, celle que le
« chevalier aime autant que dame peut être
« aimée.

« Vous savez que la reine est accusée d'une
« trahison des plus noires : assurément, elle
« en est innocente; mais elle souffre cette

« épreuve en punition du déshonneur qu'elle
« inflige au meilleur et au plus grand des prin-
« ces. Je tenais à vous dire cela; c'est pourquoi
« j'ai demandé que votre ami s'éloignât pour
« ne pas lui laisser entendre ce qui l'aurait
« couvert de honte et de douleur. Je vous
« sais d'ailleurs tellement preux et sensé que
« je ne crains pas que vous révéliez, soit à
« votre compagnon soit à la reine, ce que je
« vous apprends en ce moment. »

Galehaut dit : « Je vous sais gré de tout ce
« que vous m'avez appris, et j'ai grand deuil
« de ne pouvoir empêcher les malheurs d'ar-
« river. Veuillez maintenant, maître, m'ins-
« truire de ce qui me touche en particulier.
« Quel est ce pont aux quarante-cinq planches
« qu'il me faut passer? Les clercs disent bien
« qu'elles répondent à un an, à un mois, à une
« semaine ou un jour, mais sans dire auquel
« de ces quatre termes il faut se tenir. — Gar-
« dez-vous, dit maître Helie, de le demander :
« un de ces termes est celui de votre vie, et
« je ne crois pas qu'il y ait un seul homme
« du siècle, s'il savait précisément le jour de
« sa mort, qui pût, à partir de là, ressentir la
« moindre joie, la moindre sérénité. Rien n'est
« comme la mort épouvantable; mais puis-
« qu'on redoute tant celle du corps, ne devrait-
« on pas, autant et plus, craindre celle de

« l'âme? — C'est précisément, répond Gale-
« haut, pour me pourvoir contre la mort de
« l'âme, que je veux connaître le terme de la
« vie du corps. J'entends me préparer à bien
« finir et à redresser les torts que j'ai faits
« jusqu'à présent. — Oui, je le sais, vous
« amenderez volontiers votre vie, et réparerez
« les maux que vous avez dû causer, quand
« vous vouliez conquérir le monde : mais ce
« que vous désirez savoir n'en est pas moins
« dangereux. Je vous conterai à ce propos
« qu'en la terre d'Écosse il y eut autrefois une
« haute dame qui, après avoir longtemps suivi
« la folie du monde, fit connaissance d'un saint
« ermite; elle allait souvent le trouver dans
« une profonde forêt, si bien qu'elle en réfor-
« mait sa vie et ne se complaisait plus qu'en
« bonnes œuvres. Une nuit, l'ermite apprit
« dans une vision qu'elle n'avait plus à vivre
« de longs jours : il lui fit part de sa vision, et
« elle en eut la chair si tremblante qu'elle en
« oublia le salut de son âme et tomba en déses-
« pérance. Le bon ermite la voyant ainsi re-
« devenir la proie du diable, cria merci à No-
« tre Seigneur; et la tenant entre ses bras, il
« la porta sur l'autel avec force prières et in-
« vocations. Dieu, qui n'abandonne pas ceux
« qui le prient de bon cœur, entendit le bon
« homme : une voix descendit dans la cha-

« pelle pour lui annoncer que le Seigneur lui
« accordait le pouvoir de guérir la dame. Il
« lui imposa les mains, elle jeta un cri aigu,
« ou plutôt ce fut le diable, enragé de la quit-
« ter. Dès que le prud'homme eut fait sur elle
« le signe de la croix, l'ennemi sortit en pous-
« sant les plus affreux hurlements. La dame,
« ainsi revenue à la vie, abandonna le siècle,
« coupa ses belles tresses, revêtit les draps
« de religion et se retira avec une autre femme
« pieuse dans un ermitage situé sur une hau-
« teur entre deux roches des plus arides. Ce
« fut là qu'elle attendit tranquillement la mort
« qui la rejoignit aux élus du Seigneur (1).

« Souvenez-vous, cher sire, de la chute de
« saint Pierre. Elle lui vint de la même crainte
« d'une mort prochaine. De l'infirmité de la
« chair naît la peur, et de la peur la désespé-
« rance. Faites le bien, comme si vous ne de-
« viez vivre que trente jours, mais sans avoir
« la certitude de ce terme. — Non, dit Gale-
« haut, j'entends savoir quand je l'attendrai.
« Grâce à Dieu, je me sens assez de force
« et de courage pour soutenir sans terreur
« une telle révélation. Plus je saurai ma fin

---

(1) La même histoire est autrement racontée dans le ms. 751. Le prêtre se contente d'envoyer à la femme désespérée sa ceinture, et la délivre ainsi des démons dont elle était possédée (f° 154, v°).

« proche, plus je travaillerai à mériter de bien
« mourir. »

Le maître alors se leva, et se tournant vers
la porte de la chapelle qui était blanche et
polie, il y trace avec du charbon quarante-cinq
rouelles de la grandeur d'un denier, et au-
dessous il écrit : *C'est le signe des années.* Il
en trace au-dessous quarante-cinq autres plus
petites, et écrit : *C'est le signe des mois;* puis
sur une troisième ligne, quarante-cinq plus
petites encore : *C'est le signe des semaines;* et
enfin quarante-cinq plus menues : *C'est le
signe des jours.* « Voici, dit-il à Galehaut, l'in-
« dication du terme de votre vie. Si vous les
« voyez tout à l'heure demeurer entières, vous
« serez quarante-cinq ans avant de mourir.
« Autant il en disparaîtra, autant il vous sera
« enlevé d'années, de mois, de semaines ou
« de jours. »

Il tire alors de son sein un petit livret,
l'ouvre et appelle Galehaut : « Sire, voici le
« livre des conjurations. Par la force des paroles
« écrites, je puis découvrir le secret de tout
« ce que je voudrais savoir. Je pourrais déra-
« ciner les arbres et remonter le cours des
« rivières; mais il y a grand danger à tenter
« l'épreuve. Les clercs, consultés autrefois par
« le roi Artus, voulurent y chercher le sens
« des songes qu'il avait eus : pour l'apprendre,

« ils brisèrent un coffre où je l'avais enfermé
« avant de me rendre à Rome. Mais celui qui
« le prit ne sut pas comment il fallait procéder,
« et il en perdit le sens, les yeux et l'usage
« des membres, sans arriver à découvrir quel
« était le lion sauvage, le médecin sans mé-
« decine, et le conseil de la fleur. Préparez-
« vous donc à voir des choses redoutables, et
« soyez sûr que vous ne partirez pas d'ici sans
« ressentir un grand effroi. »

Alors Helie s'approche de l'autel, y prend une croix d'or entourée de pierres précieuses, puis une boîte renfermant un *Corpus Domini*. Il donne la boîte à Galehaut et garde la croix : « Tenez bien cette boîte, dit-il; elle renferme
« le précieux sanctuaire; je tiendrai de mon
« côté cette croix, qui a le plus de vertu après
« elle. Tant qu'elles seront dans nos mains,
« nous n'aurons à craindre aucun malheur. »
Ce disant, il revient, va s'appuyer sur un siége de pierre, ouvre le livre, et se met à lire jusqu'à ce qu'il sente son cœur se gonfler et ses yeux rougir. Une forte sueur coule de son front sur son visage, il pleure amèrement. Galehaut le regarde et se sent lui-même en proie à une grande terreur.

La lecture dura longtemps : maître Helie se repose, puis recommence à lire en tremblant de tous ses membres. Bientôt, une obscurité profonde les enveloppe, ils entendent une voix hideuse et les voûtes s'entr'ouvrent pour donner passage à un violent éclair. Galehaut met aussitôt la boîte devant ses yeux, maître Helie tombe pâmé, la croix sur la poitrine. Enfin, les ténèbres se dissipent, la clarté du jour revient. Le maître sorti de pamoison se plaint douloureusement, il regarde autour de lui, et ensuite demande à Galehaut comment il se trouve. — « Bien, maintenant, Dieu merci ! » Un instant après, la terre commence à trembler : « Appuyez-vous, dit Helie, à cette chaire ; « le corps ne pourrait soutenir ce que vous allez « voir. » Alors, il leur est avis que la chapelle tourne ; comme le mouvement s'arrêtait, Galehaut voit sortir de la porte quoique bien fermée une main, un long bras couvert d'une manche de samit jaune et traînant jusqu'à terre, l'avant-bras seulement enfermé dans un tissu de soie blanche. La main, rouge comme un charbon embrasé, tenait une épée vermeille dégoutante de sang ; la pointe alla toucher à la poitrine de maître Helie ; mais au toucher de la croix, l'épée se détourne et vient à Galehaut qui s'en défend avec la précieuse boîte. Alors, l'épée tourne vers le mur où les ronds étaient tracés : elle efface la première, la troisième et la quatrième rangée, puis disparaît avec la main qui la soutenait.

Quand Galehaut put parler, il dit : « Maître, « vous ne m'avez pas trompé, j'ai vu les grandes « merveilles du monde. Je connais clairement « qu'il ne me reste que trois ans à vivre, et je « suis content de le savoir. Je n'en vaudrai que « mieux. Vous pouvez être assuré que personne « ne s'apercevra que j'aie rien perdu de mon « enjouement naturel. — Je dois pourtant vous « dire, reprend Helie, que vous pourrez dépas- « ser ce terme : mais il faudrait que ce fût par « le moyen de la reine, et qu'elle vous per- « mît de retenir votre ami près de vous. Je « n'ai plus rien à vous apprendre; mais, en- « core une fois, gardez-vous de dire à votre « ami rien de ce que je vous ai annoncé. »

Il sortit de la chapelle, et Galehaut revint à Lancelot qu'il trouva les yeux rougis de lar- mes. « Qu'avez-vous ? lui demanda-t-il. — Je n'ai « rien, sire. — Oh ! je le sais, vous êtes in- « quiet de ce que le maître a pu me dire. « Consolez-vous, il ne m'a rien annoncé dont je « doive être mécontent. — Pour Dieu, reprend « Lancelot, apprenez-moi quel est le sens de « ces quarante-cinq planches dont les clercs « vous ont entretenu, et pourquoi je dus sortir « de la chambre : maître Helie vous a, sans dou- « te, parlé soit de la reine, soit de moi. — Non, « répond Galehaut, il ne fut question dans « notre entretien ni de vous ni de la reine.

« Avant de me faire connaître ce que je désirais
« savoir, le maître devait entendre en secret ma
« confession, et il ne convenait pas qu'il y eût
« entre Dieu et moi un autre témoin que le con-
« fesseur. Il me dit ensuite que les quarante-
« cinq planches répondaient au temps que j'a-
« vais encore à vivre, et comment le serpent
« qui, dans mon songe, m'arrachait la moitié
« des membres, était l'annonce de la mort pro-
« chaine d'un tendre ami charnel. Or, la vérité
« de ce dernier avis ne s'est pas fait attendre :
« car à peine étais-je sorti du moutier, qu'un
« message est venu m'annoncer la mort de ma
« dame de mère, que j'aimais plus que toutes
« choses en ce monde, avant de vous avoir
« connu (1). J'en aurais fait un deuil éternel si
« vous ne m'étiez pas resté, vous dont la vie,
« dont la compagnie me sont encore plus chè-
« res, et m'ont apporté l'oubli de toutes les
« autres peines. Reprenons donc notre premier
« enjouement, car maître Helie ne m'a rien dit
« qui puisse y porter atteinte. »

(1) Sur la « géande » Galatée, mère de Galehau voyez, plus haut, la note de la page 8.

LXIV.

ALEHAUT, comme on vient de voir, ne découvrit pas à son ami ce que maître Helie lui avait révélé ; mais il regrettait d'avoir été pour la première fois dépositaire d'un secret que Lancelot ne devait pas partager.

Quand approcha le jour où les barons devaient s'assembler dans la cité de Sorehaut, il prit à part Lancelot : « Beau doux com-
« pain, lui dit-il, un sage maître m'a recom-
« mandé jadis de ne jamais parler à mon ami
« de ce qui pouvait l'affliger, quand le mal
« n'était pas de ceux que le conseil pût amoin-
« drir. Si les révélations du sage Helie avaient
« été funestes pour votre avenir ou pour le
« mien, j'aurais bien agi en vous les cachant ;
« mais, hors ce cas, je ne dois rien faire ni
« penser sans vous en donner connaissance.
« Apprenez pourquoi j'ai convoqué mes barons.

« Vous êtes, cher sire, le plus haut, le plus
« gentil homme de nous deux ; vous êtes le droit
« héritier d'un roi, et je ne suis que le fils d'un
« prince portant couronne. Puisque vous m'a-
« vez reçu pour compagnon, nous ne devons
« pas avoir seigneurie l'un sur l'autre ; tout

« entre nous doit être commun, ce que j'ai
« maintenant et ce que vous pourrez avoir plus
« tard. J'ai donc résolu de nous faire couron-
« ner en un même jour, à la prochaine fête de
« Noël que le roi Artus a choisie pour tenir
« cour plénière. Ainsi nous partagerons toutes
« mes seigneuries; nous recevrons en com-
« mun l'hommage de nos barons et leur ser-
« ment de nous aider envers et contre tous. Le
« lendemain de la fête, nous partirons, vous
« avec vos nouveaux chevaliers, moi avec les
« miens, pour conquérir le royaume de Benoïc
« sur le roi Claudas, qui vous en a déshérité.
« Le temps est venu de venger la mort de votre
« père et les grandes douleurs de la reine
« votre mère. Mais, si vous l'aimez mieux, doux
« ami, vous resterez ici, maître de ma riche
« terre et des royaumes dont j'ai reçu l'hom-
« mage, pendant que je travaillerai à vous ré-
« tablir dans votre héritage.

— « Sire, grands mercis! répond Lancelot;
« je sais que vous m'offrez tout cela d'un cœur
« sincère; mais je n'ai pas encore fait assez
« de prouesses pour mériter d'aussi grandes
« terres. De plus, vous savez que je ne puis
« faire ou recevoir aucun honneur, sans l'a-
« grément de ma dame la reine. Quant à mon
« héritage, je n'entends donner à personne le
« soin de me le rendre : je ne prendrai pas

« même un écu à mon cou pour le reconquérir.
« — Comment pensez-vous donc faire, doux
« ami ? — Si Dieu me vient en aide, je prétends
« qu'on m'estime assez preux pour n'avoir pas
« à rencontrer un seul homme qui ose retenir
« un pied de ma terre, et qui ait le cœur de
« m'attendre quand il saura que j'approche.

« — Il en sera donc, reprit Galehaut, ainsi
« que vous voudrez; cependant j'entends en
« parler à la reine. Je sais qu'elle ne voudrait
« pas vous voir le roi des rois, si elle devait
« perdre la moindre partie de votre cœur; et
« que, de votre côté, vous préférerez toujours
« son amour à la seigneurie du monde entier.

« — Oui, cher sire, vous seul connaissez bien
« le fond de mes pensées. Mais je vous aime
« trop vous-même pour refuser rien de ce qu'il
« vous plairait de m'offrir, sauf l'honneur de
« ma dame. Il en sera ce qu'elle décidera :
« je connais son amitié pour vous, et je sais
« qu'elle ne gardera rien de ce qu'elle pour-
« rait vous accorder. »

Cette nuit même arrivèrent tous les barons
convoqués par Galehaut. Galehaut les reçut à
sa table, et le lendemain, réunis dans la grande
salle du conseil, il leur parla ainsi :

« Seigneurs, vous êtes mes hommes, et comme
« tels vous me devez aide et conseil. Je vous
« avais mandés pour deux raisons des plus gra-

« ves : d'un côté, je sentais mon corps en dan-
« ger; de l'autre, je formais un projet dont je
« voulais vous entretenir. Pour ce qui est de
« mon corps, le danger venait de deux songes
« merveilleux. Dieu merci! depuis que je vous
« ai convoqués, j'eus la visite d'un sage clerc
« qui m'a donné de ces visions une interpré-
« tation faite pour me rendre la tranquillité. Je
« n'ai donc à vous parler aujourd'hui que de
« la deuxième raison.

« J'eus autrefois en pensée, vous le savez,
« de déshériter le roi Artus : la paix fut faite
« entre nous, par la volonté de Dieu. En re-
« venant ici, je voulais me faire couronner aux
« fêtes de Noël et pendant que mon seigneur
« le roi Artus tiendrait sa cour. J'ai encore en
« cela changé de résolution.

« Je vais me rendre à la cour du roi Artus;
« c'est, vous ne l'ignorez pas, le plus preux
« des souverains : Artus réunit en lui toutes les
« valeurs, toutes les bontés; nul ne peut se
« vanter de prouesse, s'il n'a séjourné dans
« sa cour. J'entends être de sa compagnie et
« de celle de tous les preux qui remplissent sa
« maison. Mais pendant mon séjour en pays
« étranger, ces terres ont besoin d'être tenues
« par un prud'homme sage, loyal et juste, au-
« quel sera baillée mon autorité. Et comme je
« me méfie de ma propre sagesse, je vous de-

« mande conseil, en vous invitant à choisir le
« prud'homme que vous estimerez le plus digne
« de gouverner ma terre, et de rendre à tous
« justice sévère et bonne, sans aucun soupçon
« de convoitise; car un bailli convoiteus met
« la terre à destruction. Vous le chercherez
« parmi les plus riches, pour que je puisse
« reprendre sur lui les torts qu'il aura pu com-
« mettre. Délibérez sur le choix qu'il convient
« de faire, pendant que je me tiendrai en
« dehors de la salle. »

Il sortit avec Lancelot, et les barons commencèrent à échanger de nombreuses paroles. Les uns proposaient le Roi des cent chevaliers, les autres le roi Widehan; d'autres ne s'accordaient à l'un ni à l'autre, et désignaient le seigneur de Windesors. Enfin un vieillard demanda à parler. C'était le duc Galain de Douves, qui s'était fait porter en litière et qu'on savait le plus sage des hommes. « Ha ! » s'écria-t-il assez haut pour être bien entendu,
« comment ne voyez-vous pas, entre vous tous,
« le bailli que demande mon seigneur ! si j'é-
« tais plus jeune et aussi fort que la plupart
« de ceux qui m'écoutent, votre choix serait
« bientôt fait; mais je ne suis plus qu'un demi-
« homme, et je ne puis que conseiller. Il y a
« parmi nous un homme entier : c'est le roi
« Baudemagus. » Il s'arrêta, et tous les barons

déclarèrent que personne ne pouvait mieux convenir. Le duc Galain fut donc chargé de porter la parole ; on avertit Galehaut de rentrer, et le vieux duc parla ainsi :

« Sire, ces prud'hommes m'ont confié leur
« parole, parce que j'avais plus éprouvé que
« nul d'entre eux. Je sais un baron sage et de
« haut conseil, exempt de convoitise, grand jus-
« ticier, incapable d'opprimer par haine ou
« d'aider par intérêt ; sévère et fort, peu sou-
« cieux de ses peines quand il y va de son hon-
« neur. — En vérité, fait Galehaut, voilà de
« beaux mérites : nommez-le, je suis prêt à le
« choisir. — Sire, c'est le roi Baudemagus de
« Gorre. — En effet, reprit Galehaut, je l'ai
« toujours tenu pour un des meilleurs prud'-
« hommes ; c'est avec joie que je lui confierai
« le bail de mes terres. Roi Baudemagus, je
« vous investis, et vous prie de justifier ce que
« le duc Galain a dit de vous.

« — Sire, dit le roi Baudemagus, je suis roi
« d'un petit pays et je ne le tiens pas aussi
« bien qu'il le faudrait ; comment pourrai-je
« suffire au gouvernement de toutes vos sei-
« gneuries ? — Il n'est pas à propos de vous
« en défendre : ma volonté est de vous choisir
« pour bailli ; comme mon homme lige vous
« ne devez pas refuser.

« — Mais, sire, vous avez dans vos terres des

« gens orgueilleux qui ne consentiront jamais à
« m'obéir.

« — S'il en est un seul assez hardi pour aller
« contre vos ordres, soyez assuré que dès que
« je l'aurai su, j'en prendrai une vengeance qui
« empêchera tout autre de l'imiter. Vous tous,
« mes hommes liges, je vous commande, sur la
« foi que vous me devez, de venir en aide au
« roi Baudemagus envers et contre tous, moi
« seul excepté. Il peut se faire que je ne rentre
« jamais dans mes domaines ; le roi Baudema-
« gus jurera donc, sur sa vie, qu'envers mon
« peuple il se contiendra loyalement. Et si je
« viens à mourir en terre étrangère, il recevra
« mon filleul et neveu Galehaudin pour roi du
« Sorelois et des Iles étranges ; par sa femme,
« la fille du roi Gohos, Galehaudin en est le
« droit héritier. »

On apporta les Saints ; Galehaut reçut les
serments, d'abord du roi Baudemagus, puis de
tous les barons, y compris le Roi des cent chevaliers, son cousin germain. Tous s'engagèrent
à ne réclamer, après la mort de Galehaut, aucune part de son héritage, et d'être à toujours
les fidèles chevaliers de Galehaudin (1).

Baudemagus était sire de la terre de Gorre,

---

(1) Cet épisode du Parlement-Galehaut et de l'élection
de Baudemagus de Gorre comme gouverneur du Sorelois,

8.

merveilleusement défendue, d'un côté par des marais fangeux d'où l'on avait peine à sortir quand on s'y était engagé, de l'autre par une rivière large et profonde. Tant que les aventures durèrent, il y eut dans cette terre de Gorre une mauvaise coutume : nul homme de la cour du roi Artus, une fois entré ne pouvait en revenir. A Lancelot était réservé de rendre le passage libre quand il passerait le pont de l'Épée, pour délivrer la reine, comme on le verra dans le livre de *la Charrette*. La coutume avait été établie au commencement des temps aventureux, quand Uterpendragon, père d'Artus, guerroyait le roi Urien, oncle de Baudemagus, pour obtenir son hommage. Urien n'y voulait pas entendre, et le roi de Logres se lassant le premier, avait cessé de le réclamer, jusqu'au temps où le roi Urien partit pour Rome, afin de confesser ses péchés à l'Apostole. Il était allé en pèlerin, faiblement accompagné. On le prit, on le conduisit devant Uterpendragon, qui le retint captif dans un de ses châteaux et ne voulut pas le recevoir à rançon.

---

ne se lie pas au reste du récit et ne se retrouve pas dans le plus grand nombre des manuscrits. On y passe également l'explication du songe de Galehaut : ce double épisode est donc apparemment intercalé. Mais nous l'avons conservé en raison de l'intérêt qu'il offre pour l'étude des habitudes féodales.

Bien plus, il avait fait dresser des fourches et menacé d'y pendre le roi de Gorre, s'il ne consentait à lui rendre hommage.

Urien dit qu'il aimait mieux mourir que de reconnaître un suzerain et dépendre d'un autre. Mais Baudemagus, auquel le royaume de Gorre était échu, fit ce que ne voulait pas faire le roi Urien : il rendit hommage et mérita de grandes louanges pour avoir sauvé la vie de son oncle, au prix de sa dépendance. Uterpendragon, mis en possession de la terre de Gorre, n'y trouva, par l'effet des guerres, qu'un petit nombre d'habitants. Le roi Urien, plus tard rappelé par ses anciens sujets, ayant reconquis son royaume avec l'aide du roi de Gaule, il ne laissa la vie aux hommes du roi Uterpendragon qu'en les obligeant à demeurer dans le pays de Gorre, comme esclaves de ses barons et tels que sont les Juifs entre chrétiens (1). De plus, il fit établir, sur les confins de son royaume et de celui de Bretagne, deux ponts étroits terminés des deux côtés par une haute et forte tour que devaient garder chevaliers et sergents. Sitôt qu'un Breton, chevalier, bourgeois, dame ou demoiselle, avait passé le pont, il devait jurer

---

(1) « Et furent par sairement sousgis et sers et cuivers « as gens du païs, autresi vil com Gieus as Crestiens » ms. 751).

sur saints qu'il ne retournerait jamais, avant qu'un chevalier de la maison d'Artus n'eût pénétré de force dans les quatre tours.

Le roi Artus, au commencement de son règne, avait résolu de travailler à la délivrance de ses hommes; mais ses guerres et de nombreux incidents ne le lui permirent pas; et quand les aventures commencèrent, les Bretons retenus dans le pays de Gorre attendaient encore celui qui devait les affranchir.

Baudemagus, ainsi que nous avons dit, en succédant au roi Urien, avait fait dépecer les ponts et les avait remplacés par deux autres plus merveilleux, dont la garde était confiée à deux chevaliers de prouesse éprouvée. L'un de ces nouveaux ponts était de bois et n'avait qu'un pied et demi de large. Il était construit entre deux réseaux de cordes, à demi-profondeur de la rivière. On comprend la difficulté de passer à cheval sur un pont mouvant. L'autre, plus dangereux encore, était fait d'une longue planche d'acier effilée comme une épée. Le côté opposé au tranchant n'avait qu'un pied de largeur; il était fixé sur chacune des rives, et recouvert de façon à ce que la pluie ou la neige ne pût l'endommager.

Baudemagus avait un fils nommé Meléagan. C'était un grand chevalier bien taillé de membres et vaillant de son corps. D'ailleurs, il avait la barbe et les cheveux roux, et il était d'un orgueil extrême : pour rien qu'on pût lui remontrer, il n'eût renoncé à ses entreprises, quelque mauvaises qu'elles fussent. Son dédain de débonnaireté lui avait mérité le renom du plus cruel et du plus félon des hommes.

Il était venu à l'assemblée, le jour que Galehaut avait baillé sa terre au roi Baudemagus. Son intention était, non de prendre part au conseil, mais de voir Lancelot dont on lui avait raconté les prouesses. D'avance il le haïssait, indigné qu'on pût mettre la valeur d'un autre en balance avec la sienne. Il ne changea pas de sentiment après avoir vu Lancelot ; et la nuit suivante il dit à son père :

« Votre Lancelot n'a ni les membres ni la
« taille d'un chevalier plus preux, plus vaillant
« que les autres. — Beau fils, répondit Baude-
« magus en branlant la tête, la grandeur du
« corps, la force des membres ne font pas le
« bon chevalier comme la grandeur du cœur.
« Tu n'obtiendras pas le renom de Lancelot,
« pour être aussi bien membré que lui ; car on
« honore Lancelot pour être le plus preux de
« tous les chevaliers vivants ; et il a ce renom
« dans toutes les terres.

« — Je ne suis pas, répond Meléagan, moins
« prisé dans mon pays qu'il ne l'est dans le
« sien ; et puisse Dieu me laisser vivre assez

« pour trouver l'occasion de faire voir lequel de
« nous deux vaut le mieux.

« — Fils, tu trouveras aisément cette occa-
« sion, si tu la cherches; mais ne l'oublie pas:
« tu n'es loué que dans ton pays, Lancelot est
« loué dans le monde entier.

« — Comment, s'il a tant de valeur, ne vient-il
« pas délivrer les exilés bretons de votre terre?

« — D'autres entreprises l'en ont détourné;
« il pourra bien l'essayer un jour.

« — A Dieu ne plaise, tant que je vivrai, que
« lui ou tout autre parvienne à les affranchir!

« — Laissons cela, beau fils; quand tu auras
« fait et vu autant que lui, peut-être garde-
« ras-tu plus de mesure. »

Là s'arrêtèrent leurs paroles. Le jour venant, Galehaut fit tout disposer pour son départ; et le lendemain, après avoir entendu la messe, Lancelot et maints barons de Sorehaut se mirent à la voie, pour se rendre ensemble à la cour du roi Artus.

LXV.

ANT chevauchèrent Galehaut, Lancelot et les barons, qu'ils arrivèrent à Kamalot. Le roi les reçut avec de grands témoignages de joie; mais la cour leur eût encore fait plus d'accueil, sans le souci que tous les amis de la reine ressentaient de la clameur levée contre elle par la demoiselle de Carmelide. Le lendemain de la grande fête de Noël, un behourdis à armes courtoises fut disposé dans la prairie de Kamalot; il fut convenu qu'on n'y emploierait que les écus et les lances émoussées par le bout. Les chevaliers de Galehaut tinrent un des partis, ceux du roi Artus furent de l'autre. Comme étant des compagnons de la Table ronde, Lancelot se mit du côté du roi. Parmi les deux cents chevaliers de Galehaut, on distinguait le Roi des cent chevaliers, le Roi premier conquis, le roi Calo, le roi Clamedas des Hautes Iles, enfin Meléagan de Gorre. Galehaut et le roi Artus se contentèrent de regarder sans prendre part aux joutes, et la reine s'assit avec la dame de Malehaut aux créneaux d'une bretèche avancée, d'où sa présence devait encourager les jouteurs à bien faire.

Lancelot monté sur un fort cheval de première grandeur, mais qui ne se laissait approcher d'aucun autre, se porta d'abord contre le roi Calo; les deux lances rompues, il se lança au travers des rangs opposés, arrachant les écus, frappant, désarçonnant quiconque essayait de lui fermer la voie. Bientôt chacun lui ouvrit passage, sauf le Roi des cent chevaliers qui crut de son honneur de l'arrêter, et de l'attendre de pied ferme. Leurs écus ne furent pas entamés, ils restèrent sur les arçons : mais les lances éclatèrent, et le cheval de Lancelot heurtant celui du Roi renversa homme et cheval l'un sur l'autre. Le roi remonte, redemande une lance, reparaît et roule à terre une seconde fois. Il n'aurait pu se relever sans l'aide des écuyers. « Sire, » dit alors Lionel à Lancelot, « chan- « gez de cheval, celui que vous avez est aussi « dangereux pour vous que pour les autres. » Mais Lancelot ne voulait pas prendre le temps de descendre et remonter : sans écouter Lionel, il poussa de nouveau et rencontra Meléagan qui, monté sur un aussi grand destrier, armé d'une lance courte et grosse, comptait bien avoir raison de lui. Ils s'entre-choquèrent sur les écus, les deux lances éclatèrent. Ils passent, chacun d'eux furieux de n'avoir pas abattu son adversaire : mais ils ne se perdent pas de vue, redemandent de nouvelles lances et fondent de nouveau l'un sur l'autre. Le glaive de Meléagan se brise, celui de Lancelot pénètre dans le cuir de l'écu, et serre d'une telle roideur contre la poitrine le bras qui le portait, que Meléagan en perd l'haleine et tombe presque inanimé sous les pieds de son destrier. A la rencontre des deux chevaliers succède le choc de leurs chevaux ; celui de Lancelot va attaquer l'autre, le renverse et le foule à quelques pas de son maître. Pour Lancelot, pendant que Meléagan se relève à grand' peine, il va et vient, arrête ceux qu'il rencontre et les désarçonne plus ou moins meurtris. On dirait que chaque victoire lui donne des forces nouvelles : Lionel a peine à le suivre pour lui fournir les lances qu'il ne cesse de demander. Pendant qu'on entend de tous les côtés de nouveaux cris d'admiration, Meléagan s'était remis sur pied, et avait demandé un autre cheval non moins vigoureux : « Que je meure, se dit-il, si « je ne me venge! » Non content d'empoigner la plus forte lance, il en fait aiguiser la pointe et attend Lancelot, comme il passait rapidement près de lui : avant d'en être vu, il enfonce le glaive effilé dans la cuisse gauche de l'invincible chevalier. Le bois pénètre profondément, la pointe détachée de la hante reste fichée dans la plaie qu'elle avait ouverte. Lancelot eut le temps de répondre par un furieux coup de lance et de jeter Meléagan hors des arçons. Puis il se détourne pour arracher le tronçon demeuré dans sa cuisse; le sang en jaillit à gros bouillons. On vient à lui, on l'entoure, on l'aide à descendre, et les chevaliers du parti de Galehaut justement indignés contre le déloyal béhourdeur, jettent leurs lances et refusent de continuer les joutes. Pour Galehaut, il n'était plus dans la prairie, il tenait conseil avec ses barons et ne fut pas averti de ce qui causait l'émotion générale. Mais la reine avait vu du haut de la bretèche Meléagan frapper Lancelot, le cœur lui avait manqué; elle était tombée, et son front avait heurté contre les barreaux de la fenêtre, avant que la dame de Malehaut eût le temps de la retenir.

Le roi, inquiet de la blessure de Lancelot, vint des premiers le visiter; il se rendit ensuite près de la reine qu'il trouva la tête cachée sous un bandeau : « Qu'avez-vous, dame, lui
« dit-il, et que vous est-il arrivé? — Sire,
« quand on vint me dire que Lancelot était
« navré, j'avançai la tête en dehors de la
« fenêtre, et je me suis blessée en me retirant.
« — Lancelot, reprit Artus, désire que Galehaut
« ignore ce qui est arrivé; les mires lui re-
« commandent un repos absolu. Le meilleur
« moyen serait de le garder dans votre chambre
« où vous le feriez bien panser; le voulez-
« vous? — Assurément, Sire, puisque vous le
« désirez. »

Lancelot fut transporté près de la reine, et nous devinons qu'il y fut assez bien traité pour ne pas trop regretter sa blessure. Les mires avaient reconnu la plaie profonde; elle ne se ferma qu'au bout de vingt et un jours. Galehaut croyait que son ami avait fait courir le faux bruit d'une blessure, pour avoir un moyen de demeurer près de sa dame. D'ailleurs il n'était plus question de fêtes; la clameur de la demoiselle de Carmelide rendait soucieux les barons, le roi Artus plus que les autres; et pour la reine elle n'était inquiète que de la blessure de Lancelot. Artus, en donnant congé à ses barons leur recommanda de se trouver, à la prochaine Chandeleur, à Caradigan en Irlande (1). Galehaut permit également à ses hommes de quitter la cour, en les avertissant de ne pas manquer au rendez-vous.

Or la demoiselle qui avait levé cette clameur contre la reine était bien la fille du roi Léodagan; seulement elle n'était pas née en loyal mariage. Sa mère était la femme de Cléodalis, sénéchal de Carmelide, comme on l'a vu dans le livre d'Artus (2). Née le même jour, elle avait reçu le même nom et possédait presque autant de beauté que la véritable reine.

Dès qu'on avait parlé de marier la première Genièvre au roi Artus, l'autre avait conçu l'espoir de lui être substituée. Le roi Léodagan, indigné de ses odieux projets, l'avait reléguée dans une maison de religion. Là, elle avait fait

---

(1) *Var.* : « A un sien chasteau qui avoit nom Vice-
« brog; si estoit en la fin de son royaume ès lointaines
« isles par devers Yrlande. » (Édition de Rouen, 1488.)
(2) *Table ronde*, t. II, p. 153.

amitié avec un vieux chevalier nommé Bertolais, (1) banni du royaume pour cause d'homicide. Bertolais offrit de l'aider dans ses prétentions criminelles. Après la mort du roi Léodagan, il l'avait ramenée à Carmelide et présentée hardiment aux barons de la terre comme la véritable épouse du roi Artus, droite et seule héritière du roi son père. Les barons, l'avaient reconnue pour leur dame en lui promettant de l'aider à désabuser le roi Artus, et de réclamer pour elle le rang et les honneurs qui semblaient lui appartenir.

LXVI.

Le jour de la Chandeleur, comme Artus venait d'entendre la messe au moutier de Caradigan, la demoiselle de Carmelide se présenta dans la compagnie de son vieux chevalier et des hommes de son conseil. Elle était richement vêtue, ainsi que les trente pucelles qui la suivaient.

« Dieu, dit-elle au roi, garde le roi Artus et
« maudisse tous ceux qui lui veulent mal! Sire,
« vous m'avez ajournée pour éclaircir un cas
« d'insigne trahison. La demoiselle que je vous

---

(1) *Artus*, p. 241.

« avais envoyée, il y a trois mois, et les lettres
« qu'elle vous a remises ont dû vous informer
« du sujet de ma clameur. Je suis prête à prou-
« ver, par le corps du loyal chevalier qui m'ac-
« compagne et par tous les barons de ma
« terre, que je fus injustement déshéritée, et
« que je suis votre loyale épouse, fille du no-
« ble roi Léodagan de Carmelide. »

Ici Galehaut prit la parole : « Sire, nous
« avons écouté ce qu'a dit cette demoiselle.
« Maintenant il faut que de sa bouche nous
« entendions les preuves de la trahison dont
« elle se dit victime.

« — La trahison! répond la demoiselle, ne
« l'a-t-on pas déjà prouvée? Elle a été tramée
« contre moi par celle que je vois encore assise
« auprès du roi, et qui semble même en-
« core vouloir soutenir qu'elle est la véritable
« épouse.

Alors la reine se lève, et d'une voix calme et
assurée : « La trahison, Dieu le sait, n'a jamais
« été dans ma pensée; je n'ai rien à faire avec
« elle et je serai toujours prête à m'en dé-
« fendre, soit devant la cour de mon sei-
« gneur le roi, soit par le corps de l'un de ces
« chevaliers qui tous me connaissent. »

Alors le roi Baudemagus, chargé par les
barons de porter leur parole, fit remarquer
que l'accusation était de celles qui pouvaient

être jugées par preuves et par témoins; il fallait, en conséquence, l'examiner en cour, et non l'abandonner aux chances d'un combat. (1) « Mais, avant tout, cette demoiselle doit dé-
« clarer si elle consent à s'en remettre à la
« décision de vos barons. »

Bertolais, qui avait offert de déposer son gage pour soutenir la demoiselle, répondit :
« Sire, il faut donner à ma dame le temps de
« prendre conseil.

« — Nous lui accordons le délai d'un jour, » dit le roi.

La demoiselle se retira avec tous ceux de sa partie. Ils allèrent prendre hôtel dans une maison éloignée de la ville; et quand ils furent assurés que personne de la maison du roi ne les avait suivis, Bertolais remontra à la demoiselle que le jugement de la cour pourrait bien lui être défavorable : « S'il est tel, vous
« n'éviterez pas le dernier supplice. D'un autre
« côté, si la décision est soumise aux chances
« d'un combat, vous savez bien que la cour
« du roi Artus réunit la fleur de tous les che-
« valiers du monde; et il n'en est pas un qui,

---

(1) On a beaucoup déclamé contre l'ancien usage du combat judiciaire : mais on n'a pas assez remarqué que les juges devaient l'ordonner dans les seuls cas où ni l'accusateur ni l'accusé ne pouvaient fournir de preuves ou de témoins pour ou contre l'accusation.

« en défendant l'honneur de la reine, ne croira
« défendre le droit. Ils auront donc pour eux
« tous les avantages, tandis que vos champions,
« tout en étant de bonne foi, soutiendront une
« mauvaise cause et devront commencer par
« jurer sur saints que vous avez le droit pour
« vous. Leur parjure tiendra-t-il contre le loyal
« serment des autres? — Hélas! dit en pleu-
« rant la demoiselle, que me conseillez-vous
« donc? — Je vais vous le dire : il est reconnu
« qu'il ne faut jamais compromettre l'honneur
« de son nom devant les hommes : car il n'en
« est pas des hommes comme de Notre-Sei-
« gneur qui pardonne au vrai repentir des pé-
« cheurs. Pour ne pas mettre en péril votre
« vie et votre bon renom, mon avis serait d'em-
« ployer un peu d'adresse. Nous demanderons
« au roi un second jour de répit; il nous l'ac-
« cordera et, dès qu'il aura consenti, un de
« vos chevaliers ira lui annoncer que dans la
« forêt de Caradigan séjourne un merveilleux
« sanglier, depuis longtemps le fléau de la con-
« trée. Le roi qui aime beaucoup la chasse
« demandera qu'on le conduise aussitôt où le
« monstre se tient d'ordinaire. Vos hommes
« seront aux aguets; quand ils jugeront le roi
« isolé, ils l'entoureront et n'auront pas de
« peine à s'emparer de sa personne et à le
« conduire à Carmelide. Là vous l'enchanterez

« à votre aise et saurez bien lui faire recon-
« naître votre droit de reine épousée. »

La demoiselle approuva le conseil de Bertolais. Trois chevaliers retournèrent à la cour et demandèrent au nom de leur dame un nouveau répit : « Je veux bien, dit le roi, l'ac-
« corder, mais pour la dernière fois ; n'en es-
« pérez plus d'autre. » Et comme ils sortaient, voilà qu'un autre chevalier, qui ne semblait pas connaître la demoiselle, demande à parler au roi. « Sire, dit-il, Dieu vous sauve ! Apprenez
« ce que j'ai vu de mes yeux. Dans la forêt
« de Caradigan séjourne le plus énorme san-
« glier dont on ait jamais ouï parler. Il porte
« la désolation dans tout le pays ; on n'ose
« plus l'approcher, et si vous n'essayez pas
« d'en délivrer la contrée, vous ne méritez pas
« de porter couronne. »

Lancelot était alors assis près du roi. « En-
« tendez-vous ce qu'on m'annonce, Lancelot ?
« — Oui, sire ; heureux qui trouvera le gîte du
« sanglier et rapportera sa tête ! Il n'est pas
« un de vos bacheliers qui ne serait heureux de
« suivre ses traces. — Que ceux-là, dit le roi,
« les suivent qui le souhaiteront. Pour moi je
« n'attends personne : Ça ! qu'on me donne mes
« habits de chasse ! » On lui obéit ; il monte, et avec lui Lancelot, Galehaut, Gauvain, Giflet, Yvain et plusieurs autres. Le chevalier de la

demoiselle s'était chargé de les conduire. Bientôt, il dit tout bas au roi : « Sire, le porc est
« assez près d'ici; mais le bruit des pas de tous
« ces chevaux va le faire lever, et si vous tenez
« à l'honneur d'être premier à le joindre, il
« serait mieux de laisser vos chevaliers. — C'est
« bien penser, » répond le roi. Il fait signe à
ses compagnons de prendre d'un autre côté et
ne retient que deux veneurs avec lesquels il
s'engage dans un épais fourré.

Mais en regardant autour de lui, Artus commence à s'étonner de ne pas entendre de bruit
dans le feuillage, et de ne pas voir la bête.
Tout à coup il est environné de chevaliers
qui, le heaume lacé, le haubert endossé et le
glaive au poing, l'avertissent de ne pas tenter
une résistance inutile. Le roi se voyant trahi
lève son épée et résiste de son mieux; mais
son cheval mortellement frappé s'affaisse sous
lui, les deux veneurs sont liés, lui-même est
désarmé. On lui attache les mains, on le lève
sur un palefroi qui l'emmène d'un pas rapide.
Le chevalier qui l'avait conduit s'était hâté de
rebrousser chemin, et quand il fut à distance,
il donna du cor pour attirer de son côté les
chevaliers du roi. « Entendez-vous ce cor, leur
« dit mess. Gauvain? c'est le roi qui le fait donner; allons d'où le vent l'apporte. » Comme
on devine, ils s'éloignèrent du roi de plus en

9.

plus, si bien qu'à l'entrée de la nuit ils revinrent à Caradigan accablés de fatigue et d'inquiétude. La reine qui les attendait leur demanda pourquoi le roi n'était pas avec eux. Mess. Gauvain lui avoua qu'ils l'avaient inutilement cherché. Aussitôt elle soupçonna la trahison et fondit en larmes. On voulait en vain lui persuader qu'il n'y avait rien à craindre pour le roi : « Il a voulu seul, lui disait-on, avoir « l'honneur de tuer le porc, pour être en droit « de railler ceux qui l'avaient suivi. Demain « nous aurons bien du malheur si nous ne « parvenons pas à le retrouver. »

LXVII.

Es chevaliers bretons battirent le lendemain la grande forêt dans tous les sens, sans arriver au roi; mais son cheval étendu mort et percé de coups de lance les avait confirmés dans la pensée que leur seigneur avait subi le même sort, ou pour le moins avait été emmené prisonnier. La ville fut consternée en apprenant le mauvais succès de leurs recherches; mais qui pourrait exprimer la douleur de la reine, déjà dévorée d'inquiétude depuis la clameur de la demoiselle de Carmelide? Galehaut essayait de la con-

forter : « Nous apprendrons bientôt, disait-il,
« par quelle aventure le roi est retenu : mais
« vous, dame, n'avez rien à redouter de la ca-
« lomnie! Malheur à l'indigne femme qui n'a
« pas craint de lever cette folle clameur! —
« Je me soucie peu, Galehaut, de cette femme,
« répondait la reine ; mais je crains la méchan-
« ceté des hommes. Veuillez donc avertir votre
« ami d'éviter de me voir en particulier, tant
« que le roi sera loin d'ici. » Galehaut approuva
la prudence et la sagesse de la reine. Le jour
même, elle partit de Caradigan et revint à Carduel, sous la garde de mess. Gauvain, de mess.
Yvain, de Keu le sénéchal et des autres chevaliers de son hôtel.

Pour la demoiselle de Carmelide, quand
elle eut avis de la prise du roi, elle reparut en
cour demandant aux barons de Logres qu'on
la mît en présence d'Artus. « Demoiselle, ré-
« pondit Baudemagus, le roi n'est pas ici : il
« s'est vu contraint de quitter Caradigan, et
« nous a remis le pouvoir de faire droit. —
« Cela ne peut être : de la bouche du roi doit
« sortir le jugement de ma cause. Je suis ajour-
« née devant lui, c'est de lui que je me plains,
« c'est lui qui doit me rendre l'honneur qui
« m'appartient. — Dame, les chevaliers de la
« cour du roi répondent pour le roi ; ils ont plein
« droit de parler et de juger en son nom.

« Leurs honneurs et leurs personnes répondent
« de la droiture de leurs sentences. — Non,
« non; le roi seul doit m'écouter et me rendre
« justice. » Elle attendit pour sortir que l'heure
des plaids fût écoulée, comme si elle eût conservé jusqu'à la fin l'espoir de voir arriver Artus. Puis, d'un air triste et courroucé, elle retourna en Carmelide où elle savait bien le trouver.

Elle se rendit, en arrivant, à la prison où il était retenu : « Roi Artus, lui dit-elle, grâce
« à mes fidèles chevaliers, vous êtes en mon
« pouvoir. Si vous refusez de me reconnaître
« pour votre femme épousée, au moins serez-
« vous forcé de me renvoyer les compagnons
« de la Table-Ronde que mon père m'avait
« accordés en dot. » Artus ne répondit rien ; il ne supposait pas encore que la demoiselle dont il était devenu le prisonnier eût pour elle le bon droit. Mais, chaque jour, la fausse Genièvre faisait glisser dans sa coupe un philtre amoureux ; chaque jour elle venait le voir, lui parlait d'une voix douce et caressante, le regardait d'un œil tendre et passionné ; si bien que, peu à peu, entraîné par la force du poison, le roi se trouva sans défense contre ses artifices. Que dirons-nous de plus ? Il en vint jusqu'à l'oubli des droits de la véritable reine, et ne passa plus guères de nuits sans reposer près de la fausse Genièvre.

Cependant, après les fêtes de Pâques et par l'effet d'un certain retour sur lui-même, il se plaignit d'être retenu loin de ses barons. « Ah Sire ! fit la demoiselle, ne pensez pas que
« je renonce à votre compagnie de mon plein
« gré : une fois rentré dans vos domaines,
« vous pourriez bien méconnaître votre loyale
« épouse. Si je vous ai conquis par une sorte
« de violence, c'est avec l'espoir de vous rame-
« ner aux devoirs que sainte Église a consacrés.
« Je n'ai pas regretté votre couronne ; je vous
« aimerais plus sans elle que le premier des
« princes couronnés. — Pour moi, reprit le roi
« Artus, je n'aime personne autant que vous,
« et, depuis que je suis ici, j'ai tout à fait mis
« en oubli celle qui avait occupé longtemps
« votre place. Je dois pourtant avouer que ja-
« mais dame ne montra plus de sens, ne fut
« de plus grande bonté et courtoisie que cette
« autre Genièvre, trop longtemps regardée
« comme ma véritable épouse. Elle a par sa
« largesse et sa débonnaireté gagné tous les
« cœurs, les riches comme les pauvres. C'est,
« disait chacun, l'émeraude de toutes les da-
« mes. — Ainsi font, dit la fausse Genièvre,
« toutes celles qui usent des mêmes artifices ;
« car elles ont le plus grand besoin d'en impo-
« ser. — Cela peut être : mais encore ne puis-je
« être assez émerveillé de toutes les bonnes

« qualités qu'elle semblait avoir et qui m'ont
« si longtemps retenu dans le péché. »

Ces entretiens donnaient de grandes inquiétudes à la fausse Genièvre : le roi avait beau témoigner de la plus aveugle passion, elle tremblait que le philtre dont elle usait ne perdît un jour de sa vertu. « Que voulez-vous plus « de moi ? lui dit un jour Artus. — Je veux « que vous me fassiez reconnaître par vos ba-« rons, comme fille du roi Léodagan et votre « loyale épouse. — Je le veux bien ; et pour « éviter le blâme des clercs et des laïcs, j'en-« tends rassembler les hauts hommes de Car-« melide et les amener à vous reconnaître de « nouveau pour la droite héritière de Léodagan, « pour celle que le roi de Logres a épousée de-« vant sainte Église. Je demanderai ensuite aux « barons de Bretagne de confirmer ce témoi-« gnage. »

Genièvre applaudit à cette résolution, et le roi indiqua la fête de l'Ascension pour l'Assemblée de Carmelide, en s'engageant à reconnaître devant les barons de la contrée la seconde Genièvre comme véritable reine de Logres. En même temps il envoya vers mess. Gauvain pour lui annoncer qu'il était en bon point d'esprit et de corps, et pour qu'il eût à semondre les barons de Logres de se trouver à ce jour de l'Ascension dans la ville de Carmelide.

LXVIII.

Le royaume de Logres avait eu bien à souffrir de l'absence du roi Artus Les barons, n'ayant plus rien à craindre du suzerain, entretenaient au grand détriment du peuple des guerres privées. Ceux qui jusqu'alors avaient été les plus faciles à maintenir dans la droite voie devenaient les plus cruels ennemis de la paix; briseurs de chemins, ravisseurs du bien des veuves et de l'honneur des filles, fléaux des orphelins et des églises. Il fallait porter remède à de si grands maux. De toutes les parties du royaume les plaintes arrivaient à la reine, et ceux même qui avaient le plus abusé de la force reconnaissaient la nécessité de rétablir l'autorité suprêmes Les plus hauts tenanciers caressaient d'ailleurs l'espoir de voir tomber sur eux le choix du plus grand nombre. Le roi Aguisel d'Écosse, cousin d'Artus, se flattait surtout de recueillir la succession du roi. Il est vrai que mess. Gauvain était parent plus proche encore, mais sa grande loyauté donnait à penser qu'il refuserait d'occuper la place de son oncle.

L'Assemblée générale des barons fut donc convoquée. Aguisel parla le premier de la nécessité de remplacer le roi Artus, qui, tout portait à le croire, avait cessé de vivre. Suivant lui, c'était au parent le plus proche du roi regretté qu'il convenait d'offrir la couronne.

Or, Galehaut savait que mess. Gauvain aurait refusé de la prendre, tant que la nouvelle de la mort de son oncle ne serait pas arrivée. En lui faisant reconnaître les vues ambitieuses d'Aguisel, il sut le décider à revenir sur cette résolution ; et quand le roi d'Écosse vint, au nom des hauts barons, lui demander s'il consentait à devenir roi, il répondit qu'il ne refuserait pas si tel était le vœu général, « tout en « espérant, ajouta-t-il, que le roi Artus, mon « oncle, n'est pas mort, et qu'il reviendra bien- « tôt. Alors seront déliés de leur serment de « fidélité les barons qui m'auront choisi, et le « roi ne pourra me savoir mauvais gré d'avoir « gouverné en son absence. »

Il est aisé de deviner le dépit et la surprise du roi Aguisel, quand il vit mess. Gauvain ne consentir à être élu que pour mieux conserver le trône au roi Artus, si jamais il reparaissait. Il lui fallut se soumettre et, comme les autres, reconnaître mess. Gauvain pour le droit héritier de la couronne en vacance. A peine élu, les troubles, les désordres cessèrent. Mess. Gauvain eut le nom de roi ; la reine en eut l'autorité.

Un jour arrivèrent de Carmelide des messagers qui demandèrent à parler à mess. Gauvain : « Monseigneur, dirent-ils, le roi Artus vous « salue comme son homme, son neveu et son « ami. Il est en bon point, il jouit de toute sa « liberté dans le royaume de Carmelide, et il « vous semond de venir le joindre, avec tous les « barons du royaume de Logres, pour le jour « de la prochaine Ascension. »

Messire Gauvain, avant de faire réponse aux messagers, alla trouver la reine. « Voici, lui « dit-il, de bonnes nouvelles du roi. Il est en « Carmelide où il nous ordonne de nous rendre « pour tenir conseil avec lui. » La reine était trop sage pour ne pas deviner ce que mess. Gauvain ne lui disait pas. Le roi Artus était en Carmelide, il était donc le prisonnier ou le protecteur de celle qui avait levé l'odieuse clameur. Le silence gardé par mess. Gauvain sur ce que le roi Artus avait pu dire de plus ne lui permettait aucun doute. Elle fit pourtant meilleure chère que les jours précédents, et laissa seulement percer la joie que lui causait la nouvelle de la conservation des jours et de la bonne santé du roi.

De son côté, mess. Gauvain répondit aux messagers qu'il serait fait ainsi que son oncle désirait, et il manda aussitôt aux barons de Logres que le roi, libre et bien portant, les invitait à se trouver le jour de l'Ascension dans la ville de Carmelide.

Mais la sage reine prit Galehaut à conseil : « J'ai, lui dit-elle, plus que jamais besoin de « vos avis. La demoiselle de Carmelide me pa- « raît avoir surpris la confiance de monsei- « gneur le roi : c'est la juste punition du péché « qui m'a fait manquer à la foi que je devais à « mon époux. Ah Galehaut! vous savez si Lan- « celot méritait d'être aimé des plus sages et « des plus belles du monde. Toutefois, je ne « me plaindrais pas d'être châtiée pour un autre « crime imaginaire. Que je finisse mes jours « dans une noire prison, je l'aurai mérité. « Mais je crains de mourir avant d'avoir la ferme « volonté de me repentir; et je serais alors en « danger de perdre l'âme en même temps que « le corps. — Dame, répond Galehaut, ne re- « doutez pas le jugement de la cour. Mille che- « valiers, le roi Artus lui-même, perdront la « vie avant qu'on vienne à menacer la vôtre. « Je vais en Carmelide, j'y serai bien accom- « pagné d'hommes armés, et s'il arrivait qu'on « osât vous condamner, nous saurions bien, « Lancelot et moi, rendre vaines toutes les « sentences. »

LXIX.

Au terme indiqué, la reine partit de Carduel en Galles sous la conduite de mess. Gauvain et des chevaliers de sa maison. Galehaut ne tarda pas à les suivre avec Lancelot et bon nombre de chevaliers armés.

La demoiselle de Carmelide avait déjà fait affirmer son droit par les barons du pays. Le roi en revoyant Galehaut et Lancelot leur fit belle chère; mais il défendit à la reine de partager son hôtel, honneur réservé à la fausse Genièvre. La reine choisit un logis voisin : elle y fut entourée des chevaliers et barons de Bretagne qui, tous, s'accordaient à blâmer le roi de favoriser l'accusation.

Le jour de l'Ascension, Artus dit aux barons de Bretagne : « Seigneurs, je vous ai mandés,
« parce qu'un roi ne doit rien décider sans
« le conseil de ses hommes. Vous connaissez
« la plainte présentée devant nous par la de-
« moiselle héritière du royaume de Carmelide.
« Je pensais d'abord que la clameur n'était
« pas juste : aujourd'hui je sais qu'elle est fon-
« dée en droit, et que la tromperie vient de
« celle que je tenais auparavant pour reine.

« Les hommes du pays témoigneront devant
« vous qu'elle est la fille du roi Léodagan de
« Carmelide : celle que je tenais pour ma
« femme épousée n'est que la fille de Cleodalis
« le sénéchal. J'ai besoin de votre conseil sur
« ce que je dois faire aujourd'hui pour réparer
« ma trop longue méprise. »

Ces paroles jetèrent les barons dans un grand trouble : nul ne trouvait moyen de contredire; mess. Gauvain pleurait comme s'il eût déjà prévu la condamnation de la reine. Galehaut pourtant demanda à répondre aux paroles du roi.

« Sire, dit-il, tout le monde vous tient pour
« prud'homme : vous ne vous hâterez donc pas
« de faire ce que vous pourriez estimer plus tard
« une très-grande folie. Je ne crois pas que
« la reine ait rien à craindre de la clameur de
« cette demoiselle. — Galehaut, répond le roi,
« vous n'en pouvez savoir la vérité aussi bien
« que les hommes du pays. Ils étaient avec le
« roi Léodagan; comment douter de ce qu'ils
« témoignent ? — Au moins, sire, peut-il sem-
« bler étrange qu'ils aient réclamé si tard et
« que le cas ait été si longtemps ignoré. N'a-
« vaient-ils pas jusqu'à présent tenu ma dame
« pour la véritable reine ? — Je sais, repartit
« le roi, qu'elle ne l'est pas, et j'en ai grand
« regret; j'eusse volontiers gardé mon amour

« à celle que je tenais à droite épouse; mais
« je ne le pourrais plus sans péché. Ce n'est
« pas ici un cas de bataille; le témoignage des
« barons de Carmelide suffit pour nous faire
« connaître la vérité. »

Les barons de Carmelide furent alors réunis en conseil. La reine s'assit d'un côté de la salle, la demoiselle accusatrice de l'autre. Le roi dit :
« Vous tous qui siégez comme mes hommes et
« dont j'ai depuis longtemps reçu les serments,
« vous allez connaître d'une clameur portée
« devant moi, laquelle touche à ces deux da-
« mes. L'une prétend avoir été justement épou-
« sée et couronnée, comme la seule fille de
« votre seigneur et de la reine sa femme; l'au-
« tre, que je tenais jusqu'à présent pour mon
« épouse, me soutient qu'elle est en effet ce
« que la première dit être. Vous devez en sa-
« voir la vérité. Jurez donc sur les Saints que
« vous ne parlerez ni par amour ni par haine,
« et que vous reconnaîtrez pour reine celle qui
« l'est véritablement. »

Alors le vieux Bertolais s'avance, tend la main devant les Saints que présente le roi, et jure que si Dieu et les Saints l'aident, la demoiselle qu'il tient par la main est Geniè-vre, femme du roi Artus, enointe et sacrée comme reine, fille du roi et de la reine de Carmelide. Après lui jurent, d'abord les hauts barons de la terre, puis les autres barons et chevaliers qui avaient été en la cour du roi Léodagan. Il y en eut pourtant dans le nombre qui soutinrent la cause de la vraie reine; mais le roi ne tint pas compte de leurs réserves, tant le philtre qu'on lui avait servi lui avait troublé l'entendement. La reine fut jugée coupable : ce fut la plus grande tache de toute la vie du roi Artus. A l'occasion de ce faux jugement, il y eut grande liesse dans le pays de Carmelide, grand deuil dans le royaume de Logres.

Après la sentence des juges, le roi demanda ce qu'on devait faire à l'égard de celle qui l'avait si longtemps abusé. Galehaut, devinant la pensée du roi, fut d'avis de remettre à la Pentecôte une aussi grave décision; attendu qu'une telle supercherie ne pouvait être punie à la hâte. Il parlait ainsi pour demeurer dans le parti des conseillers du roi ; en effet, le roi parut lui en savoir bon gré et consentit au délai proposé. En attendant, il confia à mess. Gauvain la garde de la reine, à la condition de se représenter avec elle à la Pentecôte : « N'y « manquez pas, beau neveu, lui dit-il encore, « si vous voulez conserver mon amour. — Sire, « répondit Gauvain, ce n'est pas la première « fois que la reine est menacée de vous per- « dre. » Il disait cela pour rappeler comment elle avait été, le jour même de son mariage, sur le point d'être enlevée par les parents de la fausse Genièvre (1).

A la Pentecôte, mess. Gauvain ne manqua pas de reparaître avec la reine, et le roi de son côté somma les hauts barons, sur la foi qu'il lui avaient jurée, d'examiner ce qu'on devait faire de celle qu'il avait retenue si longtemps en péché mortel. Les barons de Logres ne pouvaient croire que l'intention du roi fût de la faire juger à mort; ils se trompaient, Artus ne méritait plus le nom de justicier. L'autre Genièvre s'était jetée à ses pieds, en s'écriant avec force larmes qu'elle se donnerait la mort si l'autre n'était pas condamnée. Artus avait cédé et ne souhaitait plus rien tant que la condamnation de la noble reine.

Mess. Gauvain délibéra avec les barons de Bretagne pour aviser à ce que ferait chacun d'eux. Quant à lui, il était bien résolu de ne jamais siéger dans une cour où la reine aurait été condamnée à la mort. « Mais, dit Galehaut,
« il faut procéder avec douceur à l'égard du
« roi : comme il semble vouloir user envers ma
« dame de la dernière rigueur, demandons un
« répit de quarante jours. Peut-être que, re-
« venu dans ses terres, il ne sera plus autant

---

(1) *Romans de la Table ronde*, Artus, p. 239.

« affolé de celle qu'il veut mettre à la place
« de la reine. »

Les barons de Logres approuvèrent le conseil et demandèrent ce répit, par la bouche de Galehaut. Le roi répondit qu'il ne voyait aucune raison de différer la sentence : « Si vous
« vous récusez, je sais qui vous remplacera.
« — Sire, répondent-ils, puisqu'un jugement
« a déclaré notre dame Genièvre déchue de
« son titre d'épouse et de reine, il est certain
« qu'il faudra prononcer contre elle la peine
« de mort. Or, c'est une sentence que nous re-
« fusons de porter, désireux, comme nous le
« sommes tous, que ma dame la reine ne soit
« pas cruellement traitée. — Soit! répond le
« roi, d'autres que vous feront justice, et dès
« ce soir. » Il commande alors aux barons de Carmelidé de prononcer le jugement, et le vieux Bertolais dit : « Nous le voulons bien, Sire, à la
« condition que vous présiderez. Si les barons
« de Bretagne se récusent, au moins faut-il que
« le roi de Bretagne occupe leur place. » Le roi sentit qu'il ne pouvait refuser; il les accompagna dans la salle où ils devaient juger. Et Galehaut, sachant bien qu'à la vie de la reine était attachée la vie de son ami, demanda aux Bretons ce qu'ils entendaient faire si elle était condamnée. « Je le répète, dit mess. Gauvain,
« je quitterai la terre de mon oncle, et n'y

« reviendrai jamais. » Mess. Yvain le fils d'Urien et Keu le sénéchal prennent le même engagement et entraînent avec eux tous les autres. « Grâce à Dieu! dit à son tour Galehaut, « il est aisé de voir si ma dame la reine est « aimée des prud'hommes, et s'ils approuvent « qu'on l'ait condamnée. »

Il alla retrouver son ami : « Beau doux com-
« pain, lui dit-il, n'ayez pas d'inquiétude; avant
« la fin du jour, vous verrez le plus hardi fait
« d'armes dont on ait entendu parler. Si la
« cour du roi condamne la reine, j'entends
« fausser le jugement; j'appellerai le roi et
« offrirai de le combattre soit de son corps,
« soit par le champion qu'il lui plaira désigner.
« — Non, Galehaut, vous ne ferez rien de pa-
« reil : c'est moi qui soutiendrai la querelle :
« si le roi ne m'en sait pas de gré, il n'y aura
« grand mal pour personne; laissez-moi donc
« faire ce qui conviendra. — J'y consens,
« puisque vous le voulez ; mais, comme moi,
« vous êtes de la maison du roi et compagnon
« de la Table ronde, ne l'oubliez pas. Quand
« donc vous entendrez prononcer le jugement,
« vous me regarderez; sur un signe que je
« vous ferai, vous avancerez vers le roi et vous
« déclarerez que vous renoncez aux honneurs de
« sa maison et de la Table ronde. Cela fait, vous
« pourrez sans blâme fausser le jugement. »

Ils en étaient là, quand Artus sortit avec les barons de Carmelide de la salle où le jugement venait d'être prononcé. Il s'assit, les barons se rangèrent à ses côtés. La reine se tint à part, ne laissant entrevoir aucune émotion. Et Bertolais, chargé de la parole, dit de façon à être bien entendu :

« Écoutez, seigneurs barons de Bretagne, le
« jugement rendu par le commandement du roi
« Artus, contre la femme qui avait été durant
« trop de temps sa royale compagne. Pour
« faire droit contre un tel forfait, la coupable
« devrait perdre la vie ; mais nous devons avoir
« égard à l'honneur qu'elle eut longtemps, bien
« que sans droit, de partager la couche du roi.
« Il devra suffire à justice qu'elle soit dépouil-
« lée de tout ce qu'elle avait revêtu le jour de
« son mariage. Comme elle a porté couronne
« contre raison, les cheveux qui l'ont reçue se-
« ront coupés, ainsi que le cuir des mains qui
« l'ont posée sur sa tête. Les deux pommettes
« de ses joues sur lesquelles l'huile sainte fut
« répandue seront tranchées : dans cet état,
« elle s'éloignera de la terre de Logres, et se
« gardera de jamais reparaître devant notre sire
« le roi. »

Grande fut l'indignation de messire Gauvain et des barons de Logres, en entendant la sentence. Chacun à l'envi déclara qu'il ne sié-

gerait jamais dans une cour où tel jugement avait été dressé. « Mess. Gauvain dit le premier :
« si monseigneur le roi n'y avait eu part, ceux
« qui l'ont consenti seraient à jamais honnis. »
Autant en dit mess. Yvain : Keu le sénéchal alla plus loin encore en déclarant qu'il était prêt à combattre le meilleur, sauf le roi, des chevaliers qui avaient eu part à une aussi odieuse sentence. Au milieu d'un tumulte croissant, Galehaut regarda son ami et lui fit le signe dont ils étaient convenus. Aussitôt Lancelot fend violemment la presse des barons, sans demander qu'on lui ouvre passage ; il trouve sur son chemin Keu le sénéchal qui voulait se porter défenseur de la reine, il le fait rudement tourner sur lui-même en le saisissant au bras. Keu furieux s'élance une seconde fois devant lui :
« Arrière ! crie Lancelot, laissez à meilleur que
« vous le soin de garder la reine. — Meilleur ?
« dit Keu — Meilleur. — Et lequel ? — Vous
« le verrez bientôt. » Puis détachant l'agraffe du riche manteau qu'il portait, il ne regarde pas qui le relève et s'avance en tunique jusqu'au siége du roi : « Sire, dit-il, j'ai été votre che-
« valier, compagnon de la Table ronde ; cela,
« par votre grâce, dont je vous remercie. Je
« vous demande de m'en tenir quitte.

« — Comment ! beau doux ami ; parlez-vous
« sérieusement ?

« — Oui, sire.

« — S'il plaît à Dieu, vous ne le ferez pas ;
« Quoi ! Vous renonceriez à l'honneur auquel
« tant d'autres aspirent !

« — J'y suis résolu, sire, je n'entends plus
« être de votre maison.

« — Si vous n'avez égard ni à mes prières
« ni à celles de tous ces barons, voici ma
« main, je vous quitte de tous les liens d'homme
« lige auxquels vous étiez tenu envers moi.

« — Maintenant, sire, en mon nom, en celui
« de maints chevaliers ici présents, je demande
« qui a fait le jugement rendu contre l'hon-
« neur de ma dame la Reine ?

« — C'est moi, répond vivement le roi, et
« je ne pense pas qu'il y ait un homme disposé
« à le trouver sévère : avec plus de raison l'es-
« timerait-on trop doux. Mais pourquoi le de-
« mander ?

« — Parce que je déclare parjure et déloyal
« quiconque a pris part à ce jugement. Et je
« suis prêt à le montrer contre lui, ou contre
« la cour tout entière.

« — Écoutez-moi, Lancelot : je n'ai pas oublié
« vos grands services ; quelque chose que vous
« disiez, je ne puis vous haïr. C'est pourtant
« grande audace à vous de fausser mon juge-
« ment, et je ne doute pas que vous ne trou-
« viez un champion qui vous en fasse repentir.

« — C'est ce qu'on verra bien, car je suis
« prêt à montrer la fausseté du jugement, non
« pas contre un seulement, mais contre les deux
« meilleurs chevaliers qui voudront en soute-
« nir la droiture ; et si je ne les force à confes-
« ser le parjure, je veux que l'on me pende
« par la gueule !

« — Oh ! bien, » interrompit alors Keu, « je
« pardonne à Lancelot l'outrage qu'il vient de
« me faire. Il est assurément ivre ou en dé-
« mence, quand il veut seul combattre deux
« chevaliers.

« — Sire Keu, sire Keu, reprend Lancelot,
« enflammé de courroux, dites ce qu'il vous
« plaira : mais apprenez que je suis prêt à dé-
« fendre la reine, non contre deux, mais bien
« contre les trois meilleurs chevaliers qui pri-
« rent part au jugement. Sachez de plus que,
« pour le royaume de Bretagne, vous ne devriez
« pas consentir à être le quatrième. J'espère,
« sénéchal, que le roi ne s'opposerait pas à
« vous voir joint aux champions du jugement
« que j'ai déclaré faux et infâme.

« — A Dieu ne plaise, dit le roi, que trois
« se réunissent contre un seul, quand il est
« arrivé si souvent à mes chevaliers de com-
« battre seuls contre trois des autres pays ! »

Mais les barons de Carmelide indignés de
voir leur jugement faussé, relevèrent l'appel et
10.

déposèrent les gages. Le roi cependant résistait encore : « Vous ignorez, leur disait-il, « que Lancelot est un des meilleurs chevaliers « du monde; et je ne voudrais pas, au prix de « mon royaume, le voir mourir honteusement. « — Sire, dit Lancelot, il faut que la bataille ait « lieu; car je soutiens que le jugement est » faux, et que tous ceux qui n'ont pas craint « d'y prendre part ont fait acte de félonie. »

Alors il s'agenouilla et tendit ses gages au roi, qui dut malgré lui consentir à l'épreuve. Les barons de Carmelide choisirent leurs trois meilleurs chevaliers, hauts de taille, larges d'épaules ; le plus vieux ayant à peine quarante ans. Le combat fut fixé au dimanche suivant, le premier après la Pentecôte.

La reine en attendant le jour qui devait décider de son honneur et de sa vie, fut reconduite à l'hôtel qu'elle avait choisi, par ses chevaliers qui ne pouvaient s'empêcher de craindre l'issue d'un combat aussi inégal (1).

(1) Il y a deux textes entièrement différents de ce grand épisode du jugement de la reine. J'ai suivi les mss. 751 et 752, qui m'ont semblé plus anciens et d'ailleurs plus corrects dans plusieurs endroits, que le msc. 339.

LXX.

COMME on l'a deviné, personne n'osa disputer à Lancelot l'honneur de défendre la reine : après ce qu'il avait dit à Keu le sénéchal, qui pouvait espérer de lui être préféré ? De l'autre côté, les trois chevaliers de Carmelide se déclarèrent prêts à soutenir le jugement porté contre celle qui se faisait appeler la reine. Lancelot eût vivement souhaité de les combattre tous trois ensemble : mais Galehaut ne le voulut pas souffrir, et dressa les conditions de la bataille : si le premier chevalier était vaincu, le second devait le remplacer et après lui le troisième.

Les gages mis entre les mains du roi Artus, chacun alla s'armer. Lancelot fit attacher ses chausses et revêtit son haubert ; mess. Gauvain lui offrit sa bonne épée Escalibur (1). Quand il ne resta plus que la tête et les mains à cou-

---

(1) Artus avait fait présent de cette fameuse épée à son neveu Gauvain, après avoir conquis *Marmiadoise* sur le roi Rion (*Artus*, p. 193). Les autres romanciers laissent toujours Escalibur aux mains d'Artus, et je crois qu'ils suivent mieux en cela la tradition primitive. C'était l'épée qu'Artus avait pu détacher de l'enclume du Perron (*Merlin*, p. 96).

vrir, il monta son palefroi et s'en vint aux lices, accompagné de Galehaut, du Roi des cent chevaliers, de mess. Gauvain et d'autres encore. Devant lui marchait Lionel portant son heaume et son écu; un second écuyer tenait de la main droite le cheval de bataille, de l'autre son glaive. Les lices avaient été disposées entre l'hôtel du roi, la forêt, la grande rivière et la prairie. Les deux reines s'assirent aux fenêtres, la fausse Genièvre en haut, la véritable plus bas, mais entourée de mess. Yvain, de Keu le sénéchal, de Giflet fils-Do (1), de Beduer et autres chevaliers de sa maison.

Arrivent les trois chevaliers de Carmelide, armés sauf de la tête et des mains. Ils étaient beaux et de haute taille. Lancelot était allé d'abord vers la reine : elle le baisa au vu de tous en le recommandant à Celui qui naquit de la vierge. Ainsi conforté, il couvre ses mains, lace le heaume et passe l'écu à son cou. Son cheval de combat richement couvert l'attendait : il monte, prend le glaive de la main du second écuyer, comme avaient déjà fait les trois chevaliers. Les fenêtres regorgent de spectateurs, et ceux qui ne peuvent trouver place montent aux créneaux.

(1) Giflet ou Girflet, fils de Do de Carduel. On disait : *Fils-Do*, apparemment comme *Fitz-Gerald*, *Fitz-James*, *Fitz-Warin ;* toutefois sans prévention de bâtardise.

Lancelot impatient d'entendre le cor donner le signal. « Messire Gauvain, criait-il, que tar- « dez-vous à faire sonner? » Le cor retentit; Lancelot, le glaive sous l'aisselle et l'écu sur la poitrine, broche le cheval des éperons. Le premier des trois chevaliers l'attendait; les glaives se croisent et heurtent contre les écus; le bois du chevalier de Carmelide éclate, le fer de Lancelot écartant les mailles et le cuir traverse le cœur, et perce le dos; le chevalier tombe sur le pré comme un corps mort. Lancelot passe outre, pose son glaive contre un arbre, descend, attache son cheval aux branches; puis l'écu sur la tête et la bonne épée en main, il revient sur le chevalier abattu qu'il avertit de se relever; celui-ci ne répondit pas : il était mort. Lancelot lui délace le heaume, abat la ventaille, lui tranche la tête, et essuie son épée sur l'herbe verte avant de la remettre au fourreau.

Mess. Gauvain donne pour la seconde fois du cor : le second champion arrive de toute la force de son coursier. Ils s'entre-frappent sur le haut des écus : le chevalier rompt son glaive, Lancelot fend l'écu, mais n'entame pas le haubert; il prend alors au corps son adversaire, l'enlève de la selle, le jette par-dessus la croupe de son cheval, et piquant son glaive à terre, revient au chevalier de Carmelide déjà relevé et déjà

la tête couverte de son écu fendu : « Rassurez-
« vous, crie Lancelot, j'aurais honte de com-
« battre à cheval quand vous êtes à pied. » Il
descend, attache son coursier à un arbre et revient l'épée en main sur son adversaire. Il tranche d'abord la guiche qui retenait l'écu du chevalier, puis il frappe fort et menu : on voit le
chevalier inondé de sang, hésiter, reculer avec
épouvante, et quoique vaincu, ne se décidant
pas à prononcer le mot de recréance. Après avoir
çà et là jeté les yeux, il se traîne péniblement à
la rive, comme pour y trouver un refuge ; puis
il semble honteux de mourir ainsi, et revenait
sur ses pas, quand il voit Lancelot lever de
nouveau Escalibur : « Ah ! Lancelot, s'écrie-
« t-il, gentil chevalier, de qui pourra-t-on es-
« pérer merci, sinon du meilleur des bons ? —
« Tu ne l'obtiendras, fait Lancelot, qu'après
« avoir reconnu à haute voix que le jugement
« prononcé contre madame la reine est faux,
« et que ceux qui l'ont porté sont traîtres et
« déloyaux. — Certes, dit le chevalier, je ne
« veux pas sauver ma vie en accusant les juges :
« ils ont fait ce qu'ils devaient. — Dis plutôt
« qu'ils seront à jamais honnis par tous les
« prud'hommes du monde ; et toi qui soutiens
« leur félonie tu recevras la mort. » Il hausse
l'épée, l'autre ne l'attend pas et fuit à travers
prés ; quand l'haleine lui manque il crie de

nouveau merci. « Mauvais chevalier, dit Lan-
« celot, laisse plutôt faire cette bonne épée :
« ne vaut-il pas mieux mourir que prononcer
« le honteux mot de recréance? — Si m'aist
« Dieu, vous dites vrai : j'attendrai la mort de
« votre main, ne pouvant la recevoir de meil-
« leur chevalier. » Alors il se tient immobile,
la tête à peine couverte de la coiffe du haubert
et des derniers lambeaux de son écu. Lancelot
lui fait voler l'épée de la main; tous ceux qui
les regardent sont émus de compassion. Mais
emporté par une ardeur de vengeance encore
irritée par la vue de la reine, le vainqueur tranche d'un coup furieux heaume et ventaille,
plonge Escalibur dans le crâne, et le corps s'é-
tend devenu masse inanimée. « Ah! belle et
« bonne épée, dit Lancelot en la remettant au
« fourreau, qui vous tient ne peut manquer
« de prouesse. » Il revient à son cheval et
témoigne déjà de son impatience d'entendre
une troisième fois sonner le cor.

Mais les barons de Carmelide étaient allés se
jeter aux pieds du roi : « Sire, nous avons eu
« tort de laisser engager le combat avant d'a-
» voir fait jurer aux champions qu'ils défen-
« daient une juste cause. Il conviendrait donc
« de leur demander en ce moment s'ils veulent
« faire serment, les uns que le jugement fut
« équitable, l'autre qu'il est entaché de félo-

« nie (1). » Le roi allait satisfaire à la réclamation des barons, quand Galehaut, qui ne démêlait pas bien encore de quel côté était la bonne cause, se hâta de faire sonner le cor. Le troisième combat commença. Le chevalier, nommé Guifrey de Lamballe (2) avait un grand renom de prouesse. Bien que les deux chevaux parussent de force égale, il crut qu'en obligeant Lancelot à combattre à pied, la victoire lui serait plus facile. Dès la première rencontre, il ouvrit le poitrail du cheval de Lancelot. Mais en fléchissant, Lancelot le saisit, le souleva, et le força de vuider également les arçons. Ils tirèrent alors en même temps l'épée, frappèrent sur les heaumes comme sur enclume. Les mailles détachées volent çà et là ; le sang vermeil jaillit et rougit le haubert : les meilleurs coups sont pourtant donnés par Lancelot, et ceux-là mêmes qui connaissaient le mieux la prouesse de Guifrey ne doutent pas de sa défaite.

La furieuse bataille se prolongea jusqu'aux

---

(1) Gauvain et Galehaut, juges du camp, n'avaient pas fait jurer Lancelot, contre toutes les règles du combat judiciaire, parce qu'ils n'étaient pas assurés de l'innocence de Genièvre. Lancelot eût défendu la reine, même si l'accusation de substitution eût été fondée ; mais ils ne voulaient pas l'exposer à commettre un parjure.

(2) *Var.*: Karadoc de la Maille.

Nones. Guifrey épuisé de sang sentait l'haleine lui manquer; Lancelot le pressait, le poursuivait le long des barrières, mais ne se hâtait pas de lui donner le coup décisif. L'autre levait encore le bras, mais ne frappait plus. Enfin Lancelot le jette à terre, lui arrache son heaume et levant les yeux vers la tour où Keu se trouvait près de la reine : « Sire Keu, crie-t-il, voici le troi-« sième; voulez-vous être le quatrième? » Keu baisse la tête et ne répond rien. Guifrey, se voyant sans défense, s'étend aux pieds de Lancelot. « Preux chevalier, dit-il, je vous crie « merci! — Pas de merci, pour si grande in-« jure! » Le vaincu fait un dernier effort et retient le bras droit de Lancelot qui, de l'autre, le saisit par le milieu du corps, le renverse de nouveau, pose un genou sur sa poitrine et le frappe du pommeau de son épée sur la ventaille et sur la coiffe du haubert. Les barons et les dames, qui avaient admiré la belle défense du chevalier de Carmelide, prient alors le roi de donner le signal de la fin du combat : « Volontiers, dit « Artus; mais Lancelot est tellement enflammé « que mes ordres ne l'arrêteront pas. — Sire, dit « Galehaut, il est peut-être un moyen de le « fléchir. Allez prier la dame pour laquelle « il combat de demander la vie de Guifrey; « Assurément elle fera ce que vous souhai-« terez. — Je le veux bien, car rien ne saurait

« me coûter pour sauver la vie d'un si bon
« chevalier. »

Artus va donc trouver la reine : quand elle le voit arriver, elle se lève à sa rencontre : « Dame,
« lui dit-il, la sentence des juges est comme
« non avenue ; vous êtes rachetée : mais ce
« chevalier que Lancelot a vaincu va mourir si
« vous ne demandez qu'il vive ; ce serait grand
« dommage, car il est de grande prouesse. —
« Sire, s'il vous plaît ainsi, j'y ferai ce que je
« puis. » Elle descend de la tour, avance dans le pré et se jetant aux genoux de Lancelot :
« Beau doux ami, dit-elle, je vous crie merci
« pour ce chevalier. » Lancelot la voyant dans cette humble posture a grande peine à se contenir : « Dame, ne craignez rien pour lui : si
« vous le désirez, je lui rendrai mon épée, loin
« de lui refuser la vie. N'êtes-vous pas la dame
« que je dois le plus écouter, celle qui m'a re-
« cueilli et guéri, quand j'étais hors de sens ?
« Vous, Guifrey, je vous tiens quitte, je n'ai
« plus rien à réclamer de vous. » Alors on se presse autour de Guifrey ; on le relève, on le soutient, on le ramène au milieu des siens. Et croyez que si l'une des deux reines eut à se réjouir, il en fut bien autrement de l'autre, ainsi que des barons de Carmelide, rendus indignes, par l'effet du jugement faussé, de jamais siéger en cour.

LXXI.

Si la victoire de Lancelot sauvait les jours de madame Genièvre, elle ne lui rendait pas le rang de reine de Logres et de femme épousée d'Artus. Elle retourna cependant en Bretagne, non dans la compagnie du roi ; mais avec messire Gauvain qui fut pour elle, dans sa disgrâce, ce qu'il avait toujours été.

Comme ils approchaient de la Bretagne, Galehaut la rejoignit, et là, en présence de messire Gauvain : « Ma dame, lui dit-il, bien que
« vous deviez être séparée du roi aussi long-
« temps qu'il plaira à Dieu, vous avez tou-
« jours été si courtoise et si gracieuse envers
« les barons qu'il n'en est pas un qui voulût
« abandonner votre service. Pour ce qui est
« de moi, je vous offre, en présence de mon-
« seigneur Gauvain, la plus belle de mes
« terres, plaisante d'aspect, riche de fond et
« garnie de forteresses : là, vous n'aurez rien
« à craindre du mauvais vouloir de la nouvelle
« reine.

« — Grands mercis, Galehaut, répondit la
« reine ; mais je ne puis recevoir aucun honneur
« sans le congé du roi mon seigneur. S'il lui

« a plu de me répudier, je n'en suis pas moins
« tenue de faire ce qu'il ordonnera. »

Le lendemain, Genièvre appuyée sur le bras
de Galehaut attendit Artus au sortir de la chapelle, et tombant à ses genoux : « Sire, vous
« voulez que je m'éloigne; mais je ne sais où
« vous désirez que je me retire. Que ce soit
« au moins dans un lieu où je puisse sauver
« mon âme et n'avoir rien à craindre de mes
« ennemis! Si l'on me faisait honte étant sous
« votre garde, cette honte tomberait sur vous.
« Il ne tiendrait qu'à moi de recevoir en don
« une autre terre; on me l'offre par égard
« moins pour moi que pour vous; mais je ne la
« prendrai pas sans votre congé.

« — Quelle est cette terre, et qui vous l'a
« offerte?

« —Moi, sire, » répond vivement Galehaut.
« Je lui fais don de la plus belle et plus plai-
« sante de mes seigneuries; c'est le Sorelois, où
« madame n'aura rien à redouter de personne.

« — J'en prendrai conseil, » répond le roi.
Il assembla ses barons de Logres et leur exposa
les offres de Galehaut. Messire Gauvain le prenant à part : « Sire, dit-il, vous le savez aussi
« bien que nous; madame n'est répudiée que
« parce que vous l'aurez voulu; elle ne l'avait
« pas mérité, et peut-être n'aurions-nous pas
« dû le souffrir : mais au moins nous vous

« avions donné un tout autre conseil; et quand
« le seigneur ne veut pas en croire ses barons,
« le blâme de la faute qu'ils ont voulu préve-
« nir ne retombe pas sur eux. Mon avis main-
« tenant est qu'au moins vous entendiez à la
« sûreté de madame : elle ne la trouverait pas
« dans vos terres; celle qui va prendre sa place
« ne manquerait pas de la persécuter : mais
« vous pouvez lui donner pour lieu de retraite
« le royaume d'Urien, ou le Léonois que tient
« mon père le roi Lot, ou la terre de Sorelois
« dont le grand prince Galehaut lui offre la
« seigneurie. »

Le roi n'avait pas eu le temps de répondre, quand un chevalier, grand ami de la nouvelle reine, demande à lui parler. Mess. Gauvain rentre dans la salle du conseil, et le roi voyant les yeux larmoyants du chevalier : « Qu'avez-
« vous, lui dit-il, et que fait la reine?

« — Sire, elle se désespère : elle a su que vous
« vouliez retenir votre concubine sur la terre
« de Bretagne; s'il en était ainsi, sachez que
« madame la reine en mourra de chagrin. —
« Hâtez-vous, répond le roi, d'aller la rassurer;
« je ne ferai rien qui puisse lui déplaire. » Et revenant à messire Gauvain : « Beau neveu, je
« reconnais que Genièvre ne peut demeurer
« ici, ni dans les terres de ma dépendance.
« Elle n'y serait pas en sûreté, et je ne veux

« pas sa mort. Qu'elle aille donc en Sorelois
« avec Galehaut : je l'y ferai bien accompagner
« de mes chevaliers. » Il revint parler au conseil et fit approuver ce qu'il lui plaisait de proposer.

Puis allant retrouver Galehaut : « Beau doux
« ami, lui dit-il, vous n'êtes pas mon homme,
« mais mon compain, mon ami. Je ne vous ai
« pas demandé pour Genièvre le don d'une
« terre : seulement, comme elle ne serait pas en
« sécurité dans mes domaines, je la confie à
« votre sens, à votre loyauté. Gardez-la comme
« votre sœur germaine, et promettez-moi, sur
« le grand amour que vous me portez, de ne
« rien entreprendre à son détriment et au dan-
« ger de son honneur. »

Cela dit, le roi prit la reine par la main et
la remit dans celles de Galehaut, et Galehaut
promit de la garder comme sœur. Artus désigna les chevaliers qui devaient accompagner
la reine, et qui la suivirent à l'hôtel qu'elle
avait choisi.

« Sire, vous voilà engagé dans un nouveau
« mariage, dit mess. Gauvain au roi. En croyant
« sortir du péché, vous vous en êtes souillé, et de
« plus, vous avez perdu la compagnie de ceux
« qu'il vous importait le plus de garder. Lan-
« celot et Galehaut ont renoncé à la Table
« ronde, ce que jamais n'avait encore fait un

« chevalier. Il faudrait au moins tenter de ra-
« mener Lancelot.

« — Je pense comme vous, beau neveu, et
« pour le retenir, il n'est rien que je ne sois
« prêt à faire, sauf de renvoyer ma nouvelle
« reine. Allons ensemble le mettre à raison. »

A l'hôtel de Galehaut, Artus et son neveu trouvent les deux amis, assis sur la même couche et qui se lèvent en voyant entrer le roi. Artus tend les mains vers Lancelot et le prie de lui rendre son amitié. Mess. Gauvain joint ses instances à celles du roi. « Bel ami Lancelot,
« dit Artus, vous avez plus fait pour moi que
« je n'ai pu faire pour vous. Vous étiez compa-
« gnor de la Table ronde ; je n'aurai plus un
« moment de joie si vous ne consentez pas à
« le redevenir. Oubliez vos ressentiments, cher
« sire, et demandez-moi la moitié de mon
« royaume ; je vous offre tout ce qui pourra
« vous plaire, mon honneur sauf.

« — Sire, répond Lancelot, je n'ai pas de res-
« sentiment, et je ne tiens pas aux terres que
« je n'ai pas droit de gouverner ; mais rien ne
« saurait me faire demeurer, j'ai juré de par-
« tir sur la messe que j'ai entendue ce matin. »

Ces mots avertirent le roi qu'il n'avait rien à espérer ; il se retira la tête baissée, le cœur oppressé, et de la nuit il ne put fermer l'œil. Enfin, il se souvint de ce que Lancelot avait dit à la reine, qu'il ne refuserait jamais rien à celle qu l'avait gardé durant sa maladie.

Et le matin, quand Galehaut vint prendre congé, le roi et la reine montèrent pour les convoyer. Le roi s'approchant du palefroi de la reine : « Dame, lui dit-il, je sais que Lance-
« lot vous aime assez pour ne vous refuser rien
« de ce que vous lui demanderez. Veuillez, si
« vous désirez jamais revenir à moi, le prier
« de rester compagnon de la Table ronde;
« vous obtiendrez facilement de lui ce qu'il
« nous a d'abord refusé. »

La reine écoute, sans paraître émue ni surprise de ce que le roi dit du grand amour de Lancelot pour elle. Elle lui répond : « Sire, il
« faudrait en effet que Lancelot me portât bien
« grande affection, pour accorder à mes prières
« ce qu'il aurait refusé aux vôtres. Mais il faut
« craindre de causer le moindre ennui à ceux
« qui nous aiment. Si je vais lui persuader de
« rester dans votre compagnie, ne me prive-
« rai-je pas de la sienne ? Il m'a pourtant
« mieux servie que ceux dont je devais attendre
« le plus d'amour et de protection. Je vous
« avais toujours été épouse soumise et dévouée;
« et vous m'avez fait condamner au supplice,
« dont la grande prouesse de Lancelot m'a
« seule préservée. Il s'est souvenu du seul
« bien que j'avais pu lui faire devant la Roche

« aux Saisnes, ce que j'aurais fait pour tout
« autre chevalier. Et quand il vous a vu si vite
« oublier les grands services qu'il vous avait
« rendus; quand vous l'avez laissé combattre
« seul contre trois forts chevaliers pour me
« défendre de la dernière honte, il n'est pas
« à croire qu'il tienne à demeurer dans votre
« cour au nombre de vos compagnons, au lieu
« de suivre Galehaut et celle qui lui doit l'hon-
« neur et la vie. »

Elle se tut : le roi, confus d'être si bien éconduit, se rapprocha de Galehaut. Pour l'éviter,
Lancelot avait pris le devant et chevauchait à
distance. Artus enfin en les recommandant à
Dieu chargea mess. Gauvain d'accompagner la
reine jusqu'au terme de son voyage. Ils arrivèrent en Sorelois où par les soins de Galehaut,
Genièvre reçut l'hommage des barons. Mess.
Gauvain prit congé de la reine après l'avoir
vue revêtue des honneurs de la royauté.

Aussitôt après les fêtes de la nouvelle inves-
titure, la reine prit à part Lancelot, Galehaut et
la dame de Malehaut qui n'avait pas voulu vivre loin d'eux. « Lancelot, dit-elle, me voilà
« séparée de mon seigneur le roi. Bien que je
« sois la vraie reine de Logres, fille du roi et
« de la reine de Carmelide, je dois expier le
« péché que j'ai commis en partageant la
« couche d'un autre que mon seigneur. Mais

11.

« pour un preux tel que vous, beau doux ami,
« quelle dame eût rougi d'une telle faute, et
« n'eût pas trouvé grâce au moins devant le
« monde ! Toutefois, le Seigneur Dieu n'a
« pas égard aux règles de courtoisie, et le
« moyen d'être bien avec lui n'est pas d'être
« bien avec le siècle. Je vous demande un
« don, Lancelot : laissez-moi me garder mieux
« que je n'ai fait quand je courais danger d'être
« surprise. Au nom de l'amour que vous me
« devez, j'entends qu'ici vous ne réclamiez
« de moi rien au delà du baiser et de l'ac-
« coler. De cela, je vous en fais réserve ; et,
« plus tard, quand il en sera temps et lieu, je
« ne refuserai pas le surplus. Ne soyez pas en
« peine de mon cœur ; il ne peut être à un
« autre, quand bien même je le voudrais. Cher
« doux ami, sachez que j'ai dit à monseigneur
« le roi, quand il vint m'engager à vous deman-
« der de rester à la cour, que j'aimais autant
« et mieux la compagnie de Lancelot que la
« sienne.

« — Dame, répond Lancelot, ce qui vous plaît
« ne saurait me déplaire. Votre volonté est
« ma règle ; de vous dépendront toujours et
« mon cœur et mes joies. »

Telles furent les conventions proposées par la sage reine, et Lancelot n'essaya pas de les enfreindre.

LXXII.

Mais que se passait-il en Bretagne, où séjournait encore le roi Artus? L'effet du breuvage que continuait à lui servir la fausse Genièvre l'entretenait dans son funeste aveuglement. Peu lui importait le mécontentement de ses barons : il se montrait partout avec elle, il partageait sa couche quand il ne tenait pas haute cour. Cependant, la nouvelle de l'injuste disgrâce de la véritable reine Genièvre s'était répandue jusqu'au delà des mers. L'apostole Étienne en avait été informé, et ne pouvant approuver qu'un si grand roi répudiât celle qu'il avait épousée devant Sainte Église, avant que n'eût été prononcée la nullité de son mariage (1), il envoya en Bretagne un cardinal pour faire cesser un tel scandale. Le roi Artus fut sourd aux remontrances du

---

(1) Ce fut précisément le cas du roi de France Philippe-Auguste, quand, après avoir répudié Isembour de Danemark, il fut contraint par le pape de la reprendre. Mais le rappel d'Isembour se rapporte à l'année 1201, et je crois que le Lancelot était publié, dix, vingt ou trente ans auparavant. S'il y a donc ici quelque allusion historique, elle se rapporte au divorce d'Aliénor d'Aquitaine, et au second mariage de cette princesse avec Henry II d'Angleterre.

légat de Rome, comme il l'avait été à celles de ses barons; si bien que tout le royaume de Bretagne fut mis en interdit et demeura pendant vingt-neuf mois privé des Sacrements.

Mais il arriva qu'un jour la fausse reine, qui résidait à Bredigan, se sentit prise d'une grande douleur dans tous ses membres. Elle perdit ses forces; ses pieds devinrent gonflés et remplis de pus: il ne lui resta plus que l'usage des yeux et de la langue. Le roi manda les meilleurs mires de son royaume; aucun d'eux ne sut découvrir la cause de la maladie ni les remèdes qu'on y pouvait opposer. Ce fut pour Artus un grand sujet de chagrin; mais il avait soin de le dissimuler, sachant combien les prud'hommes de sa maison étaient peu disposés à partager ses inquiétudes.

Messire Gauvain lui dit un jour : « Sire, on
« vous blâme grandement de mener une vie si
« peu royale : vous paraissez éviter la com-
« pagnie de vos barons, tandis que vous étiez
« toujours prêt, autrefois, à donner le si-
« gnal des divertissements. Nous n'allons plus
« en bois, en rivière; les fêtes ne succèdent
« plus aux fêtes; nous passons tout notre
« temps en sombres rêveries. — Vous parlez
« bien, répond Artus; et j'entends changer de
« conduite. Demain nous partirons pour Kama-
« lot; nous irons en bois avec nos chiens,

« quinze jours durant ; au retour nous volerons
« en rivière. »

En effet le roi se rendit le lendemain dans la forêt de Kamalot, si plantureuse en bêtes fauves. La poursuite d'un énorme sanglier les occupa jusqu'à Nones. La bête descendit dans un vallon, remonta un tertre embarrassé de ronces et de broussailles, puis, épuisée de fatigue, attendit les chiens qui l'entourèrent furieux sans oser l'approcher. Le roi descendit de cheval et de sa courte épée lui donna le coup mortel. Comme on faisait la curée, ils entendirent le chant d'un coq ; c'était l'indice d'une maison peu éloignée. Le roi, qui avait faim, remonte accompagné de mess. Gauvain et des autres compagnons de la chasse. Ils ne chevauchent pas longtemps sans entendre sonner une cloche : ils avancent de ce côté, et bientôt se trouvent devant un ermitage. Le roi descend, les valets frappent à la porte ; un homme vêtu de blanc vient leur ouvrir.

« Frère, lui dit le roi, avez-vous un abri
« couvert assez grand pour ma compagnie, et
« pouvez-vous nous donner à manger ? —
« Non, répond le rendu ; mais à quelques pas
« d'ici se trouve un hôtel établi pour recevoir
« les passagers. » Il les conduit aussitôt devant une grande maison de bois où, pendant que le feu s'allume, les tables sont dressées. Le clerc

retourne annoncer à l'ermite que le roi Artus s'était arrêté avec ses gens dans la maison des passagers. « C'est là, dit l'ermite, ce que j'es-
« pérais. » Sans perdre de temps, il revêt les armes du Seigneur-Dieu et commence à chanter sa messe. Cependant, le roi était au manger : dès le second morceau, voilà qu'il sent une violente douleur, comme si le cœur allait lui voler de la poitrine. Il tombe, ses yeux tournent, il perd connaissance. Les chevaliers le relèvent effrayés, mess. Gauvain le prend dans ses bras; enfin, il revient à lui et demande à grands cris un confesseur. Mess. Yvain et Sagremor retournent à l'ermitage, comme le prêtre achevait le service ; ils lui content la maladie subite du roi et le supplient de ne pas perdre un instant. L'ermite avait encore dans les mains le *Corpus Domini* (1) : « Dieu, dit-il
« en suivant le chevalier, soit loué du mal
« qu'il envoie au roi! Je vois que ma prière
« a été entendue. »

Artus en le voyant fait effort pour se lever :
« Qui êtes-vous ? demande le prud'homme. —
« Hélas! un malheureux; j'ai nom Artus, indi-

---

(1) Il est à présumer que si les effets de l'excommunication d'un roi avaient eu pour effet de fermer les églises et d'interdire les saints offices, notre auteur n'aurait pas ici fait chanter la messe et porter le saint ciboire au roi Artus.

« gne roi de Bretagne, chargé des grands maux
« que j'ai faits à la terre et à mes hommes. Je
« vous ai envoyé querir pour confesser et re-
« cevoir mon créateur. — Roi, je veux bien
« ouïr ta confession; mais n'espère pas recevoir
« ton sauveur. Je le refuse au plus grand des
« pécheurs, très-justement excommunié. Tu
« as délaissé ta femme épousée; tu en tiens une
« autre contre Dieu, raison et Sainte Église;
« tant que tu seras en tel péché, nul bien ne
« te peut venir. »

Le roi se mit à pleurer tendrement. Dès qu'il put parler : « Beau sire, vous tenez la place
« de Dieu; apprenez-moi ce que je dois faire
« pour sauver mon âme. Je reconnais que rien
« de bon ne m'est advenu depuis l'éloignement
« de ma première femme. Cependant, en la ren-
« voyant je n'ai pas cru mal faire; les gens du
« pays m'avaient juré qu'elle n'était pas ma
« droite épouse; il est vrai que Sainte Église n'a
« pas dénoué ce qu'elle avait noué. — Le con-
« seil, reprit le religieux, que j'ai à te donner,
« c'est de faire réparation à l'Église. Si tu as
« eu raison d'agir ainsi que tu as fait, elle t'ab-
« soudra; si elle confirme ton premier mariage,
« il te faudra renoncer au second. — Je ferai
« ce que vous demandez. »

Il commence à confesser tous les péchés qu'il avait sur le cœur. Quand il eut fini, les barons furent rappelés, et le religieux en élevant la voix dit : « Artus, je te connais mieux que tu ne « penses. J'ai nom Amustant, autrefois ton cha- « pelain. Je vins du royaume de Carmelide « avec Genièvre, la fille du roi Leodagan, et « jusque-là je ne l'avais jamais quittée (1). Per- « sonne ne sait mieux que moi quelle est « des deux la véritable héritière. » Artus, après avoir écouté l'ermite, demanda qu'on le laissât reposer; il s'endormit et se trouva au réveil aussi sain de corps qu'il eût jamais été.

Il retourna à Kamalot dans la compagnie du bon religieux; et, le jour suivant, un messager arriva de Bredigan pour lui annoncer que la reine désirait le voir, parce qu'elle se croyait bien près de mourir. Le sage Amustant lui conseilla d'y aller et insista pour le suivre. « Vous ferez, « lui dit-il, semondre tous vos hommes, ils ne « seront pas de trop. » Tous arrivèrent le matin à Bredigan; le roi ne descendit pas dans la maison de la fausse reine, il évita même de lui parler la nuit ni le lendemain. Au point du jour, l'ermite lui chanta la messe, il entendit encore celle du Saint-Esprit et, au sortir du moutier, il alla voir la reine, qui exhalait une puanteur si horrible que sans le secours des aromates nul n'aurait pu l'approcher.

(1) Voy. t. II, *le Roi Artus*, p. 234.

Il avança vers sa couche et lui demanda comment elle se trouvait. — « Mal, » dit-elle d'une voix claire; « les mires n'entendent rien « à ce que j'ai : je souhaiterais qu'on voulût « bien me conduire à Montpellier (1) : une « fois en mer je n'en sortirais que pour entrer « dans la ville. — Dame, le voyage augmente- « rait votre malaise, et vous pourriez mourir « dans la traversée. Il importe que vous soyez « confessée, et justement, j'ai amené un clerc « prud'homme qui saura bien vous conseiller. » Elle fit signe qu'elle souhaitait de le voir, et l'ermite se présenta prêt à ouïr sa confession. Pendant qu'il l'écoutait à part, un chevalier vint annoncer au roi que le vieux Bertolais était en danger de mort et demandait à lui parler en présence de ses barons.

Le roi Artus suivit le messager, pendant qu'A- mustant exhortait la fausse reine. « Dame, vous « êtes en aventure de mort : ce serait trop de « perdre l'âme en même temps que le corps, « et vous savez que nul ne peut être sauvé sans « vraie confession. — Sire, répondit-elle, vous « voulez sauver mon âme, mais je n'en vois « pas le moyen. Je suis de toutes les femmes « la plus déloyale et la plus perfide. J'ai tant « fait que le preux et bon roi Artus a, pour moi,

---

(1) *Var.* En mon pays. (Msc. 1430.)

« délaissé sa loyale épouse, la fleur de toutes
« les dames du monde. Dieu la venge aujour-
« d'hui, en m'ôtant l'usage de mes membres ;
« mais il ne me punit pas autant que je le
« méritais. » Elle lui conte alors toutes les
circonstances de la trahison. « Dame, dit Amus-
« tant, je vous ai bien écoutée; mais je crains
« que vous ne refusiez de faire ce qui convien-
« drait. — Je veux tout ce que vous ordonne-
« rez. — Eh bien ! si vous voulez trouver grâce
« devant Dieu, il faut qu'en présence de ses
« barons vous fassiez au roi l'aveu de ce que
« vous avez controuvé, sans en rien cacher
« ni affaiblir. — Est-ce le moyen de sauver
« mon âme? — Je le crois. — Je le ferai
« donc. »

D'un autre côté, les chevaliers avaient suivi
le roi autour du lit de Bertolais; ils apprirent
de sa bouche comment il avait fait la trahison.
Il avait donné le conseil de surprendre le roi,
de le retenir en prison et de lui faire entendre
que la demoiselle de Carmelide était la véritable reine. « Sire, ajouta-t-il, la malheureuse
« qui se meurt a fait à ma prière tout ce
« qu'elle a fait de criminel. Prenez de moi la
« vengeance la plus cruelle et la plus juste,
« mon âme en sera d'autant allégée ; car tout
« ce que mon corps souffrira dans ce monde lui
« sera compté dans l'autre. »

Le roi se signa en entendant ces aveux qui réjouirent grandement ses barons.

« Ah sire ! dit mess. Gauvain, je vous disais
« bien que si l'on avait suivi votre intention,
« ma dame eût souffert le dernier supplice.
« Mais enfin, Dieu aidant et Lancelot, le temps
« a découvert la vérité. »

Comme ils en étaient là, on avertit Artus que la fausse reine à son tour voulait lui parler. En le voyant approcher entouré de ses hommes, elle fondit en larmes et cria merci; puis elle exposa la trahison à laquelle Bertolais l'avait entraînée. Tous s'émerveillaient de ce qu'un cœur de femme pouvait renfermer de malice et de perfidie (1). Le roi demande au religieux ce qu'il convenait de faire des deux coupables. « Sire, il faut attendre que tous vos barons de
« Logres et de Carmelide soient réunis : il
« leur appartient connaître d'un si grand crime
« et d'en dresser le jugement. » Le roi trouva bon l'avis, et mess. Gauvain se hâta d'envoyer à la véritable reine un messager qui l'informât de ce qui venait d'arriver, et dut l'engager à revenir. « Jamais, lui mandait-il, reine n'aura été
« reçue à plus grand honneur que vous ne serez

---

(1) Voilà bien les hommes. La pauvre femme suit aveuglément le perfide et malin conseil de Bertolais, et l'on admire comment un cœur de *femme* peut renfermer tant de malice et de perfidie. *Sic vos non vobis.*

« par le roi et par tous les barons et cheva-
« liers. »

Les barons de Logres, rassemblés à Bredigan pour prononcer sur le sort de Bertolais, décidèrent qu'il méritait le plus dur supplice; mais à la prière du sage Amustant, le roi consentit à le faire conduire, en attendant le jugement, dans un vieil hôpital. Quant aux barons de Carmelide qui avaient condamné la véritable reine, rien ne peut se comparer à leur effroi, en apprenant la façon dont la trahison de leur demoiselle avait été découverte. Ils se rendirent en Sorelois et, arrivés à Sorehau où résidait la reine Genièvre, ils quittèrent leurs palefrois, tranchèrent les avant-pieds de leurs chausses et rognèrent les longues tresses de leurs cheveux; puis tombant aux genoux de la reine, ils crièrent merci : « Dame, pre-
« nez de nous telle justice qu'il vous plaira ;
« exilez-nous de la terre que nous occupons,
« mais pardonnez-nous d'avoir suivi trop aveu-
« glément le conseil du méchant Bertolais. »

La reine, douce et débonnaire de sa nature, eut grande pitié d'eux. Elle pleura, les releva l'un après l'autre et leur pardonna leur méfait.

Le roi tint ensuite à Carduel une grande cour : il voulait faire oublier le blâme dont il avait si injustement couvert la bonne et sage reine Genièvre ; mais il hésitait toujours à li-

vrer la demoiselle de Carmelide au jugement des barons, si bien que trois semaines passèrent et qu'elle finit de sa belle mort, en grande douleur et repentir. Artus couvrit le chagrin qu'il en ressentait ; l'Apostole leva l'interdit prononcé sur la terre de Bretagne, et rien ne dut plus retarder le retour de la reine. Artus envoya pour la redemander le frère Amustant, l'archevêque de Cantorbery, l'évêque de Winchester et dix tant rois que ducs. Amustant raconta à la reine les aveux et la mort de la demoiselle de Carmelide en ajoutant que le roi Artus désirait grandement la revoir. Elle écouta tout cela sans trop laisser voir la joie qu'elle en ressentait; puis elle envoya semondre ses barons de Sorelois. Après avoir annoncé les nouvelles à l'assemblée, elle prit à part Galehaut et son compagnon : « Dites-moi ce que je dois
« faire, beaux amis ; vous voyez que les barons
« de Logres sont venus me redemander : la
« fausse reine est morte, et le roi sait mainte-
« nant qu'il m'a épousée par devant Sainte
« Église. Quoi qu'il en soit, je ne répondrai pas
« sans votre conseil. — Dame, répond Lance-
« lot, notre conseil sera toujours votre volonté ;
« mais ceux-là ne vous aimeraient pas qui vous
« engageraient à refuser l'honneur et la sei-
« gneurie de Bretagne, qui vous appartiennent.
« Le roi Artus, malgré ses torts, est le pre-

« mier des preux : vous seriez donc blâmée
« d'hésiter à le rejoindre, et de préférer ré-
« pondre à ce que pourraient désirer vos amis.
« Ceux-ci doivent oublier leur propre intérêt
« pour ne voir que l'honneur et le devoir de
« la dame en laquelle ils vivent plus qu'en eux-
« mêmes.

« — Et vous, Galehaut, de qui j'ai reçu tant
« d'honneur, que me conseillez-vous ? — Dame,
« si vous nous restiez, vous pensez la joie que
« j'en aurais ; mais il serait mal à propos de vous
« donner ce conseil. Je suis de l'avis de Lan-
« celot. Nous n'avons à souhaiter qu'une
« chose, c'est de ne pas être oubliés et de con-
« server vos bonnes grâces. »

La reine vit avec joie que ses amis lui donnaient le conseil qu'elle se croyait tenue de
suivre. Deux sentiments partageaient son âme ;
amour pour Lancelot, dévouement pour le roi.
Elle ne s'abusait pas sur la difficulté de conci-
lier la voix de son cœur et le cri de sa con-
science. La plus sage, la plus belle et la meilleure des femmes n'avait pas eu de défense
contre le plus sage, le plus beau, le plus preux
des hommes. Hors ce seul point, elle eût livré
son corps et son âme pour le roi son époux,
auquel elle gémissait de ne pas s'être uniquement donnée. Maintenant, elle serre dans ses
bras tour à tour Galehaut, Lancelot et la dame

de Malehaut ; ils confondent leurs larmes. Le lendemain, elle fait demander les barons de Sorelois pour les délier du serment qu'ils lui avaient prêté et qu'ils renouvelèrent en faveur de Galehaut. Grand fut le deuil de son départ parmi les dames, les demoiselles et tous ceux de la terre de Sorelois.

Elle avait séjourné comme leur reine deux ans et un tiers, depuis la Pentecôte jusqu'à la fin de février de la troisième année. Quand ils approchèrent de Carduel, Galehaut et Lancelot rencontrèrent le roi Artus, venu au-devant de la reine. Le roi leur fit le meilleur visage du monde, bien qu'il ne fût pas encore consolé de la mort de la demoiselle de Carmelide. Mais de tous ceux qui témoignèrent leur joie du retour de la reine, nul ne fut aussi ravi que messire Gauvain ; il courut vers elle les bras ouverts, et ne pouvait se lasser d'embrasser et baiser Lancelot et Galehaut.

Et Galehaut dit au roi : « Sire, je vous rends la
« dame que vous aviez confiée à ma garde. Si je
« n'ai pas tenu ce que j'avais promis, que Dieu
« et les sept Saints de cette église ne me soient
« jamais en aide ! » Et il tendait les mains vers la chapelle. « Je le crois, beau doux ami, ré-
« pondit le roi ; il ne sera jamais en mon pou-
« voir de reconnaître ce que vous avez fait pour
« moi. J'aurai pourtant à vous demander un

« nouveau bienfait. » Il disait cela tandis que Lancelot restait volontairement à l'écart pour s'abandonner à ses tristes pensées ; car il prévoyait que la compagnie de la reine allait lui être ravie. Galehaut, de son côté, craignait de perdre son ami, il avait néanmoins prié la reine d'user de tout son crédit sur Lancelot pour le déterminer à reprendre son ancienne place dans la maison du roi, parmi les compagnons de la Table ronde.

Le soir même, le roi et la reine furent réunis devant Sainte Église, par les archevêques et évêques de la Grande-Bretagne. Mais Lancelot ne pouvait partager la joie publique ; il demanda congé à la reine et retourna en Sorelois, sans en donner avis au roi.

A deux jours de là, le roi prit à part Galehaut et la reine : « Je vous prie, leur dit-il, sur
« la foi et l'amour que vous me portez, de faire
« en sorte que Lancelot me pardonne et me
« rende sa compagnie. — Je lui parlerai, dit
« Galehaut, mais il n'est déjà plus ici ; depuis
« trois jours il a repris le chemin de mon pays.
« — J'en suis marri, dit le roi, je pensais lui
« faire cette demande à lui-même, après vous
« avoir parlé. Il a tant fait pour la reine qu'il
« n'aurait pu lui refuser. — Ah ! Sire, dit alors
« la reine, je ne trouve pas qu'il ait tant fait
« pour moi ; ne vient-il pas de partir sans nous

« demander congé ? Pourtant, j'aime mieux qu'il
« s'en soit allé ainsi que si je l'avais vu refuser
« ma requête. — Madame, dit Galehaut, il faut
« beaucoup supporter d'un prud'homme tel que
« Lancelot : Dieu lui a donné un cœur qui ne
« peut oublier les services rendus ni les injures
« reçues. Je l'en ai bien souvent repris, et je
« n'ai pu jamais rien gagner sur lui. Il tient à
« grand dépit la conduite du roi qui n'aurait
« pas dû soutenir l'accusation et le contraindre
« à fausser le jugement des barons de Carme-
« lide. »

Le roi écoutait et reconnaissait volontiers ses torts ; car il se sentait un penchant très-vif pour Lancelot, comme on put le voir en maintes occasions. Longtemps même, on tenta vainement de lui donner des soupçons sur la nature des sentiments de la reine.

« Quoique Lancelot puisse faire, disait-il,
« jamais il ne dépendra de moi de le haïr. Il
« faut donc que vous l'apaisiez, compain Gale-
« haut, si vous désirez que mon cœur soit à
« l'aise. Tout ce qu'il voudra demander, je jure
« sur les Saints et devant vous de l'accorder. »
Galehaut promit de revenir avec Lancelot pour les fêtes de Pâques ; la reine à son tour, dès que le roi fut éloigné, le conjura de ramener l'ami dont elle attendait toutes ses joies. « Et
« ne craignez pas de perdre sa compagnie ; je

« saurai bien vous la conserver telle que vous
« en jouissiez dans vos îles lointaines. »

Galehaut partit le lendemain. Quand il fut arrivé en Sorelois il conta à Lancelot ce qui s'était passé entre le roi, la reine et lui. A la mi-carême ils revinrent à la cour, et ils trouvèrent, à la Pâque fleurie, le roi Artus dans un de ses châteaux nommé Dinasdaron (1). L'usage d'Artus était de ne pas monter à cheval durant la semaine peineuse. En revoyant Lancelot il eut une joie que la reine ne ressentit pas moins vivement. La semaine passa en prières : le jour de Pâques, le roi revint à la charge auprès de Galehaut. De son côté la reine Genièvre manda Lancelot : elle l'embrassa à la vue de ceux qui se trouvaient dans ses chambres; puis elle le prit par la main, avertit la compagnie de s'éloigner, et ne retint que lui, Galehaut et la dame de Malehaut. « Beau très-doux ami, lui dit-elle,
« la chose en est venue à ce point qu'il faut vous
« accorder avec le roi. Je le veux, Galehaut le
« veut également. Sachez bon gré à mon seigneur de son désir d'être votre ami. Il m'a
« commandé de vous offrir ce qu'il vous plairait
« demander : mais je le sais; de tous les biens,
« celui que vous possédez vaut à vos yeux le
« demeurant; toutefois, j'entends que vous ne

---

(1) *Var.*: Damazoron-Dimascon.

« vous rendiez pas sans résistance. Ainsi, vous
« recevrez d'un air chagrin la prière que je vous
« ferai ; nous tomberons à vos genoux, Gale-
« haut et moi, mes dames et mes demoiselles.
« Alors, vous céderez et vous vous abandon-
« nerez à la volonté du roi.

« Ah! ma dame, dit Lancelot en pleurant,
« le moyen de vous voir agenouillée devant
« moi? Épargnez-moi cette douleur. — Non,
« Lancelot, il me plaît qu'il en soit ainsi. »
Lancelot n'ose plus insister.

La reine en le quittant se rendit, accompagnée de Galehaut, dans la salle où se tenait le
roi. « Nous n'avons pu, dit-elle, rien obtenir
« de Lancelot. Nous ferons pourtant un dernier
« effort : invitez-le à venir ici, et que chacun
« imite ce que nous entendons faire. » Dès que
Lancelot arrive dans la salle remplie de barons,
chevaliers, dames et demoiselles, Galehaut commence à le prier, il refuse : la reine à son tour
l'implore, il se détourne. « Je ne tiens pas,
« dit-il, à nouvelles compagnies ; je suis con-
« tent de celles que j'ai. — Le roi, fait Ge-
« nièvre, vous offre tout ce qu'il possède. —
« Dame, pour Dieu! n'insistez pas ; ne m'obli-
« gez pas à parler contre mon cœur : non que je
« garde au roi la moindre haine; pour le servir,
« j'irais volontiers au bout de la terre ; mais je
« n'entends plus engager ma liberté. »

La reine croit le moment arrivé : elle se laisse tomber à ses pieds; Galehaut, les dames et les demoiselles suivent son exemple. Lancelot fait effort sur lui-même pour paraître courroucé; enfin, il relève de ses mains la reine et Galehaut; et se tournant vers le roi, il s'agenouille et s'humilie : « Ordonnez de moi, sire, tout ce « qu'il vous plaira. » Le roi à son tour le relève et le baise sur la bouche. « Grands mer« cis, dit-il, beau doux ami ! Je vous promets « une seule chose, c'est de ne vous plus donner « le moindre sujet de courroux. Je le jure par « la haute fête que nous célébrons aujour« d'hui. »

Ainsi fut faite la réconciliation du roi Artus et de Lancelot qui redevint compagnon de la Table ronde. Et dès ce moment, le roi rentré en grâce avec l'Église et avec la reine, ne croyait plus rien avoir à désirer.

LXXIII (1).

E roi Artus séjourna à Dinasdaron toute la semaine. Afin de mieux célébrer le retour de la reine et sa réconciliation avec Lancelot, il donna rendez-vous à ses barons, pour les fêtes de la

(1) Le grand épisode où nous arrivons de l'enlève-

Pentecôte, dans sa ville de Londres. Il désirait y donner en présence de toute sa cour l'adoubement de chevalier au jeune Lionel de Gannes.

Jamais il n'y eut une réunion si brillante de barons, de dames et demoiselles; on vint à Londres de toutes les villes non-seulement de la Grande-Bretagne, mais aussi de France, d'Allemagne et de Lombardie.

Lionel fut armé des plus belles et des plus riches armes. Au service de la veille de Pentecôte, il parut en robe de soie merveilleusement ouvrée; et après le service, on dressa le manger, non pas dans les salles et dans les chambres, elles n'auraient pu jamais contenir une si grande assemblée, mais dans une suite de pavillons que le roi avait fait disposer le long de la rivière de Tamise. Les tables avaient une demi-lieue d'étendue. Après le festin qui fut des mieux fournis de hautes viandes, de vins et de cervoises, les convives allèrent s'ébattre les uns d'un côté, les autres d'un autre. Quatre renommés chevaliers de la Table ronde prirent le chemin de la forêt de Varannes. C'était messire Gauvain, messire Yvain de Galles, Lancelot

---

ment, de la quête et de la délivrance de messire Gauvain devait former, dans l'origine, un récit indépendant du roman en prose. C'était un de ces lais ou contes que les bardes et les jongleurs récitaient en plein air et de vive voix.

et messire Galeschin duc de Clarence (1), fils du roi Tradelinan de Norgalles, frère de Dodinel le Sauvage, neveu par sa mère du roi Artus, enfin, cousin germain de mess. Gauvain. Il était assez court et épais de taille, mais hardi, vif et plein de merveilleuse prouesse. Galehaut étant en conversation avec le roi quand s'écartèrent ainsi nos quatre chevaliers, il n'avait pu les accompagner.

La forêt de Varannes, bien qu'assez peu éloignée de la Tamise, passait depuis longtemps pour être des plus aventureuses; et les quatre chevaliers n'ayant pas pris leurs armes, ne voulaient pas s'y engager à une grande profondeur. Mais ayant avisé un endroit tapissé d'herbes et de fleurs sauvages, ils s'arrêtèrent sous un grand chêne au feuillage épais et riant, comme ils sont tous à la fin du mois de mai. Alors ils se mirent à parler de tout ce qu'on racontait de la forêt. « J'ai dessein, dit messire
« Gauvain, de pénétrer dans toutes ses profon-
« deurs, et d'y rester plusieurs fois vingt-quatre
« heures, pour m'assurer de la vérité de ce qu'on
« nous en dit. Mais je ne voudrais pas che-
« vaucher la veille d'une fête comme celle-ci;
« je compte donc y revenir demain lundi. »
Mess. Yvain, Clarence et Lancelot convinrent

---

(2) Voy. *Liv. d'Artus*, p. 132.

de l'accompagner, et de ne mettre personne dans le secret de leur entreprise.

Comme ils devisaient, un grand valet trempé de sueur vient à passer et s'arrête un instant pour les regarder. « Qui es-tu, frère ? » lui demande messire Gauvain. Au lieu de répondre, le valet retourne rapidement son cheval, broche des éperons et disparaît. « Ce valet, dit mes-
« sire Yvain, semble avoir perdu le sens. Il
« courait à bride abattue comme s'il eût craint
« d'arriver trop tard, puis il rebrousse chemin
« aussi vite qu'il était venu. » Mais bientôt, ils entendent un grand bruit de chevaux. Un chevalier d'une taille gigantesque, à l'écu blanc au lion de sinople, armé de toutes armes, et monté sur un des plus grands coursiers du monde, paraît avec le valet qu'ils avaient vu l'instant d'auparavant. « Qui de vous est Gau-
« vain ? demande le géant. — C'est moi ; que
« lui voulez-vous ? — Vous le saurez bientôt. » Et ce disant, il va à mess. Gauvain qu'il frappe rudement de son glaive ; et pendant que messire Gauvain saisit le frein du cheval et tente de toucher au pommeau de l'épée pour la tirer du fourreau, il est lui-même soulevé, retenu par le milieu du corps et placé en travers du cheval aussi facilement que si l'inconnu avait eu affaire à un enfant. Les trois compagnons se lèvent pour l'arrêter, mais le cheval se dresse, ren-

verse et frappe de ses quatre pieds mess. Yvain, et l'inconnu s'éloigne, emportant mess. Gauvain entre ses bras. Les trois amis suivent ses traces aussi vite qu'ils peuvent, mais ils ne tardent pas à rencontrer vingt chevaliers bien armés. Lancelot, quoique en simple surcot et sans épée, allait les attaquer, quand messire Yvain l'arrêtant : « Qu'allez-vous faire ? est-ce prouesse de
« se heurter seul, à pied et désarmé, contre
« vingt cavaliers armés de toutes pièces ? Fai-
« sons mieux : retournons à nos tentes, ar-
« mons-nous secrètement et revenons, sans
« rien dire au roi ni à la reine de l'enlèvement
« de messire Gauvain : nous le délivrerons ou
« nous partagerons sa mauvaise fortune. »

Le conseil était sage, il fut suivi. Les trois amis revinrent à leurs pavillons, montèrent, firent porter devant eux leurs armes et regagnèrent la forêt. Ils avaient pris un chemin ferré qui les conduisit à l'entrée de trois voies fourchues où des pas de chevaux étaient fraîchement marqués. « Beaux seigneurs, dit messire Yvain,
« pour être sûrs de découvrir le ravisseur, nous
« ferons bien de nous séparer. Je prendrai, s'il
« vous plaît, la voie gauche. — Soit ! disent les
« autres. — Et moi la droite, » dit le duc de Clarence (1). Celle du milieu fut réservée à Lance-

(1) Les aventures des quatre chevaliers sont dans l'o-

lot. Nous allons maintenant suivre chacun d'eux, en commençant par le duc de Clarence.

LXXIV.

Il chevaucha jusqu'à la nuit. La lune commençait à blanchir les arbres, quand il entendit à droite le son d'un cor. Un petit sentier semblait conduire de ce côté; il le prend et arrive à l'une des extrémités de la forêt. Devant lui s'étendait une belle et grande plaine. Il avance jusqu'à une barbacane non fermée (1). Il avance encore; à droite et à gauche étaient de grands fossés pleins d'une eau vive. Arrivé en face d'une grande porte, il appelle à trois reprises; enfin un valet paraît et demande ce qu'il veut. « Je « suis, dit-il, un chevalier errant; je voudrais « passer ici la nuit. — Soyez le bien venu, « sire ! vous trouverez ici bon hôtel et bon « gîte. »

riginal fréquemment interrompues, pour se continuer quand on en a déjà perdu de vue les commencements. Nous avons cru devoir moins séparer entre eux chacun de ces épisodes, afin de les rendre plus faciles à suivre.

(1) La barbacane était une première fortification en avant des portes et des fossés. Elle permettait aux défenseurs du château de s'avancer et de combiner de là leurs mouvements d'attaque et de retraite.

Le valet ouvre la porte, étable le cheval et mène le duc au donjon qui occupait le milieu de la cour. Il le fait monter dans cette tour éclairée de cierges et de torches comme s'il était jour. Là, on le débarrasse de son écu, de son glaive, on le fait asseoir sur une couche, et bientôt sort des chambres une belle demoiselle tenant sur le bras un manteau d'écarlate, à panne de menu vair. Le duc la prenant pour la dame du château se lève : « Soyez la bien venue, dame ! lui dit-il. — Sire, je suis une pauvre fille au service de la dame de céans. — En vérité vous seriez dame et dame riche, si la beauté donnait la seigneurie. » La pucelle remercie, lui pose le manteau sur le cou et retourne d'où sans doute elle était venue.

L'instant d'après, paraît une dame plus belle encore, suivie de dames, demoiselles, chevaliers et sergents. Elle avait les cheveux épars et portait un surcot de drap de soie fourré de menu vair (1), semblable au manteau que le duc

---

(1) On voit que le *surcot* était, comme son nom l'indique, un vêtement qu'on passait sur la robe quand on voulait sortir de chez soi (comme aujourd'hui, pour les hommes, le paletot, et pour les femmes la palatine, mante ou mantille). Le *surcot ouvert* remplaçait, pour les repas, nos *serviettes;* on les passait sur la tunique, avant de s'asseoir à table et de *laver*. Il était ordinairement fourni par le maître de la maison où l'on mangeait.

venait de vêtir, et sous le surcot rien qu'une fine chemise de lin blanc. « Dame, lui dit Cla« rence, puissiez-vous avoir tous les biens du « monde, comme la plus belle que j'aie vue de « ma vie ! — Et vous, répond-elle, ayez bonne « aventure, comme le plus beau des chevaliers. » Alors, elle le prend par la main, le fait rasseoir sur la couche où il était et se place auprès de lui. Puis elle le met en paroles et s'informe de son nom, de son pays. « Je suis, dit-il, né à « Escavallon ; on m'appelle Galeschin duc de « Clarence, je suis le frère de Dodinel et le fils « du roi Tradelinan de Norgalles. » A ces mots, la dame, transportée de joie, lui jette les bras au cou, l'embrasse et le baise sur la bouche à plusieurs reprises. « Soyez adoré, dit-elle, ô « mon Dieu ! et vous, chevalier, ne soyez pas « étonné si je le remercie d'avoir conduit ici « l'homme du monde que je désirais le plus « revoir. Ah beau doux ami ! vous êtes mon « cousin germain, le fils de mon oncle ; ma^t « mère était la dame de Sormadan (1), tan « aimée de votre père ; nous avons été nour« ris ensemble dans la tour d'Escavallon. »

Grande fut la surprise du duc : il se souvint

---

(1) *Var.* La dame de Corbenic, — la dame de Corbalain, — la dame de Corbatan, — de Cormadan, — de l'Ile perdue ; — la belle Aiglinte. Les mss., comme on voit, varient beaucoup sur ce nom.

aisément de tout cela, mais il avait oublié sa cousine, à compter du jour où on l'avait mariée ; il ne la croyait même plus de ce monde.

« Belle cousine, lui dit-il, ma joie de vous re-
« trouver est égale à la vôtre. Si je n'avais cru que
« Dieu vous avait à lui rappelée, je vous aurais
« depuis longtemps cherchée. — Et comment
« se fait-il, beau cousin, que vous chevauchiez
« tout armé, la veille de cette grande fête de
« Pentecôte ? — Nous suivons les traces de
« messire Gauvain, qu'un grand chevalier in-
« connu a emporté. J'ai quitté la ville avec
« deux autres chevaliers, mais à l'insu du roi
« Artus, de la reine et de la cour. » Le duc indique alors la haute taille, les armes, le cheval du ravisseur que la dame n'a pas de peine à reconnaître. « C'est, dit-elle, Karadoc de la
« Tour douloureuse, le plus traître et le plus
« fort des hommes. Jamais il n'épargna cheva-
« lier, et je vous conseille de ne pas aller plus
« avant. Celui auquel est réservé de le vaincre
« n'est pas encore venu. — J'ai bien vu, répond
« Clarence, que Karadoc était de grande force,
« mais force n'est pas bonté ; plaise à Dieu
« que je le rencontre le premier ! — Et moi,
« je ne crains rien autant dans le monde. Je
« vous en prie, beau cousin, ne tentez pas ce
« que personne n'a pu mettre encore à bonne
« fin. — Ma belle cousine, vous me prêcheriez

« en vain; je ne puis laisser volontairement
« à messire Yvain ou à Lancelot l'honneur de
« châtier le ravisseur de messire Gauvain. » La
dame se tut et fondit en larmes. Mais les lits
étaient dressés, on apporta le vin du coucher
et ils se séparèrent.

Le duc fut longtemps avant de s'endormir.
Au matin, comme il se levait, il vit venir à lui
sa cousine. « Au moins, dit la dame, ne parti-
« rez-vous pas sans recevoir mes recomman-
« dations. Je charge un de mes valets de vous
« mettre dans le droit chemin et de vous ac-
« compagner jusqu'en vue du château de Ka-
« radoc; les voies sont tellement croisées que
« vous ne sauriez de vous-même vous y recon-
« naître. Quand vous aurez franchi le tertre
« qui domine le château, vous connaîtrez qu'il
« en est peu d'aussi forts, d'aussi difficiles à
« conquérir. Devant la première porte vous
« trouveriez dix hommes armés; si vous par-
« veniez à les abattre sachez, qu'en passant
« outre vous ne laisseriez plus à l'odieux Ka-
« radoc d'autre gage que votre tête : jamais che-
« valier entré de ce côté n'en est revenu.
« Mieux sera donc pour vous de prendre l'autre
« voie, celle qui longera le fossé jusqu'à la pre-
« mière poterne : vous y arriverez en passant
« sur une planche étroite qui vous conduira,
« non sans danger, de l'autre côté du fossé.

« La poterne tient à la première des trois murailles qu'il vous faudra franchir. Si vous avez toute la prouesse nécessaire pour vaincre les obstacles que vous rencontrerez, si vous renversez le dernier chevalier de Karadoc, vous arriverez à l'entrée d'un beau jardin au milieu duquel se dressera une tour, et au pied de cette tour une belle fontaine. Vous pourrez monter aux chambres de la tour, et vous y trouverez une pucelle, la plus belle qu'on puisse voir de pauvre lignage. Vous la saluerez de par la dame de Blancastel, et si elle a gardé la foi qu'elle m'a donnée, vous la prierez de vous aider dans votre entreprise. Pour prévenir tous ses doutes, vous lui remettrez cet anneau qu'elle me donna la dernière fois qu'elle vint me voir ; car elle avait été longtemps ma demoiselle, et quand vivait mon seigneur d'époux, et depuis sa mort. Surtout, dites-lui que vous êtes mon cousin germain, l'homme que j'aime le mieux au monde. »

Elle lui tendit l'anneau et voulut le convoyer jusqu'à l'entrée de la forêt ; puis elle lui laissa le valet qui devait lui servir de guide. Le duc, en la recommandant à Dieu promit de revenir au Blancastel s'il menait à bonne fin l'aventure, et avança résolument dans la forêt. Bientôt il atteignit une lande où des chevaux et des che-

valiers gisaient morts au milieu de tronçons de lances et de lambeaux d'écus (1). Un ruisseau coulant parmi la lande était rougi de sang : tout annonçait qu'il y avait eu là une récente et furieuse bataille. Quels pouvaient être ces chevaliers occis? Pendant que le duc était à ces pensées, il voit sortir d'une haie assez voisine un écuyer qui du pan de sa chemise s'était fait un bandeau roulé autour de sa tête ; il va vers lui, l'autre tout éperdu se rejette derrière la haie. Le duc le rejoint l'épée à la main et menace de le frapper s'il n'arrête. Le navré tombe à genoux. « Quels sont, lui demande
« Galeschin, les gens dont les corps gisent là-
« bas? — Je vous le dirai, si je n'ai garde. —
« Soit! — Vous saurez donc que la dame de
« Cabrion (2) allait à Londres pour visiter son
« cousin le roi Artus. En traversant cette lande,
« nous avons rencontré vingt hommes armés;
« nous serions passés sans rien dire si nous
« n'avions vu au milieu d'eux un chevalier en
« braies, que deux sergents battaient jusqu'au
« sang. Un des nôtres le reconnut pour messire
« Gauvain, et quand ma dame en fut avertie,
« la douleur la fit tomber pâmée. En reve-
« nant à ses esprits, elle dit qu'elle aimerait

---

(1) « Chantiaus d'escus. »
(2) *Var*. Bristol.

« mieux tout perdre que de ne pas secourir messire Gauvain. Nous avons donc attaqué les gloutons : mais nous n'étions que quinze et n'avons pu soutenir la lutte. D'ailleurs, celui qui conduisait les vingt chevaliers était si grand, si fort, qu'on ne pouvait tenir devant lui. Mes compagnons ont été tués; seul j'ai pu m'échapper, navré comme vous voyez. « Pour ma dame de Cabrion, quand elle a vu tomber ses hommes, elle s'est enfuie à travers la forêt, et j'ignore ce qu'elle est devenue. »

Il achevait de parler, quand une demoiselle sortit du bois tout effrayée. Elle tenait dans ses mains les longues tresses coupées de ses blonds cheveux; un chevalier armé, mais à pied, la suivait de près : « Sire chevalier, crie-t-elle au duc, secourez-moi de grace! » Le duc s'élance entre elle et le chevalier qui ne l'attend pas et cherche un refuge dans l'épaisseur des bois. « Vengez-moi de ce traître, répétait la demoiselle : il m'a déshonorée de mes tresses et sans vous il m'eût honnie de mon corps. » Le duc pique des deux dans le bois et joint le chevalier comme il venait de retrouver son cheval. Tout en laçant son heaume, l'inconnu demande froidement à Galeschin ce qu'il veut de lui. « Vous traiter comme le mérite tout homme qui insulte dame ou demoiselle. — Beau sire, vous êtes à cheval et je suis à pied; vous n'aurez pas

« d'honneur à me vaincre si vous ne me donnez
« le temps de remonter. — Choisissez donc :
« montez, ou je descendrai.—Je monterai. Mais
« enfin que me voulez-vous?—Je veux te châ-
« tier pour avoir, dans un pareil jour veille
« de Pentecoste, outragé cette demoiselle.— Je
« ne l'ai pas même couchée sur l'herbe. Au
« reste, je vous attends, car je n'en craindrais pas
« deux comme vous. » Alors le duc broche son
cheval : le choc fut rude, l'inconnu était le
plus grand des deux. Les écus sont traversés,
le fer s'arrête sur les hauberts ; mais le duc, plus
adroit et plus exercé, jette son adversaire dans
une mare fangeuse, sous le ventre de son cheval. Par malheur, en passant outre le cheval
du duc heurte l'autre et s'affaisse. Le duc
quitte les étriers, franchit la mare, revient l'épée
levée sur son adversaire qu'il aide d'abord à se
dégager. Puis, cela fait, il lui arrache le heaume
et fait mine de lui trancher la tête. « Ayez
« merci de moi ! » dit en gémissant l'inconnu.
« —Je l'aurai tel qu'il plaira à la demoiselle. —
« Hélas ! je l'ai trop maltraitée ; je lui offre
« l'amende qu'elle voudra. » Le duc revenant
à la demoiselle : « Que voulez-vous que je
« fasse de cet homme? — Vous voyez mes
« tresses coupées ; jugez ce qu'un tel affront
« mérite. — Vous a-t-il fait autre honte?—Non,
« grâce à Dieu et à vous ; mais il n'a pas dé-

« pendu de lui. » Le duc retourne au chevalier.
« — Je veux savoir qui vous êtes, vous et ceux
« qui ont massacré les hommes de la dame
« de Cabrion, et emmené messire Gauvain. —
« Je ne le dirai pas. — Vous mourrez donc. —
« Non ! je vais le dire ; c'est Karadoc. — Pensez-
« vous qu'il mette à mort messire Gauvain ? —
« Non ; mais il lui fera toutes les hontes. Il le
« hait pour avoir tué un de ses oncles, bon
« chevalier. Je vous ai répondu, sire, ayez merci
« de moi ! — La merci qu'il plaira à cette de-
« moiselle de prononcer. Demoiselle, voici l'é-
« pée de ce mauvais chevalier ; décidez l'usage
« que j'en dois faire. » Alors l'écuyer à la tête
bandée s'avance et reprenant l'épée : « C'est
« moi qui vous vengerai, ma sœur. » La demoiselle regarde ses belles tresses, pleure et dit
qu'elle aime mieux le voir mourir. Aussitôt
l'écuyer hausse l'épée et fait voler à terre la
tête du chevalier.

Ils reprenaient ensemble le chemin frayé,
quand l'écuyer aperçoit de loin un de ses
compagnons ; il lui fait signe d'approcher : celui-ci arrive, salue le duc et lui apprend que
la dame de Cabrion n'était pas loin. Le duc
de Clarence se fait conduire vers elle, et s'empresse de faire honneur à la cousine du roi
Artus et de mess. Gauvain. L'écuyer blessé
monte le coursier de celui qu'il a décapité, et

le duc, en les recommandant à Dieu, obtient de la dame de Cabrion qu'elle ne parlera pas au roi de la mésaventure de mess. Gauvain.

Le duc et l'écuyer de la dame de Blancastel voient bientôt, à l'entrée d'un carrefour, avancer de leur côté une demoiselle montée sur palefroi : elle demande au duc s'il est le chevalier qui délivrera mess. Gauvain? « — Au moins
« suis-je, répondit-il, de ceux qui le tenteront,
« et quoi qu'il puisse advenir, j'y mettrai tout
« mon pouvoir. — Sire ! votre pouvoir n'y fera
« rien ; il faudrait une dose de prouesse dont
« vous n'êtes pas apparemment pourvu. — Et
« qu'en savez-vous, demoiselle ? — Oseriez-
« vous me suivre, deux jours durant et pour-
« riez-vous ainsi montrer si vous êtes digne de
« l'essayer? — Demoiselle, dit alors le valet de
« Blancastel, monseigneur ne doit pas quit-
« ter le bon chemin pour vous suivre. — Ne
« disais-je pas qu'il n'en aurait jamais le
« cœur? Et pourtant, il n'aurait pas, où je le
« voulais mener, la moitié des peines qui l'at-
« tendent s'il veut délivrer messire Gauvain.
« — Je reconnais, demoiselle, qu'il m'importe
« de chercher à reconnaître si je puis mener
« à fin une telle entreprise ; et si je ne sors
« pas à mon avantage d'une aventure aisée,
« je ne dois pas espérer d'en achever une plus
« difficile. Je suis donc prêt à vous accompa-

« gner ; advienne que pourra ! » Le valet eut beau dire, il lui fallut aller avec le duc et la demoiselle. A l'entrée de la nuit, ils atteignirent un verger fermé de hautes murailles : la demoiselle en fit ouvrir la porte ; on les y reçut avec honneur, et le duc fut conduit dans une belle chambre où son lit était dressé.

Le matin, quand il fut levé et armé, la demoiselle vint l'inviter à la suivre : ils descendent un escalier et arrivent dans un souterrain dont les portes étaient de fer. La demoiselle ouvre, et le duc entre après elle. Il aperçoit quatre sergents de haute taille, munis de chapeaux de fer et de pourpoints de cuir bouilli, les bâtons recourbés et garnis d'acier, comme ceux des champions. Ils s'exerçaient à l'escrime ; c'était un père et ses trois fils. A la vue du duc, ils s'écartent et se rangent le long des parois, en tenant leurs écus devant eux, sans mot dire. « Suivez-moi, » dit la demoiselle au duc ; et elle passe entre les quatre ferrailleurs pour gagner une porte qu'elle entr'ouvre. Le duc voit bien qu'il ne passera pas aussi facilement à travers les vilains ; mais il n'hésite pas à suivre la demoiselle. L'épée à la main, l'écu sur la tête, il marche à eux et pare le plus vite qu'il peut les coups de bâton qui lui pleuvent sur le dos et les flancs. Il fait un pas en arrière, revient et s'adosse au mur. Dès lors, il ne les craint plus : leurs bâtons ferrés n'entament pas son heaume ; sa bonne épée découpe leurs écus et pénètre à plusieurs reprises dans leurs chairs. Le combat dura longtemps sous les yeux de la demoiselle, attentive à les contempler de la porte qu'elle tenait entr'ouverte. « Chevalier, » disait-elle au duc, « vous laisserez-vous éternellement arrêter ? Non, vous n'avez pas ce qu'il faut pour mettre à fin plus grande entreprise. » Ces paroles le font rougir de dépit ; et comme les escrimeurs s'abandonnaient avec plus de rage, il atteint le père du tranchant de son épée et fait tomber le poignet droit qui tenait le bâton. Le blessé pousse un cri douloureux : à la vue de leur père si cruellement mis hors de combat, les trois frères redoublent d'ardeur et de furie : le duc avise celui qui le pressait le plus et fait semblant de le frapper à la tête ; quand il lui voit lever l'écu pour prévenir le coup, il lui coule sa lame le long de l'échine, lui sépare la cuisse du corps et l'étend par terre. Pendant que la douleur arrache au navré des hurlements, le duc atteint le second frère sur la nuque qu'il surprend découverte et lui tranche la tête. A la vue de son père et de ses frères, le dernier se décide à gagner la porte qui conduisait au préau. Mais se trouvant arrêté contre le

13.

mur, il jette son écu, son bâton, s'agenouille et implore la merci que le duc lui accorde, du consentement de la demoiselle.

On entendit alors à l'entrée du souterrain de grands cris de joie qui partaient d'une foule de dames et chevaliers. Galeschin remonte dans le pourpris, la demoiselle le fait repasser du jardin dans une grande plaine que dominait un des plus beaux châteaux du monde. De la ville on entendait le retentissement des cors et des trompes; les portes s'ouvrirent et laissèrent passer une nombreuse compagnie qui vint féliciter le duc et lui faire escorte jusqu'au château. On avait déjà pavoisé les rues et chacun à l'envi saluait le vainqueur : les écus des quatre escrimeurs étaient portés en triomphe par deux jeunes valets ; vieillards, hommes et femmes, tous criaient : « Bien venu « le bon chevalier qui a mis un terme à nos « maux et délivré nos enfants de servage! » Et chacun de tomber à ses genoux comme « devant un sanctuaire. Le seigneur du château, homme de grand âge et bien près d'être aveugle, alla pourtant au devant de lui et le pria de faire séjour. Galeschin s'excusa sur ses grandes affaires. « — Ne nous refusez pas « de grâce, reprit le vieillard, accordez cette « faveur aux gens qui vous doivent leur délivrance. Avant tout, je dois vous apprendre

« que ce château se nomme Pintadol (1), et
« que nous avons, il y a déjà longtemps, juré
« de le transmettre à qui pourrait en abattre la
« mauvaise coutume. Vous l'avez conquis, vous
« en devenez donc le seigneur. » Le duc voulait refuser, mais tant le prièrent la demoiselle et les chevaliers nouvellement délivrés, qu'il en reçut la féauté. Puis il dit son nom en prenant congé avec la demoiselle et le valet de la dame de Blancastel. Il ne manqua pas de demander ce qui obligeait les quatre félons à s'escrimer comme ils avaient fait : « Vous le
« saurez, répond la demoiselle, quand vous
« aurez essayé d'une autre aventure non moins
« périlleuse et qu'il faudra mener à fin, si vous
« tenez toujours à celle de la Tour douloureuse.
« Le voulez-vous ? — Assurément. Continuez,
« demoiselle, à me conduire. »

Ils arrivèrent vers Nones (2) devant un château de grande et belle apparence, environné de terres en pleine culture. La porte était ouverte, mais les ténèbres qui régnaient dans toutes les rues ne leur permirent pas d'y rien distinguer. Au milieu de la ville était un vaste cimetière dépendant d'une église abandonnée ; seul il était éclairé comme en dehors des murs. « Que veut

---

(1) *Var* Patados.
(2) De trois à six heures du soir.

« dire cette obscurité et cette clarté lointaine, « demande le duc. — Vous le saurez au retour. « Suivez-moi. » Elle descend alors et les invite à faire de même ; leurs chevaux sont attachés à l'extrémité d'une longue chaîne que le duc devra tenir, pour ne pas s'égarer en avançant dans une obscurité profonde jusqu'au cimetière où les ténèbres n'avaient pas pénétré. Pendant qu'ils avançaient à tâtons, ils entendaient des cris, des pleurs et des sanglots qui semblaient partir de plus loin. L'herbe avait crû dans le cimetière, pour témoigner que depuis longtemps la terre n'en avait pas été remuée. Arrivés à la porte de l'église : « C'est ici, dit la demoiselle, « que commence l'épreuve ; voyez-vous au fond « de l'église une faible lueur ? celui qui pourra arriver jusque-là et ouvrir la porte d'où jaillit « ce rayon aura mis à fin cette aventure. Nous « allons vous attendre ici, et si vous arrivez à « la porte du fond, vous verrez le jour péné- « trer dans le moutier, et tous ceux qui, pour « leur malheur, habitent le château se livrer à « la joie que leur causera la délivrance. »

Le duc alors détachant son écu le lève sur sa tête et descend dans l'église. Il sent aussitôt un froid glacial ; de l'obscurité profonde semble suinter une horrible puanteur. Il revient en arrière pour demander à la demoiselle restée sur le seuil d'où venait cette

infection? « Depuis dix-sept ans, répond-
« elle, tous ceux qui meurent dans l'intérieur
« de la ville sont transportés et enfouis sous la
« terre de ce moutier; non par les habitants
« du château, mais par je ne sais quels diables
« ou mauvais esprits. Quant aux vivants, il
« leur est interdit de pénétrer dans le cimetière
« ou de sortir du château. — De grâce, dit le
« duc émerveillé, apprenez-moi comment ils
« soutiennent leur vie. — Par le travail des
« laboureurs qui cultivent les terres en dehors
« des murs, comme étant les serfs de ceux qui
« habitent le château; ils ne sèment et mois-
« sonnent que pour eux.

« — Quelle que soit l'aventure, dit le duc,
« j'entends essayer de la mettre à bonne fin.
« Mais je ne suis pas sûr d'y parvenir, car je
« n'ai jamais ouï parler de telle merveille.
« Veuillez me dire quelle en est l'origine. —
« Volontiers. Le moutier que vous voyez n'était
« autrefois qu'un ermitage. La clarté répandue
« dans le cimetière sort de la dépouille mor-
« telle de maints preux et grands personnages
« religieux, qui y sont enterrés. En raison de
« la fertilité du sol, on avait choisi ce lieu
« pour y construire un château appelé *Ascalon*
« *le Gai*. Il y eut dix-sept ans à la semaine pei-
« neuse, qu'à l'heure de matines, chacun étant
« allé les entendre, le seigneur du château

« qui aimait de grand amour une demoiselle
« dont il ne pouvait faire sa volonté, ne crai-
« gnit pas de mettre à profit les ténèbres ; et
« quand on eut éteint les cierges, il s'approcha
« de la jeune fille dont il obtint, durant le di-
« vin office, tout ce qu'il avait si longtemps dé-
« siré. Le Saint-Esprit, qui voit tout, révéla le
« sacrilége à un pieux ermite de l'ordre de Saint-
« Augustin le lendemain, comme il célébrait
« les matines. L'ermite approchant de l'en-
« droit où ils s'étaient arrêtés la veille, trouva
« le châtelain et la demoiselle frappés de
« mort dans les bras l'un de l'autre. Depuis
« ce jour, les ténèbres n'ont pas cessé de cou-
« vrir le moutier et le château. Il n'est resté de
« lumière que dans le cimetière, autour de la
« tombe des prud'hommes qui y sont inhu-
« més (1). Et nous avons ouï dire que la clarté
« ne sera rendue au reste du château que par
« le meilleur chevalier du monde, auquel est
« encore réservé l'honneur de mettre à fin les
« aventures de la Tour douloureuse. Renoncez-
« vous maintenant à tenter l'épreuve ? — Non
« assurément, demoiselle. »

Il rentre alors dans le moutier, et quand il

(1) Cette histoire du château d'Ascalon le Ténébreux est racontée dans la partie inédite du livre d'Artus (msc. 337, f. 188). Mais c'est, je crois, d'après notre roman qui en donne la conclusion.

a fait quelques pas, il est de nouveau suffoqué par les odeurs infectes répandues autour de lui ; il sent tomber en même temps sur lui une pluie de verges et de pointes aiguës. Son corps fléchit, il plie les genoux, et quand il essaye de se relever, une autre grêle de coups le rejette étendu sans mouvement. Revenu à lui, il fait un nouvel effort, cherche de la main, retrouve la chaîne et se traîne jusqu'à l'entrée du moutier. « Ah preux chevalier ! dit la demoi« selle, c'est ainsi que vous nous revenez ! » Il ne répond rien, mais il rougit, pâlit et se sent d'ailleurs trop brisé pour essayer une seconde fois de rentrer dans l'église. Avant d'avoir eu le temps d'ôter son heaume, il vomit tout ce qu'il avait dans le corps. Le valet le soutient, l'aide à remonter les degrés de la porte et parvient à grand'peine à le remettre en selle. Alors de ce lieu maudit la demoiselle les conduit chez un vavasseur qui les reçoit honorablement. Ils y passèrent la nuit : le lendemain, Galeschin dont les forces étaient revenues voulut en prenant congé savoir l'histoire des quatre vilains qu'il avait mis à mort avant d'arriver à ce Château des ténèbres. Voici comment la demoiselle contenta sa curiosité.

« L'ancien seigneur de Pintadol avait été
« retenu prisonnier par son ennemi mortel, et
« le père des trois frères que vous avez vaincus

« était parvenu à lui rendre la liberté. Mais
« pour prix d'un si grand service, il avait con-
« traint son seigneur suzerain de jurer sur les
« saints et de faire jurer aux hommes de sa terre
« qu'on lui accorderait un don. Le seigneur
« était bien loin de prévoir à quoi il s'engageait.
« L'autre demanda pour prix de la rançon le
« tiers de la terre : et des hommes de la terre,
« pour avoir délivré leur seigneur (1), il réclama
« le droit de prendre chaque année un de leurs
« fils, une de leurs filles, qu'il faisait conduire
« et enfermer dans ce château. Voilà comment
« nombre de jeunes valets, nombre de belles et
« sages pucelles ont ensemble perdu l'honneur
« et la liberté. Et comme cet indigne vilain pré-
« voyait que bien des prud'hommes tenteraient
« d'abattre une si mauvaise coutume, il exerçait
« chaque jour à l'escrime ses trois fils, pour
« les mieux préparer à résister à quiconque es-
« saierait de délivrer leurs victimes.

« — Mais, dit le duc, quel intérêt aviez-vous,
« demoiselle, à voir tomber cette coutume ? —
« Une mienne nièce, à peine âgée de douze
« ans, avait été, pour sa grande beauté, choisie

---

(1) La loi féodale imposait aux hommes de la terre dont le seigneur avait été fait prisonnier, le devoir de le racheter au prix de tout ce qu'ils possédaient. Ils étaient donc tenus envers celui qui les déchargeait de cette obligation.

« par l'odieux vilain, et je tremblais qu'elle
« ne devînt la proie de ses trois ribauds de fils.
« Je vins donc à votre rencontre dans l'espoir
« que peut-être à vous était réservé l'honneur
« de délivrer ma chère nièce et les autres pri-
« sonniers.

« Le château où vous n'avez pu faire pénétrer
« le jour se nomme Ascalon le Ténébreux. Je
« ne vous ai pas trompé en vous rappelant la
« prédiction des sages : les mauvaises coutumes
« de la Tour douloureuse ne seront abattues
« que par celui qui dissipera les ténèbres du
« moutier.

« — Ainsi, dit à son tour le valet quand la
« demoiselle fut éloignée, puisque vous n'avez
« plus l'espoir de délivrer messire Gauvain, le
« mieux sera de revenir sur vos pas. Vous êtes
« meurtri, rompu et peut-être plus gravement
« blessé que vous ne pensez; madame votre
« cousine saura mieux vous guérir que per-
« sonne. — Tu parles bien ; toutefois, puisque
« je l'ai entrepris, je rougirais de ne pas pour-
« suivre. — Mais, sire, vous êtes maintenant
« bien loin de la Tour douloureuse ; la demoi-
« selle vous en a grandement écarté. Je vous
« suivrai pourtant, si, malgré mon avis, vous
« voulez aller plus avant. »

Ainsi chevauchèrent-ils longuement et en silence; le duc songeant avec tristesse au Châ-

teau ténébreux. Arrivés devant un chemin herbu, tortueux, étroit, depuis longtemps abandonné, le duc dit au valet d'avancer. « Ah, « sire! répond l'écuyer, nous sommes dans « l'endroit le plus dangereux de la forêt, ce « qu'on appelle le *Chemin du Diable :* mon avis « serait donc encore de retourner à Blancastel. « — Tu perds une belle occasion de te taire, « répond le duc ; c'est le fait d'un marchand, « non d'un chevalier, de quitter les voies péril-« leuses pour en prendre de plus sûres. De « cette façon, jamais les aventures ne seraient « mises à fin. Avançons toujours. » Et ils chevauchèrent de plus belle, comme approchait déjà la nuit.

Le valet apercevant à quelque distance des vaches et des brebis qui paissaient : « Sire, dit-« il au duc, il serait temps de reposer ; nous « ne sommes pas loin d'une habitation, ces « troupeaux nous l'indiquent assez. Je vois des « bergers montés sur de grandes juments, souf-« frez que j'aille leur parler. » Le duc consentant, il va les saluer et leur demande s'il n'y avait pas assez près un logis où pourrait passer la nuit un chevalier errant navré de plusieurs plaies. Les bergers, qui appartenaient à un vieux vavasseur de la forêt, répondirent que leur maître hébergeait volontiers les chevaliers errants, et il offrit de les conduire à son hôtel. « Rame-

« nez nos bêtes, dit-il à son compagnon, je me
« chargerai d'accompagner ce chevalier. » Il
les mène ainsi devant une maison de belle apparence; les deux fils du vavasseur les accueillent, désarment le duc et le servent à l'envi.

Le vavasseur avait une femme qui visita les plaies du duc encore saignantes. Elle y mit un nouvel onguent et les couvrit comme il convenait. Le lendemain, le valet lui donna ses armes et lui amena son cheval. Le vavasseur voulut le convoyer avec ses fils; chemin faisant il demanda d'où il venait, où il allait. Le duc se tut sur sa dernière aventure; il se contenta de dire qu'il arrivait de Londres et désirait gagner la Tour douloureuse. « En vérité, répond
« le prud'homme, vous vous êtes dévoyé d'une
« demi-journée, pour suivre le chemin le plus
« dangereux et le plus mauvais. D'ici à la Tour
« douloureuse vous aurez à combattre tant d'en-
« nemis qu'il n'est pas au pouvoir d'un seul
« chevalier de les provoquer sans mettre en
« danger sa vie et son honneur. Laissez-moi
« vous avertir au moins de tout ce qui peut
« diminuer vos périls.

« Vous trouverez, à quinze lieues anglai-
« ses d'ici (1) un val grand et profond auquel

---

(1) Apparemment quinze milles ou sept lieues et demie de France.

« aboutit le chemin où vous êtes. Depuis qua-
« torze ans aucun des chevaliers qui l'ont suivi
« n'en est revenu. La raison, je ne vous la dirai
« pas en ce moment, car je suis pressé de re-
« tourner ; j'aime mieux vous donner les moyens
« de vous passer de ma conduite. A l'entrée du
« val est une chapelle qu'on nomme la Chapelle
« Morgain. Là, deux voies s'offriront à vous : si
« vous choisissez celle de droite, elle vous con-
« duira à la Tour douloureuse, sans obstacles
« qu'un bon chevalier ne puisse surmonter. La
« voie de gauche vous mènerait au *Val* dit *sans*
« *retour*, d'où l'on n'a jamais vu revenir un
« seul chevalier. Il est vrai qu'il en est à
« peu près de même de la Tour douloureuse,
« pour tous les chevaliers qui, jusqu'à pré-
« sent, ont tenté d'en abattre les mauvaises
« coutumes. Voyez s'il n'y aurait pas grande
« folie de vous engager dans l'une ou l'autre
« de ces épreuves désespérées. — Bel hôte, ré-
« pondit le duc, je prévois que mon corps va
« courir de grands dangers, mais je ne pour-
« rais retourner sans honte : ainsi je dois plu-
« tôt affronter la mort que céder aux défail-
« lances du cœur. — Allez donc, dit en soupi-
« rant le vavasseur, et que Dieu vous garde ! »

Le prud'homme retourna : le duc, seulement suivi de son écuyer, chevaucha sans trouver aventure jusqu'à l'heure de tierce. Arrivés

à la Chapelle Morgain, ils reconnurent les deux voies : celle de droite, nouvellement tracée pour esquiver le Val sans retour, et celle de gauche qui conduisait au Val et rejoignait l'autre plus loin. « Voilà, dit l'écuyer, le Val
« périlleux dont le vavasseur a parlé. Ayez
« merci de vous-même ; vous êtes perdu si
« vous y entrez, et je n'entends plus vous suivre
« et risquer d'y être comme vous retenu. Pre-
« nez, sire, l'autre voie ; elle conduit justement
« à la Tour douloureuse. — Par Dieu, répond
« le duc, tu dois penser que je tiens à la vie
« tout autant que toi ; mais ce que je ne puis
« endurer c'est le renom de recréant. — Ah
« sire ! je vous jurerai par tous les saints de cette
« chapelle que je ne parlerai jamais de cela à
« personne. — Je le crois bien : mais moi je ne
« pourrai m'en taire, puisque nous avons juré
« de conter à la cour du roi, quand nous y re-
« viendrons, tout ce qu'il nous sera arrivé :
« je serais donc parjure, si j'en dissimulais la
« moindre chose. J'irai aussi loin que je pour-
« rai. — Aussi loin qu'il vous plaira, reprend le
« valet, mais ne pensez pas que je vous suive.
« Seulement, j'entends rester ici tant que je
« pourrai supposer que vous ne soyez pas encore
« prisonnier. — Rien de mieux ; attends-moi
« aussi longtemps que tu dis, et sois à Dieu
« recommandé ! »

Il pressa les pas de son cheval et s'engagea seul dans le Val redouté.

On l'appelait tantôt le *Val sans retour*, tantôt le *Val des faux amants*, et voici comment il avait commencé. On sait que Morgain, la sœur du roi Artus, eut plus qu'aucune autre le secret des charmes et des enchantements : elle avait tout appris de Merlin. Pour mieux se rendre la science familière, elle avait laissé la compagnie des hommes et s'était enfoncée dans les grandes forêts ; si bien que maintes gens ne la croyant plus une femme l'appelaient Morgain la fée, et même Morgain la déesse. Elle avait longtemps mis son amour et son cœur dans un chevalier dont elle se croyait uniquement aimée ; mais il la trompait, en lui préférant une demoiselle de grande beauté, qu'il ne voyait que rarement, tant était grande la jalousie et la clairvoyance de Morgain. Un jour cependant, ils étaient convenus de se rencontrer au fond de ce val, le plus riant, le plus beau qu'on puisse imaginer. Morgain fut avertie, elle courut et les surprit comme ils se donnaient les plus tendres témoignages d'amour. Peu s'en fallut qu'elle n'en mourût de douleur ; mais revenant bientôt à elle, elle jeta sur le val un enchantement dont la vertu était de retenir à toujours tout chevalier qui aurait fait à son amie la moindre infidélité d'action ou de pensée : son ami fut la première victime du charme : quand il voulut s'éloigner, il sentit qu'il était arrêté par une force invincible. La demoiselle fut plus cruellement traitée. Elle se crut enfermée dans la glace jusqu'à la ceinture et, de la ceinture à l'extrémité des cheveux, dans un feu ardent. Depuis ce jour, il n'y eut pas un chevalier amoureux qui pût, une fois entré, trouver le moyen de sortir de ce val. Morgain avait encore destiné que la voie resterait ouverte pour le chevalier qui n'aurait jamais rien senti de l'aiguillon des désirs, et pour celui qui n'aurait pas à se reprocher la moindre infidélité amoureuse. A celui-ci était réservée la vertu de détruire l'enchantement. Morgain croyait en avoir assuré l'éternelle durée. De leur côté, les chevaliers qu connaissaient la force de la conjuration se gardaient de mettre le pied dans le Val, persuadés que ce n'était pas un d'eux qui pourrait en triompher ; mais d'autres ignoraient le charme, et s'y étaient laissé prendre (1).

(1) Dans la première rédaction du *Livre d'Artus*, la fondation du *Val sans retour* est racontée d'une façon un peu différente. Morgain en avait eu la pensée quand, irritée d'avoir été séparée de son ami Guiomar par la reine Genièvre, elle était venue habiter la forêt de Sarpenne ou Sarpeint. « Voyant les lieux si beaux et si riants, elle fit construire une chapelle devant un carrefour, à l'entrée du val. On y faisait chaque jour le ser-

Le Val était de grande étendue, environné de hautes montagnes, couvert d'un riant tapis de verdure. Au milieu jaillissait une belle et claire fontaine. La clôture en était merveilleuse ; c'était en apparence une muraille épaisse et élevée, en réalité ce n'était que de l'air. On entrait sans trouver et sans supposer le moindre obstacle ; mais une fois entré, on ne songeait pas même qu'il y eût un moyen d'en sortir. Le charme durait depuis dix-sept ans ; déjà deux cent cinquante-trois chevaliers en avaient éprou-

vice divin. Deux portes y étaient pratiquées : l'une descendait dans le val, l'autre conduisait à un tertre, de façon que ceux qui remontaient le val pour entendre la messe ne se réunissaient pas aux passagers du dehors qui arrivaient au tertre dans la même intention. Le prêtre n'avait aucune communication avec les assistants dont une cloison le séparait. C'est à partir du chœur de la chapelle que Morgain avait jeté son enchantement pour retenir dans le val tous les faux amants. Et sur le tertre était une croix avec des lettres qui disaient :
« Chevalier errant qui passes ici cherchant les nobles
« aventures, prends des trois chemins celui qu'il te
« plaira : Si tu veux esquiver les fortes aventures va à
« droite, tu arriveras en Sorelois. La voie du milieu con-
« duit à la *Tour douloureuse;* celle de gauche au *Val sans*
« *retour*, dont nul faux amant ne doit espérer revenir.
« Celui qui méritera d'en sortir pourra seul achever l'a-
« venture de la Tour douloureuse, et ramener à terre
« les deux amants qui chastement aimèrent. » (Manusc. 337, f° 187 v°.)

vé la vertu. Ils y étaient arrivés de maintes terres; ils y trouvaient à leur guise de belles maisons. A l'entrée de la clôture était la chapelle où les prisonniers pouvaient tous les jours entendre la sainte messe chantée par un prouvaire du dehors. D'ailleurs le séjour paraissait assez agréable à la plupart de ceux qui s'y voyaient retenus. On y trouvait de beaux banquets, des instruments de musique, des chants, des danses, des carolles, des jeux d'échecs et de tables. S'il arrivait que le chevalier y fût entré avec une dame qui n'eût jamais trompé ou voulu tromper son ami, elle demeurait avec lui tant qu'il lui plaisait, et de son plein gré. Quant aux écuyers, on leur permettait de rester près de leurs seigneurs; mais ils pouvaient s'éloigner si, tout en prenant le déduit amoureux, ils étaient restés constamment insensibles aux attraits des autres dames ou demoiselles; autrement ils partageaient le sort de leurs maîtres. Tel était donc le *Val sans retour* ou *des faux amants* (1).

Galeschin s'y engageait le plus tranquillement du monde; mais la pente était si rapide qu'il prit le parti de quitter les étriers et de mener son cheval en laisse. Arrivé au bas du tertre, il

---

(1) On reconnaîtra facilement ici que l'*Arc des loyaux amants*, dans l'Amadis, n'est qu'une imitation de notre *Val des faux amants*.

vit une épaisse fumée : c'était la vapeur dont le val était fermé. Il remonte à cheval, traverse la clôture simulée, et voit bientôt s'élevant à gauche et à droite de belles maisons. Il retourne la tête, la fumée s'était dissipée, mais il lui sembla que la trompeuse muraille de l'entrée le suivait jusqu'à toucher la croupe de son cheval. En avançant encore il arrive devant une porte trop basse et trop étroite pour un cavalier; il descend donc une seconde fois, laisse le cheval, jette son glaive, détache la guiche de son écu pour le passer au bras gauche; brandit son épée et, la tête baissée, s'engage dans une allée longue, étroite et assez obscure. Il avance cependant toujours : à l'extrémité de l'allée il voit de chaque côté le profil de deux énormes dragons jetant par la gueule de grands flocons de flamme. Deux chaînes scellées dans le mur les arrêtaient par la gorge. « Voilà, se dit Galeschin, de furieuses « bêtes. » Involontairement il fait un mouvement en arrière, pour se prémunir contre leur approche; mais la honte le retient comme si tout le monde l'eût vu, il se décide à marcher en avant. Les dragons s'élancent pour lui fermer la voie : ils jettent leurs griffes sur l'écu, déchirent à belles dents les mailles du haubert et pénètrent dans les chairs qu'ils entament jusqu'au sang. Le duc ne recule pas : il donne de son épée sur leurs pis, sur leurs têtes et parvient enfin à passer outre, laissant les dragons lécher le sang qu'ils ont fait jaillir et dont leurs ongles sont humectés. Pour le duc, son premier soin est d'éteindre les flammes qu'ils avaient vomies contre lui; mais il se trouve bientôt devant une rivière bruyante et rapide. Surpris de voir dans le Val un si grand cours d'eau, il désespérait de le franchir, quand il aperçoit une planche longue et étroite sur laquelle il lui fallait tenter de passer. A peine y a-t-il avancé le pied qu'il voit à l'autre bout deux chevaliers armés et l'épée nue, faisant mine de lui défendre le passage. Il éprouve un moment de crainte; car ils sont deux, ils tiennent la rive; lui, s'il chancelle et tombe, ne pourra manquer de se noyer, l'eau étant profonde et noire comme l'abîme. « Je ne reculerai pas, » se dit-il. Mais quand il est au milieu de la planche, le cœur lui tremble, il a grand'peine à se maintenir. Il avance encore : trois chevaliers, non plus seulement deux, lui disputent le rivage; le premier lève son glaive, le second le frappe de son épée sur le heaume, le fait fléchir et enfin glisser dans l'eau. Il se croit perdu, il sent les angoisses de la mort; mais, comme il était déjà pâmé, on le tire de l'eau avec de longs crocs de fer, et quand il ouvre les yeux, il se voit étendu dans un pré ; devant lui un grand chevalier qui le somme de se rendre s'il tient à la vie. Il ne répond rien et se redresse à genoux. D'un coup fortement asséné sur le heaume, le chevalier le fait retomber, pose un pied sur sa poitrine, lui arrache le heaume et lui répète qu'il est mort s'il ne fiance prison. Le duc se tait ; quatre sergents alors le prennent, le désarment et l'emportent dans un jardin où se trouvaient grand nombre de chevaliers. « Ce chevalier, leur demande-t-on, est-il « mort ? — Non, mais peu s'en faut ; et mau- « dite soit l'heure où cette prison fut établie ! » Enfin le duc revient de pâmoison ; chacun le reconforte et le console du mieux qu'il peut.

Il apprit alors à ceux qui l'entouraient qu'il était Galeschin duc de Clarence, fils du roi Tradelinan de Norgalles et compagnon (1) de la Table ronde. Ceux qui le connaissaient eurent à la fois grande joie et grande douleur de

---

(1) Il faut toujours dire *compagnons* et non pas *chevaliers* de la Table ronde. Ce titre de chevalier avait un sens absolu. On devenait *chevalier* comme on naissait *noble* ou *gentilhomme*. Les Templiers institués en Syrie au commencement du xiie siècle furent je crois les premiers qui formèrent un ordre particulier de chevalerie. Les Hospitaliers de Saint-Jean de Jérusalem suivirent leur exemple : puis vinrent au xive siècle les chevaliers de *la Jarretière* et tous les autres à la suite.

le retrouver vivant et comme eux prisonnier. Il y avait là Aiglin des Vaus, Gahéris de Caraheu, Kaedin le Beau. « Quel dommage, sire ! « disait ce dernier ; non pour vous seulement, « mais pour tous les compagnons de la Table « ronde ! Quel deuil en fera messire Gauvain « quand il le saura ! » Le duc leur conte alors l'accasion de sa voie ; la prison de mess. Gauvain, l'engagement qu'avaient pris Lancelot, mess. Yvain et lui de tenter sa délivrance. De leur côté, les trois chevaliers lui apprennent comment ils se trouvent retenus dans le Val, comment le plus preux ne devait pas espérer d'en sortir, pour peu qu'il eût faussé de rien ce qu'il devait à son amie. « Par Dieu, dit le « duc, si j'avais su que la prouesse n'y pou- « vait de rien servir, je n'eusse jamais mis ici « les pieds ; je suis en un bien furieux dan- « ger d'y rester à toujours. Où trouver le che- « valier qui, dans le cours de ses amours, aura « constamment éloigné toute œuvre et tout « désir d'inconstance ? »

Maintenant que le preux duc de Clarence est ainsi retenu en bonne compagnie, nous l'y laisserons pour nous informer de ce qui advint à messire Yvain, dans la voie qu'il avait choisie.

14.

LXXV.

On se souvient qu'en se séparant de ses deux compagnons dans la forêt de Varenne, mess. Yvain avait lui-même choisi le chemin de gauche. Il chevaucha jusqu'à basses vêpres sans trouver aventure; mais à la nuit tombante, il fit rencontre d'une litière que traînaient deux palefrois. Une demoiselle vêtue de noir l'occupait, le visage découvert, la main appuyée sur sa joue. On aurait loué sa beauté, si les pleurs dont son visage était inondé eussent permis d'en bien juger. Sept écuyers escortaient sa litière, et devant la dame était placé un grand coffre dans lequel gisait un chevalier navré de nombreuses plaies.

Mess. Yvain salua la demoiselle. « Dieu vous
« bénisse, répond-elle sans le regarder. — De-
« moiselle, vous plairait-il m'apprendre ce
« que peut contenir ce coffre ? — Ne le de-
« mandez pas ; ou du moins sachez qu'on ne
« le découvrira pas sans recueillir honneur ou
« honte. Il contient un chevalier navré : jus-
« qu'à présent tous ceux qui essayèrent de l'en
« tirer ont fait de vains efforts. Si jamais
« quelqu'un y parvient, ce sera après avoir

« juré sur Saints qu'il vengera ce malheureux
« chevalier. Apprenez d'ailleurs que l'honneur
« de le délivrer est réservé au plus preux des
« vivants. Si donc vous pensez l'être, essayez.

« — Demoiselle, tant de bons chevaliers
« ont échoué dans cette épreuve que je puis bien
« la tenter à mon tour, sans être plus qu'eux
« déshonoré si je ne réussis pas.

« — Vous, déposez la bière sur le gazon, »
dit aux écuyers la demoiselle. Cela fait, mess.
Yvain lève le couvercle. Le chevalier avait à
travers le corps deux plaies de fer de lance,
un coup d'épée au milieu du front et l'épaule
droite entr'ouverte.

La douleur lui arrachait des cris. Mess. Yvain
promit comme loyal chevalier à la demoiselle
de venger son ami, et puis il essaya de tirer à
lui le navré, mais il fit de vains efforts pour le
soulever et il se vit contraint de renoncer à l'é-
branler. « Vous aviez droit, demoiselle, dit-il,
« de penser que je n'étais pas le meilleur des
« chevaliers, et je le savais bien moi-même. Je
« voudrais, pour une des plaies de votre ami,
« qu'un chevalier de ma connaissance eût tenté
« l'épreuve à ma place. Il n'est pas loin d'ici :
« si vous voulez le rencontrer, prenez cette
« voie qu'il a choisie. Je crois que lui seul
« pourra faire ce que vous désirez. »

La demoiselle trouva bon le conseil et prit

à gauche le chemin que lui indiquait mess. Yvain. Pour lui, il continua sa chevauchée. Après une heure de marche il entendit un son de cor. Dans l'espoir de trouver un gîte, il broche de ce côté. Le cor donnait de plus en plus, comme pour appeler aide. Mess. Yvain qu'un beau clair de lune protégeait arrive devant une bretèche dressée à l'extrémité d'un pont tournant jeté sur un large fossé rempli d'eau. Le fossé entourait une maison de bois, il était pourvu d'un grand hérisson (1).

De la bretèche, le valet qui cornait voyant approcher messire Yvain : « Sire chevalier, crie-
« t-il, soyez notre sauveur ; des larrons ont forcé
« ma maison : ils ont tué mes serviteurs, je
« tremble maintenant pour ma vieille bonne
« mère et plus encore pour l'honneur de ma
« jeune sœur. »

(1) Le *hérisson*, sorte de cheval de frise, était une forte poutre ordinairement mobile et garnie de crocs et de grandes pointes de fer. Il y a dans Wace une description parfaitement semblable à la nôtre, et que M. Viollet-le-Duc n'a pas manqué de citer, au mot *Bretèche*:

> Avoit à cel temps un fossé
> Haut et parfont et réparé ;
> Sur le fossé out heriçun,
> Et dedens close une maison.
> (*Roman de l Rou*, v. 9444.)

Ce hérisson empêchait sans doute de tenter le passage du fossé quand le pont tournant était replié ou levé.

Le pont était baissé, la maison ouverte; mess. Yvain broche aussitôt des éperons, arrive dans la cour et surprend quatre de ces larrons comme ils montaient par une échelle aux fenêtres. Deux autres tenaient et se disputaient à qui garderait pour soi la sœur du valet. D'autres vidaient la maison de tout ce qu'elle contenait de précieux. Ils étaient assez légèrement armés, comme vilains, de pourpoints et de chapeaux en cuir bouilli (1); mais ils avaient des haches, des épées, des arcs, des flèches et de grands couteaux dont ils s'escrimaient rudement.

Mess. Yvain s'en prit d'abord à ceux qui tenaient la belle jeune fille; il planta son glaive dans le corps du premier; de son épée il fendit le second jusqu'aux dents. Les autres, surpris, abattus, frappés, n'essaient pas de résister : il les poursuit, coupe tout ce qu'il atteint, bras, mains et têtes. En se sauvant, plusieurs cependant lui jettent des haches qui blessent son cheval et lui-même. Deux seulement osèrent affronter le hérisson et sortirent du fossé comme ils purent. Mess. Yvain ne songea pas à les poursuivre.

(1) « Comme vilains, de cuiries et de chapiaus bolis. » De *cuirie* est venu le mot *cuirasse*, que nous donnons encore très-improprement à l'armature de fer qui couvre la poitrine; le nom ancien de *fer-vêtus* conviendrait mieux à nos *cuirassiers*.

Le maître de la maison descendit alors de la bretèche et rendit grâces à son libérateur. « Ne regrettez pas votre cheval, dit-il, vous en « trouverez un meilleur ici. » En pénétrant dans la maison, ils trouvent la vieille dame renversée sans connaissance; en les entendant venir la jeune fille s'était tapie sous un lit, les prenant pour des voleurs. A la voix de son frère, elle se montre et leur dit que, grâce à Dieu, elle n'avait pas été honnie. « Remerciez, dit « le valet, le prud'homme auquel nous devons « notre salut : et puisque vous êtes échappée, « je me console de la mort de mes sergents. »

On prévoit que mess. Yvain fut courtoisement hébergé la nuit. Quand il fut couché, le valet lui demanda s'il avait l'intention de se lever matin : « Oui, dès la pointe du jour ; j'ai « plus à faire que vous ne pourrez penser. — « Mais sire, reprit le valet, vous n'oubliez pas « que demain est fête de Pentecôte : si je ne « puis vous retenir, au moins ne monterez- « vous pas à cheval avant la messe. S'il vous « plaisait, je la ferais dire près d'ici, et je res- « terais avec vous jusqu'à ce qu'elle fût chan- « tée. — Vous parlez en homme sage et je « vous remercie ; mais que la messe soit de « grand matin. » Le valet s'incline, et se couche dans un lit dressé au pied de celui de mess. Yvain.

Au lendemain, le valet se lève un peu avant le jour et dispose le meilleur de ses chevaux, en attendant le réveil de mess. Yvain. « C'est, « dit-il quand il le vit debout, le cheval qui por- « tait mon père, il ne l'eût pas changé pour au- « cun autre ; mais s'il était encore meilleur, « je vous le donnerais de plus grand cœur. » Messire Yvain le remercie, monte, et va ouïr la messe à une lieue anglaise de là, dans la compagnie du valet, de la mère et de la sœur. Il fut ensuite convoié jusqu'à deux lieues et prit congé d'eux en leur donnant son nom.

Tierce était arrivée (1) quand les yeux de mess. Yvain s'abaissèrent sur une vallée profonde. La descente était ardue et difficile ; il prit le parti d'avancer à pied en tenant son cheval par la bride. A l'extrémité de la vallée était une belle prairie traversée d'une rivière : sur les bords s'élevait un pavillon richement tendu ; aux pans étaient attachés dix écus avec autant de glaives. Mess. Yvain aperçoit à quelque distance une demoiselle liée par les tresses à l'une des branches, les deux mains également serrées. Le sang rougissait sa belle chevelure et inondait son visage : un peu plus loin un chevalier en pures braies fortement lié à un tronc d'arbre, la poitrine et le linge en-

---

(1) De six à neuf heures du matin.

sanglantés. A cette vue, mess. Yvain ne peut retenir ses larmes.

Il va d'abord à la demoiselle, épuisée de douleur et des cris qu'elle avait exhalés ; elle avait à peine la force de parler. Elle respirait difficilement, ses yeux étaient rouges et gonflés ; la peau qui retenait encore ses cheveux était ouverte çà et là par la violence de l'étreinte. A demi-voix cependant elle disait : « Messire Gauvain, que n'êtes-vous ici ! » A ce nom, mess. Yvain avance tout près d'elle : « Demoiselle, qui vous a si cruellement traitée, « et que parlez-vous de messire Gauvain, un des « hommes que j'aime le plus au monde ? — « Votre nom ? dit-elle à voix basse. — J'ai nom « Yvain, fils du roi Urien, cousin germain de « celui que vous regrettez. — Hélas ! si mess. « Gauvain était ici, il mettrait en danger pour « me venger corps et âme ; je ne suis tour- « mentée que pour lui avoir rendu service. « Il me défendrait, non-seulement pour moi, « mais pour celui que vous voyez tout près et « qu'ils ont apparemment tué. — Quel est ce « chevalier ? — Vous le connaissez assez ; c'est « Sagremor le desrée ! »

Grande fut alors l'émotion de mess. Yvain ; mais qui va-t-il d'abord secourir, de son ami ou de la demoiselle ? Il se décide pour celle-ci, et va couper la branche qui la tenait suspendue. La demoiselle tombe; il allait pour la délier, quand arrive, armé de toutes armes, un chevalier du pavillon : « Sire, dit messire Yvain, « je ne sais pas qui vous êtes; mais vous avez « grandement forfait en traitant indignement un « des meilleurs chevaliers de la maison du roi « Artus, et cette demoiselle qui voyageait sous « le conduit de messire Gauvain. — Quoi! ré- « pond le chevalier, seriez-vous de la maison « d'Artus? — Assurément; et ce n'est pas vous « qui me le ferez renier. — Gardez-vous donc, « je vous défie. » Ils prennent du champ et reviennent l'un sur l'autre : le chevalier brise son glaive sur l'écu de messire Yvain; celui-ci, plus heureux, abat d'un seul coup homme et cheval : et pour empêcher le chevalier de se relever, il repasse cinq ou six fois sur son corps, puis revient à la demoiselle qu'il commence à détacher. Mais un second chevalier sort du pavillon et le défie comme le premier. Mess. Yvain avait à peine eu le temps de dénouer les mains de la demoiselle; il remonte à la hâte, et, le glaive en avant, attend le nouvel agresseur. Ils échangent de rudes coups sur les écus; enfin le glaive du chevalier éclate, messire Yvain l'enlève des arçons, le lance à terre par-dessus la croupe du cheval, et revient de nouveau à la demoiselle. Appuyé sur son glaive il descend et recommence à délier les cheveux; mais ils étaient si longs, si fins et si mêlés, qu'il avançait lentement. « Coupez-les, pour Dieu ! lui « disait la dolente. — Non, demoiselle, ils sont « trop beaux ; je m'en voudrais de vous ravir « un pareil trésor. » Cependant d'autres chevaliers sortaient du pavillon et lui criaient de se garder ; si bien qu'avant d'avoir dénoué toutes les tresses, il lui faut reprendre son glaive et remonter. Tous se précipitent sur lui, le chargent et le font tomber à côté de son cheval. Il se relève et continuait à bien se défendre, quand un des agresseurs dit aux autres qu'il serait honteux à six cavaliers d'en attaquer un seul à pied. « Donnons-lui du moins le temps « de remonter ; nous aurons encore assez d'a- « vantage. »

Après un instant d'hésitation ils reculent, et celui qui les avait retenus s'adressant à messire Yvain : « Par Dieu, chevalier, si vous « nous échappez, vous serez de grande prouesse. « Changeons de cheval : le mien vaut deux « fois le vôtre, il pourra retarder le moment « où vous partagerez le sort d'un autre vassal « garotté devant ce poteau. » Il parlait ainsi pour donner le change à ses compagnons ; mais il désirait en réalité délivrer Sagremor ; car c'était le chevalier que Sagremor, on doit s'en souvenir, avait conquis et reçu à merci, la nuit où il avait accompagné messire Gauvain chez la fille du roi de Norgalles. En récompense, cet homme avait juré de lui venir en aide envers et contre tous. Messire Yvain accepta volontiers l'échange qu'on lui proposait et la lutte recommença. Le chevalier de Sagremor, tout en faisant semblant d'aider ses compagnons, trouvait moyen de se mettre entre eux et mess. Yvain qui était émerveillé d'un secours tout aussi peu attendu. Ici le conte l'abandonne pour nous dire comment de son côté se comportait Lancelot.

LXXVI (1).

LANCELOT, en se séparant de mess. Yvain et du duc de Clarence, était entré dans une voie qui rejoignait plus loin celle que mess. Yvain avait choisie. Il ne fit pas de rencontre avant la chute du jour. Après avoir traversé une longue vallée, il franchit le tertre qui la bornait et ne fut plus longtemps sans apercevoir la litière du chevalier au coffre. Il apprit de la demoiselle l'inutile essai qu'avait fait un chevalier portant

---

(1) Plusieurs feuillets enlevés dans le bon msc. 1430, nous obligent à suivre pour quelque temps le n° 339, f° 78, en le confrontant aux anciennes éditions imprimées.

un écu blanc au lion de sinople. Lancelot à cet indice reconnut messire Yvain : « Veuillez, « dit-il à la demoiselle, découvrir ce cheva- « lier. — Volontiers, si vous tentez de le le- « ver en promettant de le venger. » Lancelot promit et les écuyers posèrent le coffre par terre. Alors il passe le bras sous l'aisselle du navré, le soulève sans effort et l'étend doucement sur l'herbe. Le chevalier pousse un grand soupir, et regardant Lancelot : « Sire, « bénie soit l'heure de votre naissance ! vous « avez fait ce que tant d'autres ont vainement « essayé. Vous êtes, je le vois bien, le meilleur « chevalier du monde, et je vous dois la fin de « mes plus grandes douleurs. Elles ne sont « plus rien, si je les compare à ce que je souf- « frais dans le coffre. » Il fait signe à l'un des écuyers : « Hâtez-vous, dit-il, d'aller ap- « prendre à mon père et à mon frère ce que « vous avez vu : ce preux chevalier viendra « héberger dans notre maison; nous l'y rece- « vrons avec tout l'honneur dont il est si di- « gne. » Le jour finissait ; il fallait choisir, de coucher dans la forêt ou de suivre la litière : Lancelot accepta l'offre du chevalier.

L'écuyer s'empressa d'aller annoncer au château l'heureuse nouvelle, pendant que Lancelot aidait à disposer une couche d'herbe verte et de fleurs odorantes : on enveloppa le chevalier dans une couverture, on le replaça sur la litière chevaleresque, et on se mit en route. Le coffre resta sur la voie; le chevalier qui venait d'en sortir craignant en le regardant de raviver ses douleurs.

Le château s'élevait sur les bords de la Tamise; sa beauté et l'agrément de sa position lui avaient fait donner le nom du Gai château. Le vieillard qui en était seigneur se nommait Trajan le Gai; dans sa jeunesse, il avait été compté parmi les plus preux, les plus beaux et les plus amoureux. Ses fils étaient Adrian le Gai que Lancelot venait de retirer du coffre, et Melian le Gai, lequel, aussitôt le message reçu, accourait à leur rencontre. Dès qu'il aperçut la litière, il tendit les bras vers Lancelot, puis il baisa son frère en demandant comment il se trouvait? « Bien, dit Adrian, grâce
« à Dieu et à ce preux chevalier qui seul a pu,
« sinon fermer mes plaies, au moins calmer
« mes douleurs. C'est encore lui, je le sais,
« qui pourra tous nous venger de nos cruels
« ennemis. »

A l'entrée du château, ils entendirent parmi les rues les gens chanter et caroler, en tenant dans leurs mains cierges et chandelles : « Bien
« venu soit, disaient-ils, le preux chevalier qui
« a délivré notre seigneur! » A la porte de la salle, ils trouvent le vieux Trajan qui allait au

devant d'eux, en pleurant de joie de revoir son fils. On s'empresse autour de Lancelot; c'est à qui pourra l'aider à descendre et à désarmer : on dispose son lit, on le couche et Melian l'ayant quelque temps regardé : « Sire,
« dit-il, s'il ne vous déplaisait, je demanderais
« si vous ne seriez pas de la maison du roi
« Artus ? — Oui, pourquoi le demandez-vous ?
« — Comment pourrais-je l'oublier ! Vous êtes
« assurément celui qui déferra à Kamalot le
« chevalier navré (1). — Oui, et je me sou-
« viens assez de tous les ennuis que cette affaire
« m'a causés. — Savez-vous quel était celui qui
« vous dut sa délivrance ? — Non ; mais je
« sais que je fus, à cause de lui, retenu en
« prison près de deux ans. — Ah sire ! soyez
« entre tous béni ! C'est moi que vous avez
« déferré : et nous vous devons, mon frère et
« moi, la fin de nos maux. Ce n'est pas tout.
« Vous avez en même temps guéri notre père
« qui n'était guère en meilleur point. Écoutez-
« moi : A l'extrémité de cette forêt, demeure
« un chevalier félon d'une force prodigieuse :
« il est plus grand même que Galehaut : c'est
« Karadoc de la Tour douloureuse. Son frère,
« aussi déloyal et aussi cruel que lui, m'avait
« percé des glaives dont vous m'avez déferré.

(1) Voy. Lancelot, t. I, p. 132.

« Quoique navré, j'eus la force de le frapper à
« mort : de là, une haine sans merci entre no-
« tre famille et la sienne. Une fois, il assaillit
« mon frère Adrian qui, après une défense
« prolongée, demeura navré comme vous avez
« vu. Par une insigne cruauté, Karadoc ne lui
« donna pas le coup mortel, aimant mieux pro-
« longer ses douleurs. Il le fit transporter dans
« son château et après l'avoir fait longtemps
« languir dans un souterrain humide, la mère
« de Karadoc, qui passe en méchanceté toutes
« les autres femmes, le tira de cette chartre
« pour ajouter encore à ses tourments. Comme
« elle avait le secret des charmes et des en-
« chantements, elle le fit entrer, à l'aide de
« paroles magiques, dans le coffre d'où vous
« l'avez levé ; par la vertu de ces paroles, il
« n'en devait sortir que quand le meilleur des
« chevaliers parviendrait à l'en tirer sans lui
« causer de douleur et sans même remuer le
« coffre. En attendant, mon frère ne pouvait
« ni mourir, ni pressentir la fin de ses maux.
« Après l'avoir ainsi destiné, elle le fit porter
« devant le château, pour le montrer dans cet
« état à toute sa parenté. Rien ne peut se com-
« parer au chagrin qu'en ressentit notre sei-
« gneur de père. Il devint sourd, perdit l'usage
« de ses membres, et nous aurions tous pré-
« féré la mort à d'aussi grandes infortunes. La

« mesure n'en était pourtant pas comblée. A
« quelque temps de là je chevauchais dans la
« forêt avec deux oncles miens et d'autres de
« notre lignage; nous vînmes à parler de mon
« père et de mon frère, et tout en pleurant je
« m'écriai : Ah! beau sire Dieu, mon père
« peut-il espérer de jamais guérir! Une de-
« moiselle montée sur palefroi amblant vint
« alors à croiser notre chemin et dit en pas-
« sant : « *Oui! mais l'un ne guérira pas avant*
« *l'autre.* » Nous restâmes interdits. Vainement
« j'essayai de la joindre; j'y perdis mes peines
« et n'ai pu découvrir qui elle était. Je savais
« seulement que mon frère ne serait guéri
« qu'après avoir été levé du coffre. Mais, dès
« qu'il en fut sorti, grâce à vous sire chevalier,
« mon père marcha et entendit, ce qu'il n'avait
« pas fait depuis deux ans. Si les plaies de
« mon frère étaient visitées par un bon mire,
« je pense qu'elles se fermeraient comme les
« miennes se fermèrent, quand vous m'eûtes
« déferré. »

Lancelot reconnut ainsi que le grand ennemi du père et des deux frères était encore cet odieux Karadoc, ravisseur de messire Gauvain. Il indiqua à Melian le but de la quête qu'ils avaient entreprise, lui, le duc de Clarence et messire Yvain : « Mais, reprit Melian, vous plai-
« rait-il nous apprendre à qui nous sommes tant

« redevables? — Je vous dirai ce que je n'ai
« dit encore à nul autre chevalier : mon nom est
« Lancelot du Lac. — Ah! s'écria Melian, j'ai
« bien des fois entendu parler de vos proues-
« ses. » Adrian, de son côté, au nom de mess.
Yvain, se souvint du chevalier qui avait essayé
de le lever. « S'il ne change de voie, dit-il, il
« lui faudra passer la nuit en pleine forêt.
« Mais vous, sire, comment pensez-vous avoir
« raison du traître Karadoc? Un seul cheva-
« lier, trois ou quatre même, n'ont pu, jus-
« qu'à présent, lutter contre lui. Nous savons
« votre grand cœur; mais vous comprendrez
« en le voyant nos craintes. Ne parle-t-il pas
« déjà de conquérir les royaumes d'Artus et
« de Galehaut? C'est même pour cela qu'il a
« établi les mauvaises coutumes de son châ-
« teau, et qu'il y retient monseigneur Gauvain,
« afin d'attirer ici tous les meilleurs chevaliers
« du roi qui voudront essayer de le délivrer.
« Si pourtant vous ne craignez pas de le dé-
« fier, je vous suivrai : c'est le moins, après
« ce que nous vous devons, de mettre pour
« vous nos corps en aventure. — Oui, reprit
« Lancelot, je tenterai ce qui n'a pas effrayé
« de meilleurs chevaliers que moi. — Si quel-
« qu'un, dit Melian, doit triompher de Kara-
« doc, c'est le preux auquel il vient d'être
« donné de nous guérir. »

Quittons un instant Lancelot, pour voir ce que devient messire Gauvain.

LXXVII.

APRÈS l'avoir retenu dans ses bras pendant une lieue, Karadoc lui avait fait ôter ses vêtements pour le lier étroitement sur le dos d'un roncin : deux forts sergents le battaient de menues courroies, et faisaient jaillir son généreux sang de toutes les parties de son corps. Il souffrit sans exhaler la moindre plainte : seulement, il pensait au chagrin que son oncle et ses compagnons ressentiraient en apprenant sa mésaventure. Arrivés dans la Tour douloureuse, Karadoc le fit délier pour l'abandonner à sa mère : « Ah Gauvain ! s'écria la vieille en « le voyant, je te tiens donc ! Je puis donc te « demander raison du meurtre de mon cher « frère que tu as occis en trahison ! — Je n'ai « jamais fait de trahison. — Tu mens ; com« ment sans trahison aurais-tu mis à mort un « chevalier qui valait cent fois mieux que toi ? » Quand Gauvain s'entend deux fois accuser de trahison, il oublie de rage tous ses autres maux : « Tu mens toi-même, dit-il, méchante « sorcière, et si l'infâme géant qui m'a sur« pris désarmé ose soutenir ton mensonge, je

« m'en défendrai dans sa maison même, contre
« son corps ou celui de tout autre. »

La vieille dont la fureur croissait de plus en plus appelle ses chevaliers. « Je n'aurai pas « de joie, dit-elle, que ce traître ne soit mis « en pièces ; si vous n'osez le tuer, c'est moi « qui le ferai. » Ce disant, elle va prendre un épieu dans le hantier (1), et s'approchait pour l'en frapper, quand son fils se met entre elle et messire Gauvain, et lui arrachant des mains l'épée : « Qu'allez-vous faire ? voulez-vous « m'enlever le profit de ma chasse. — Com- « ment, fils ! il m'a appelée méchante sorcière, « et tu veux m'empêcher de le punir ? — Mère, « ne voyez-vous pas qu'il souhaite la mort « pour échapper à la prison où je le ferai pour- « rir ? » Ainsi parvient-il à calmer la forcennerie de la vieille. Mais elle ordonna qu'on étendît mess. Gauvain sur une table, et cela fait, elle exprima sur toutes ses plaies un onguent qui devait les irriter sans que le poison pénétrât jusqu'au cœur. Elle le fit ensuite transporter par trois sergents dans un souterrain obscur, rempli de toute espèce de vermines.

Au milieu de la chartre était un grand pilier de marbre creux dans lequel on avait poussé

---

(1) Sorte de ratelier où l'on déposait les bois de lance. De *hante*, bois de lance.

un châlit garni de paille rude et noueuse. Gauvain pouvait s'y étendre, mais non s'y tenir à demi levé, car la niche n'avait pas trois pieds de haut. On lui apportait chaque jour sa faible ration de pain et d'eau ; une légère couverture le défendait seule du froid glacial de cette chartre bassement voûtée et peuplée de puants reptiles. C'était un sifflement aigu et continuel de vipères et de couleuvres qui, sentant la chair humaine, se roulaient, se dressaient à l'envi contre le pilier. Plus d'une fois il fut tenté de descendre du lit et de se donner en pâture à ces horribles bêtes ; mais la honte d'une telle mort le retenait, la crainte aussi de perdre son âme. C'eût été volontairement sacrifier le corps que d'en faire le régal de pareils convives; il jugea donc que mieux valait souffrir que désespérer. Ainsi passa-t-il la nuit. Le venin gagna ses jambes, ses bras, son visage : vingt fois il s'évanouit, incessamment menacé ou surpris par les couleuvres qu'il repoussait des pieds et des mains.

Or, dans une autre partie du château se trouvait une demoiselle aimée de Karadoc. Elle le détestait pour l'avoir enlevée à son premier ami, chevalier preux et courtois qui avait été tué en voulant la défendre. Elle était longtemps restée chez la dame de Blancastel, et c'est elle dont cette dame, ainsi que nous avons vu plus haut, avait parlé à son cousin Galeschin, duc de Clarence. Si Karadoc ne l'eût pas surveillée de près, elle ne serait pas un jour restée dans cette maudite tour. Or sa fenêtre donnait sur un jardin qui touchait à la noire prison de messire Gauvain. Elle entendit des plaintes et ne douta pas qu'elles ne fussent exhalées par le preux chevalier dont elle avait souvent entendu vanter les prouesses et la prud'homie : « Ah Dieu ! disait le prison« nier, ai-je mérité une fin si cruelle ! Bel oncle « Artus, vous gémirez grandement en appre« nant mon malheur ! Et vous, mes compagnons « de la Table ronde, combien vous regret« terez de ne pas savoir ce que je serai de« venu ! vous encore plus qu'eux, madame la « reine; vous avant tous, Lancelot ! Puisse au « moins Dieu vous maintenir dans votre in« comparable vaillance ! Vous pourriez seul « m'ôter de ce martyre, si la prouesse y pou« vait suffire : mais ce château ne craint nul « homme, et le tyran qui le tient est tellement « sur ses gardes qu'il échappera sans doute à « votre vengeance. »

Ainsi se plaignait mess. Gauvain. La demoiselle qui l'avait écouté descend et avance la tête dans la lucarne de la prison : « Monsei« gneur Gauvain ! dit-elle à demi-voix. — Qui « m'appelle ? — Une autre victime, une amie

« qui ne vous a jamais vu, mais qui donnerait sa
« vie pour venir en aide au généreux défenseur
« des dames et demoiselles. — Hélas! demoi-
« selle, pourriez-vous bien me soulager? Je suis
« couvert de plaies, enflé, déchiré, livré sans
« défense aux reptiles : si j'avais seulement
« un bâton pour m'en garantir, je bénirais qui
« me le donnerait. — N'est-ce que cela ? vous
« l'aurez; de plus, un onguent pour vos plaies. »

Elle retourne à la chambre basse qu'elle habitait et, sans perdre de temps, elle ouvre un écrin, y prend une boîte. Ensuite elle abaisse la longue perche où pendait sa robe de jour, regarde si personne ne la voit, la lance dans le jardin, va la reprendre, la lève jusqu'à son épaule, y attache la boîte, gagne la fenêtre de la prison, et fait tomber la perche devant le pilier où Gauvain était étendu. « Détachez, lui
« dit-elle, cette boîte, vous y trouverez un on-
« guent salutaire. »

Messire Gauvain fait ce qui lui est indiqué; il se soulève, prend la boîte et répand l'onguent sur ses membres endoloris et gonflés, moins par la morsure des reptiles que par le venin de la vieille sorcière. De la perche il fait trois bâtons et s'en escrime contre les couleuvres et autres vermines qui sont maintenant averties de se tenir à distance.

La demoiselle rentrée dans sa chambre, se

souvient d'une recette qu'elle avait surprise à la mère de Karadoc. Elle se fait apporter par la fillette chargée de la servir une mesure de farine de seigle; elle y mêle du jus de rue, de serpentine et de cinq autres racines de grande vertu ; elle pétrit cette farine, en fait un pain qu'elle cuit et coupe en petits morceaux, et va jeter le tout par la fenêtre de la prison. Les serpents alléchés par l'odeur du pain quittent le fond du souterrain où ils venaient de se réfugier; ils se gorgent du gâteau à qui mieux mieux en poussant des sifflements qu'on eût entendus du fond du jardin. Quand ils en furent bien soûlés, ils s'étendent, et la chaleur du pain luttant contre la glace de leur sang, ils meurent entassés les uns sur les autres.

Mais alors l'infection devient insupportable. Gauvain n'en devinait point la cause, étonné d'ailleurs de n'avoir plus de reptiles à frapper. Quand arrive la nuit, la demoiselle lie à l'extrémité d'une autre perche une provision de viandes qu'elle fait encore descendre dans la prison, en y joignant une lanterne de cristal garnie d'un petit cierge ardent. Mess. Gauvain regarde autour de lui, dans un coin était un monceau formé de tous les reptiles entassés sans vie. La demoiselle trouva moyen de faire plus encore : la nuit suivante, elle enveloppa de ses robes le manger de mess. Gauvain ; les robes le garantirent du froid. Une autre fois, elle lui tend, au bout d'un long baton, des draps blancs, un oreiller, une courtepointe. Ainsi préservé de la faim, de la vermine et du froid, vingt fois il bénit sa bienfaitrice, en lui avouant encore qu'il ne pourra supporter l'infection produite par le cadavre des reptiles. « Il faut donc encore y pourvoir, dit-elle. » Et elle prépare devant la lucarne un feu de soufre mêlé à une dose d'encens. Quand il fut allumé, elle en jette plusieurs brandons dans la prison. Aussitôt la puanteur s'évanouit ; mess. Gauvain respire librement et n'a plus d'autre ennui que la perte de sa liberté.

Le conte s'interrompt ici pour nous dire ce qui se passait sur les bords de la Tamise à la cour du roi Artus.

LXXVIII.

La veille de Pentecôte, le jour même où messire Yvain, Galeschin et Lancelot étaient secrètement partis à la recherche de mess. Gauvain, le roi Artus n'avait pas manqué, au sortir des vêpres, de demander pourquoi il n'y avait pas vu son neveu ni les trois autres chevaliers. Galehaut était aussitôt monté à cheval, et n'ayant trouvé à leurs hôtels ni mess. Gauvain, ni mess. Yvain, ni Galeschin, ni Lancelot, il avait interrogé les écuyers qui n'avaient pu dire ce qu'ils étaient devenus. Il s'en inquiétait, quand retournant au palais il aperçut Lionel qui chevauchait rapidement par une voie étroite. Lionel avait veillé la nuit précédente comme nouveau chevalier, et ne devait être armé que le lendemain de la main du roi. Cependant il avait endossé le haubert et l'avait recouvert d'une chappe d'isenbrun, en prenant soin d'abattre le chaperon sur son nez; si bien que Galehaut le reconnut seulement au cheval qu'il montait. Il le rejoignit et l'atteignit devant un ponceau, comme il allait passer outre; Galehaut saisit le cheval au frein : « Où allez-vous, « Lionel ? » lui dit-il ; — « Sire, de grâce, lais- « sez-moi. — Savez-vous qu'il sied mal de revêtir « les armes de chevalier avant de l'être réelle- « ment ? le roi Artus ne vous a pas encore « ceint l'épée que vous portez. — Sire, je vous « en prie, laissez-moi et ne me demandez « rien, par la chose que vous aimez le plus au « siècle. — Vous me conjurez de façon à me « défendre de vous presser davantage, mais « au moins ne vous laisserai-je pas aller plus « avant. »

En ce moment, Galehaut regarde et voit approcher un écuyer qui portait à son col un écu :

« Arrête, dit-il à cet écuyer, tandis que Lionel lui ordonnait de l'attendre où il savait. » L'écuyer croit devoir obéir à son maître, et Lionel, afin de passer outre, passe la main sous sa chappe, tranche la rêne que retenait Galehaut et s'éloigne avec la rapidité d'un éclair. « Ah! cœur « sans frein! (1) lui crie en riant Galehaut, » « vous êtes bien le cousin de Lancelot. » Et piquant des éperons son coursier, plus fort et plus rapide que celui de Lionel, il le rejoint, le saisit au bras, l'enlève et le plante devant lui sur le col de son cheval. Lionel se débat, se tord et se roidit tellement, qu'enfin ils tombent à terre l'un sur l'autre. « Je ne te quitterai pas, dit
« Galehaut, avant de savoir où tu prétends aller.
« — Hélas! Je vois bien que je ne puis vous le
« cacher. Je m'en allais après mon seigneur
« de cousin; il s'est jeté dans cette forêt, armé
« de toutes pièces, dans la compagnie de messire
« Yvain et d'un autre chevalier que je ne con-
« nais pas : où allaient-ils, je l'ignore; mais il
« faut que ce soit pour un grand besoin. Par le
« nom de Dieu! veuillez ne plus me retenir. »

Galehaut écoute avec peine ce que lui apprend Lionel. Comment Lancelot a-t-il pu s'éloigner sans le prévenir? mais ne voulant pas laisser voir son chagrin : « Consolez-vous, Lionel,

---

(1) Voy. Lancelot, I, p. 59.

« dit-il, ils sont trop preux tous les trois pour
« nous donner le moindre sujet de crainte
« sur ce qui arrivera. Mais ce n'est pas à vous
« qu'il conviendrait de leur venir en aide;
« vous n'êtes pas chevalier, et vous n'avez pas
« encore le droit de porter les armes. D'ail-
« leurs, cette nuit peut-être, nos amis revien-
« dront et ne voudront pas laisser monseigneur
« le roi, un grand jour comme la Pentecôte. »

Tant il en dit et fait que Lionel consent à retourner ; ils rentrent ensemble à l'hôtel. Galehaut ne veut pas le quitter un instant, pour qu'il ne retourne pas sans lui dans la forêt. Il garde le secret du départ des trois chevaliers, dans la crainte du chagrin que la reine éprouverait en apprenant que Lancelot s'était éloigné sans prendre congé d'elle. Revenons maintenant, à Melian le Gai.

En prenant congé de Trajan, Lancelot fut convoyé par Melian, frère de celui qu'il avait levé du coffre. Ils passèrent ensemble devant la maison maintenant purgée par mess. Yvain des larrons qui s'y étaient introduits. Ce fut la dame de la maison qui mit Lancelot sur la voie qu'avait prise messire Yvain : Melian revint au Gai château, et de là dès le lendemain, il se rendit à Londres. Il y arriva le soir même de la Pentecôte. Le roi avait, le matin, armé Lionel : il avait attendu, pour se mettre à table, le récit ou l'annonce de quelque nouvelle aventure, quand, de la fenêtre où il était appuyé, il crut apercevoir une demoiselle tenant par une chaîne d'or un lion couronné. C'était le premier lion de Libye qu'on eût encore vu dans la Grande-Bretagne. La demoiselle, en avançant jusqu'aux pieds du roi, avait promis l'amour de sa dame, la plus belle et la plus riche du monde, au chevalier qui parviendrait à dompter son lion; et Lionel ayant réclamé cette épreuve pour don de premier adoubement, avait mis à mort le lion, après une lutte terrible. Mais tout cela est longuement raconté dans la branche consacrée à Lionel (1) : on y voit comment il offrit plus tard à mess. Yvain la peau du lion couronné, en échange de l'écu de sinople à la bande blanche qu'il préféra toujours parce qu'il rappelait l'écu de son cousin Lancelot, lequel était blanc à la bande vermeille.

Or cette aventure, toute merveilleuse qu'elle était, n'avait pu faire oublier que mess. Gauvain, ni Lancelot, ni mess. Yvain n'avaient as-

---

(1). Je ne crois pas que cette branche de Lionel ait été conservée. Quant à celle d'Yvain, Chrestien de Troies ne paraît pas avoir connu ou du moins suivi le texte de Lancelot. Il s'est contenté d'attribuer à son *Chevalier au lion*, Yvain de Galles, les aventures mises, dans le roman inédit d'Artus, sur le compte d'autres chevaliers.

sisté aux grands offices et aux fêtes de la Pentecôte. Le roi, la reine et Galehaut étaient en proie aux mêmes inquiétudes, quand arriva Melian le Gai. Il annonça qu'il venait de la part de Lancelot, et aussitôt l'espérance parut illuminer tous les visages. Il raconta le fâcheux enlèvement de messire Gauvain, la résolution prise par Lancelot, par mess. Yvain et par Galeschin d'entreprendre la recherche du ravisseur. La reine en écoutant le récit de Melian ne put dissimuler son dépit : « Je tremble pour Gau-
« vain, dit-elle, mais je ne pardonne pas aux
« autres d'être partis sans notre congé. » Et sous le prétexte d'un subit malaise, elle alla s'enfermer dans ses chambres pour y pleurer tout à son aise. Le roi qui la croyait uniquement préoccupée des dangers de mess. Gauvain, la suivit pour lui en faire des reproches. « En vérité, lui dit-il, vous devriez prendre
« un intérêt plus vif à Lancelot qui vous a si
« bien protégée. Pour moi, je ne sais pas qui
« m'affligerait le plus de sa perte ou de celle
« de mon neveu. — Sire, répond la reine,
« priez Dieu qu'il nous rende votre neveu, et
« ne lui demandez rien de plus. »

Après le roi, Galehaut vint devant la reine et la trouva noyée dans les larmes. « Pour
« Dieu, qu'avez-vous, ma dame, faut-il déjà dé-
« sespérer du retour de votre ami ? — Laissez-

« moi pleurer, Galehaut; je souffre beaucoup,
« et je n'entends pas dire la raison de ma dou-
« leur. » Galehaut revint vers le roi, sans pouvoir comprendre plus que lui la raison d'un tel désespoir.

On convint de commencer, dès le lendemain, la quête de mess. Gauvain : en cinq jours ils espéraient arriver devant la Tour douloureuse. Le roi avait recommandé aux barons réunis pour la fête de ne pas s'éloigner, et il partit avec eux sous la conduite de Melian, côtoyant d'abord la forêt, afin d'éviter le danger de se perdre dans les nombreux détours. La reine avait refusé de les suivre, n'étant pas, dit-elle, assez bien pour chevaucher. Mais avant de dire ce qu'ils firent il convient de revenir à Lancelot.

LXXIX.

APRÈS avoir chevauché quelque temps, Lancelot était entré dans la vallée où messire Yvain résistait de son mieux aux dix gloutons qui avaient lié Sagremor à un tronc d'arbre et suspendu par les cheveux aux branches d'un autre arbre la demoiselle son amie. Lancelot ayant reconnu messire Yvain aux couleurs de son écu, brocha vivement des éperons pour lui venir en aide. « Vous êtes morts! » cria-t-il aux assaillants. Le premier qu'il atteignit roula sur l'herbe baigné dans son sang; la pointe de son glaive resta fichée dans le corps du glouton. Il tire alors son épée, tranche les bras, démaille les hauberts et fend les têtes. Quatre sont tués, un cinquième navré, les autres prennent la fuite. Mais celui qui avait défendu plutôt que maltraité messire Yvain, au lieu de suivre ses compagnons retourne vers Sagremor, coupe les cordes dont il était lié, le ramène au pavillon et lui offre sa propre robe. Puis il court achever de délier la demoiselle dont les mains étaient écorchées et la tête déchirée. Il l'avait déjà reconduite au pavillon, quand y arrivèrent Lancelot et mess. Yvain, ravis d'y retrouver Sagremor. La table était dressée pour dix chevaliers; il ne faut pas demander s'ils firent honneur aux mets dont on l'avait couverte. Après le repas, ils eurent tout le temps de raconter leurs aventures. Sagremor se rendait au château d'Agravain avec sa nouvelle amie, quand dix chevaliers du roi de Norgalles ayant reconnu la demoiselle confidente des amours de la fille de leur roi pour mess. Gauvain, les avaient arrêtés. « J'étais désarmé, « ajouta Sagremor, je ne pus défendre ni mon « amie ni moi-même; c'en était fait de nous,

« si vous n'étiez arrivés. L'homme qui vient
« de nous délier est celui qui m'avait proposé
« d'être mon chevalier, quand nous fûmes obli-
« gés de quitter la maison du roi de Norgalles ;
« il s'est loyalement acquitté envers moi, comme
« vous avez pu voir. — Hélas ! » reprit messire
« Yvain, » monseigneur Gauvain n'est pas en ce
« moment mieux traité que vous ne l'étiez tout
« à l'heure. Il est prisonnier de Karadoc dans
« la Tour douloureuse, et Dieu sait si nous
« pourrons le délivrer. »

Sagremor était trop rudement blessé pour les accompagner. Il remonta, lui, son amie et le bon chevalier de Norgalles, pour retourner à Londres. L'histoire les laisse partir pour suivre Lancelot et mess. Yvain sur la voie de la Tour douloureuse.

LXXX.

NE heure après avoir quitté Sagre-mor, Lancelot et mess. Yvain rencontrèrent la sœur de la demoiselle qui avait conduit Galeschin au Château Ténébreux. Lancelot la salue et mess. Yvain lui demande si elle sait bien le droit chemin de la Tour douloureuse ? — « Que gagne-
« rai-je, répond-elle, en vous montrant ce che-

« min? — Vous gagnerez, dit Lancelot, l'amitié
« de deux bons chevaliers. — Bons chevaliers
« en effet, si vous arrivez où vous tendez. — Et
« pourquoi? fait Lancelot. — C'est que d'ici là
« vous trouverez assez à vous arrêter, eussiez-
« vous le cœur vaillant et suffisamment garni
« de prouesse. » Ces mots firent rougir Lancelot : « Nous sommes, dit-il, résolus à gagner
« la Tour douloureuse, et honni soit qui en-
« treprend ce qu'il n'oserait achever!

« — Lequel de vous, dit la demoiselle, s'est
« mis en quête de monseigneur Gauvain? —
« Tous deux, répond Yvain. — Vous ne devez
« pas ignorer que, d'après la prédiction des
« Sages, il est réservé au chevalier le plus
« preux du siècle d'abattre les mauvaises cou-
« tumes de la Tour douloureuse. — Nous es-
« sayerons de le faire, et nous ne paraîtrons à
« la cour du roi Artus qu'en y ramenant mes-
« sire Gauvain. — Je vous conduirai volontiers,
« quand vous m'aurez dit vos noms. » Lancelot se taisait. « Il en sera, dit-elle, ce que vous
« voudrez. Votre nom, ou je ne vous conduis
« pas. » Tout en rougissant de honte, Lancelot
se nomme. « Avançons maintenant, » dit-elle
en passant devant les deux chevaliers. Quand
le jour vint à baisser, elle fit un détour pour
arriver chez un ermite où ils passèrent la nuit.
C'était un ancien chevalier parent de la demoi-

selle. Le lendemain avant de remonter, ils entendirent la messe ; puis, ils atteignirent le château de Pintadol où on leur conta les prouesses de Galeschin. « Au moins, demoiselle, dit Lan-
« celot, n'allez pas allonger notre chemin pour
« éviter une fâcheuse rencontre : nous vous en
« saurions mauvais gré. — Oh! reprend-elle en
« riant, ne craignez rien ; vous aurez toutes les
« peines que vous pouvez souhaiter. »

Ils se trouvèrent ensuite au milieu des belles cultures d'Ascalon le ténébreux. La demoiselle demanda aux vilains s'ils n'avaient pas vu passer, la veille, un chevalier et une demoiselle. — « Oui ; le chevalier a même essayé vainement
« d'abattre la mauvaise coutume de cet en-
« droit. » Arrivés aux portes du château, les ténèbres commencent à les environner. La demoiselle descend la première, messire Yvain après elle. Ils avancent jusqu'au cimetière où la lumière reparaît ; mess. Yvain entend des lamentations, mais ne devine pas d'où elles partent. « Sire, » dit la demoiselle en lui montrant la porte du moutier, « votre ami demandait
« qu'on ne lui fît pas éviter les pas dange-
« reux ; voulez-vous juger, le premier, du danger
« de cette aventure ? Mais, je vous en avertis,
« fussiez-vous le plus hardi des hommes, vous
« tremblerez de tous vos membres. — Il n'est
« pas, répond Yvain, de souffrances au-dessus

« du cœur d'un homme. Dites-moi seulement,
« demoiselle, quelle est cette aventure ; s'il n'y
« faut que de la résolution, je pourrai la con-
« duire à bonne fin.

« — En effet, la parole hardie ne suffit pas ;
« le vrai prud'homme doit savoir ce qu'il en-
« treprend, et ne braver que les dangers dont
« il s'est bien rendu compte. »

Elle lui raconte alors ce que sa sœur avait auparavant dit au duc de Clarence : et quand il se dispose à descendre dans le moutier, elle l'avertit de reprendre la chaîne qui venait déjà de les conduire à l'entrée du cimetière.

Mess. Yvain fait le signe de la croix, saisit la chaîne de la main gauche en levant de la droite son épée nue. A peine a-t-il fait deux pas qu'il sent une affreuse puanteur : il avance pourtant encore. Au tiers du chemin il reçoit sur le heaume tant et de si rudes coups qu'il a beau tourner son écu, il ne garantit ni ses flancs ni son dos ni sa tête. Il chancelle, les pieds lui manquent, il tombe enfin privé de sentiment. Quand il rouvre les yeux, il a peine à se souvenir de ce qui lui est arrivé : pour comble de disgrâce, il a laissé échapper la chaîne. En se retournant, il distingue les lueurs du cimetière et s'efforce d'y revenir ; mais les volées de coups ne s'arrêtent pas ; plus de six fois il tombe avant de regagner la porte. Enfin, quand il l'atteint, il n'a plus la force de lever le pied et reste étendu sur le degré. Lancelot l'attendait un peu plus loin : il approche, le saisit par les épaules et le ramène dans le cimetière. « En « vérité, dit la demoiselle, le chevalier n'est pas « encore venu qui sortira de l'autre côté. — « On verra bien, fait Lancelot; si je ne l'es- « sayais, j'en mourrais de honte. »

Ce disant, il prend son épée au poing, détache son écu et le lève sur sa tête. « Eh quoi ! « dit la demoiselle, êtes-vous las de vivre, ou « voulez-vous nous revenir comme ce chevalier, « c'est-à-dire plus mort que vif? Croyez-moi, « beau sire; mieux vaut vivre longtemps ti- « mide, que mourir prud'homme avant l'âge. — « Ne parlez pas ainsi, demoiselle, et qu'il « vous suffise de m'indiquer par où je dois « avancer. » La demoiselle lui indique du doigt la chaîne, et Lancelot, d'une voix basse : « Ma « souveraine dame, je me recommande à « vous (1). » Puis il se signe, descend les degrés, saisit la chaîne et avance résolûment. L'odeur infecte répandue autour de lui ne l'incommode pas; car la dame qui lui portait l'oubli

---

(1) « Dame à vous me comant où que je sois. » Invocation exprimée pour la première fois, et cent fois répétée par les héros de romans à la suite, jusqu'à Don Quichotte.

de toutes les douleurs, lui faisait comme un rempart des plus suaves parfums. Bientôt, il est criblé de coups sur les bras, la tête et les reins; il sent le fer des lances, des haches et des épées qui le meurtrissent et le percent jusqu'aux os. Il tombe à genoux, il se relève, frappe à droite, à gauche, au milieu d'un vacarme épouvantable, comme s'il allait assister à la chute du monde; rien ne peut l'arrêter. Arrivé aux deux tiers du chemin, il fléchit encore sur les genoux; mais Amour et Prouesse le relèvent et lui conservent ses forces. Il brandit l'épée autour de lui; il croit trancher heaumes et écus toujours nouveaux : tout malmené qu'il soit, il ne lâche pas la chaîne, si bien qu'enfin il arrive au dernier pas de l'aventure. Alors vingt lames tranchantes lui entament la tête qu'il s'étonne de sentir encore sur ses épaules. Il tombe renversé, mais ses bras en mesurant la terre touchent le seuil; la porte s'ouvre d'elle-même. Aussitôt, une immense clarté inonde le moutier et tout le pourpris du château. Peu s'en faut que la demoiselle voyant ainsi fuir les ténèbres ne se pâme de joie. Elle descend dans le moutier avec mess. Yvain que l'aventure mise à fin semble avoir guéri de toutes ses plaies. Ils approchent et relèvent Lancelot; la demoiselle délace son heaume, peu à peu il reprend ses esprits. Ils le soulèvent et le portent devant l'autel, ils y font une courte prière et sortent ensemble du moutier.

Une foule nombreuse les entoure, transportée de reconnaissance et de joie. On rend grâces au vainqueur, comme s'il eût été Dieu lui-même. Tous ceux qui viennent le remercier sont maigres et pâles, comme gens depuis longtemps enfermés dans une obscurité profonde. Un vieillard dit à Lancelot : « Sire, veuil-« lez faire un nouvel effort et me suivre, vous « verrez nouvelle aventure. » Lancelot se lève avec peine et rentre dans le cimetière avec le vieillard qui le conduit devant une belle tombe de marbre. A peine l'a-t-il vue qu'il se trouve guéri et dispos, comme avant de tenter l'épreuve du moutier.

Les gens du château qui lui devaient leur délivrance le supplient de passer la nuit au milieu d'eux; il ne put s'en défendre.

Avant qu'il ne s'endormît, la demoiselle avait eu soin de lui conter l'origine de cette mauvaise coutume. Messire Yvain eut besoin de puissants topiques pour fermer ses plaies et pour trouver la force de remonter en même temps que Lancelot. La demoiselle chevauchait toujours devant eux avec l'intention de les conduire non pas encore à la Tour douloureuse, mais au *Val des faux amants*.

LXXXI.

Arrivés devant la chapelle Morgain, ils y trouvèrent le valet de la belle dame de Blancastel ; on doit se souvenir qu'il avait refusé de suivre le duc de Clarence. Il leur demanda s'ils avaient l'intention de rejoindre leur preux compagnon. « As-
« surément, répondit Lancelot ; d'ailleurs nous
« voulons savoir par nous-mêmes si le Val
« sans retour ne perdra jamais son nom. »

Lancelot, messire Yvain et la demoiselle descendent et arrivent à l'entrée de la clôture qui était formée par un apparent brouillard. La demoiselle tenant à réserver Lancelot pour l'aventure de la Tour douloureuse, s'adressant de préférence à mess. Yvain : « Vous ne
« serez pas arrêté, lui dit-elle, par la mau-
« vaise fortune du duc de Clarence ; on sait
« trop votre prouesse. C'est ici, je le sais, le
« pas le plus redouté de la Grande-Bretagne ;
« jusqu'à présent, les chevaliers qui ont eu
« le cœur d'y entrer n'ont pas trouvé le secret
« d'en sortir. Si vous êtes plus heureux, vous
« n'aurez plus qu'à rejoindre Lancelot devant
« le château de Karadoc. »

Mess. Yvain dans l'espoir de faire oublier le

mauvais succès de la dernière épreuve, fut ravi de tenter celle du Val sans retour. Il entra résolûment dans l'enceinte vaporeuse, et la demoiselle le suivit, après avoir averti Lancelot de l'attendre. Hélas! messire Yvain ne fut pas plus heureux que le duc de Clarence. Il franchit bien le mur gardé par les deux dragons; mais, sur le pont il fut renversé, désarmé et porté près des autres prisonniers. La demoiselle l'ayant vu bien installé dans le château, retourna vers Lancelot : « Messire Yvain, lui
« dit-elle, a payé comme les autres tribut au
« Val des faux amants. Il fallait, pour en triom-
« pher, d'autres vertus que la prouesse. —
« Demoiselle, je n'ai pas assurément toutes les
« vertus qui font le bon chevalier, mais des-
« quelles voulez-vous parler? — De celles qui
« ne permettent pas au chevalier amoureux
« de fausser la foi qu'il aurait engagée. — Et
« qu'arriverait-il à celui qui croirait posséder
« ces vertus? — Il abattrait la coutume du Val,
« et délivrerait les deux cents chevaliers qui y
« sont retenus. Croyez-moi, sire, ne tentez pas
« une épreuve aussi difficile : le mauvais succès
« vous empêcherait de travailler à la délivrance
« de messire Gauvain. Est-il donc un seul fils
« de mère pur de toute infidélité à l'égard
« de son amie de cœur? — Par Dieu, dit Lan-
« celot, le temps vous apprendra si tel est né

« ou ne devra jamais naître. Suivez-moi et ne « craignez rien. » Elle le suivit, mais sans rien espérer de bon d'une épreuve aussi difficile.

Lancelot arrive au mur des dragons. Il descend de cheval et pose son glaive à terre. Quand il veut passer, les dragons s'élancent et lui ferment l'entrée avec leurs griffes et les flammes qu'ils vomissent. Il vise le premier entre les yeux et le frappe de sa bonne épée : l'épée rebondit sans entamer les écailles. Dans son dépit il allait jeter cette lame, mais il réfléchit qu'elle pouvait lui être encore d'un bon secours ; il la remet donc au fourreau et retenant son écu devant ses yeux pour échapper à l'haleine enflammée du dragon, il avance sur lui, le saisit au cou, l'aplatit au mur et de son autre main lui arrache la langue. Le monstre tombe sans mouvement. Lancelot se prend à l'autre qu'une chaîne avait empêché de porter secours au premier. Le dragon lui enfonce ses ongles sur les épaules, mais l'écu et le haubert le garantissent et lui permettent de saisir le dragon à la gorge : il l'étreint de son gantelet jusqu'à ce qu'il l'ait bien étranglé.

Lancelot, après avoir repris son glaive, arrive à la rivière où messire Yvain était tombé. La planche qu'il fallait franchir était longue et assez étroite ; pendant qu'il la mesurait des yeux, il voit cinq chevaliers armés sur l'autre

bord. « Entendez-vous me disputer le pas-
« sage? leur crie-t-il. » Comme il ne reçoit pas
de réponse, il ôte l'écu passé à son cou et le
tenant le bras tendu, il avance d'un pas à la
fois prudent et ferme. Au milieu de la passe-
relle, un des chevaliers arrive jusqu'à lui le
glaive en main. Lancelot lui oppose son écu et
la lance venant à s'y ficher, il tire à lui, jette
à l'eau l'écu et la lance, puis vise le chevalier,
le frappe à la gorge et le rejette sur la rive.
Deux autres l'attendaient à l'issue du pont : il
les approche, les frappe d'une main sûre et les
renverse ; mais en les poussant sur le gazon, il
tombe lui-même : il était déjà relevé, quand
le premier, trop confiant dans ce qui lui restait
de forces, revient sur lui d'un pas chancelant.
Lancelot fait pénétrer la pointe de son glaive
dans le haubert du chevalier, le renverse pour
la seconde fois, le saisit dans ses bras et retourne le jeter dans la rivière. Il s'attendait
à de nouvelles luttes avec les deux derniers ;
mais il eut beau regarder, il ne les vit plus.
« Savez-vous, dit-il à la demoiselle qui le sui-
« vait toujours, ce que deviennent ces deux
« gloutons ? — Non ; mais il vaut mieux que
« les aventures fuient devant vous, que vous
« devant les aventures. Avancez, et puissent
« ainsi disparaître tous les autres champions du
« Val sans retour ! »

Seulement alors, il vint en pensée à Lancelot d'abattre le gantelet de sa main gauche, et de découvrir la pierre de l'anneau que lui avait donné la Dame du lac (1). Aussitôt, l'eau et la planche disparaissent, car elles étaient l'effet d'un enchantement. Mais les épreuves ne faisaient que commencer; l'histoire raconte longuement les autres : comment il se trouva en présence d'un mur de flammes; comment, sur un escalier étroit qui conduisait en une suite de chambres, il lui fallut attaquer trois chevaliers armés de terribles haches et placés, l'un au premier degré, le troisième au dernier, le second entre les deux; comment le troisième, après avoir lutté plus longtemps, courut de chambre en chambre, de cour en jardin, pour éviter son atteinte. Il avait enfin pu gagner un riche pavillon où dormait, dans un lit splendide, Morgain la fée, et il croyait toujours trouver un abri sous le lit; Lancelot qui le serrait de près, prend à deux mains sommier et couvertures, sans regarder si quelqu'un y reposait, et les renverse ce dessus dessous (2). Morgain, violemment secouée, jette un cri que Lancelot reconnaît pour être d'une

---

(1) Voy. Lancelot, t. I, p. 126.
(2) « Ce dessus dessoubs. » C'est la forme primitive, au lieu de notre *sens dessus dessous.*

femme. Il en a grand regret, car jamais homme n'évita plus que lui de causer le moindre ennui aux femmes, dames ou non dames. Mais d'abord il se remet à la poursuite du chevalier, le joint quelques salles plus loin, le saisit d'une main et du tranchant de son épée lui sépare la tête des épaules. Cela fait, il retourne au pavillon et va s'agenouiller devant Morgain encore tout éplorée : « Dame, dit-il, je vous « offre la tête de ce félon chevalier, pour l'a- « mende de l'outrage que je vous ai fait sans « le savoir. — Ah! s'écrie Morgain, jamais « amende pourra-t-elle effacer une pareille in- « jure! » Au même instant arrive une demoiselle, les yeux rouges de colère et de désespoir, la main armée d'un glaive dont elle va frapper Lancelot par derrière. Lancelot se retourne : « Par mon Dieu, dit-il, si vous n'étiez « une femme, je ferais de votre corps deux « tronçons.

« — Eh bien! répond-elle, je vous tuerai ou « vous me tuerez. Je ne puis vivre si je n'ai « vengé le tendre ami que vous venez de me « ravir. — Mais, en vérité, le glouton ne mé- « ritait pas d'avoir pour amie dame ou demoi- « selle; car de ma vie je n'ai vu chevalier « aussi fort, aussi haut de taille et aussi mau- « vais champion. » Furieuse, elle se jette sur Lancelot qui l'arrête et lui arrache l'épée des mains. Un valet accourant à la hâte dit à Morgain : « Dame, apprenez de merveilleuses nou« velles. La coutume établie par vous est abat« tue ; les sorties sont libres, plus de cent « chevaliers les ont déjà reconnues. » En même temps paraît ce chevalier, premier ami de Morgain, pour lequel le Val sans retour avait été destiné : « Bien soit venue, s'écrie-t-il, la fleur « de tous les preux ! — Dites plutôt, mal soit« elle venue ! répond Morgain. — Ah madame ! « dit la demoiselle qui avait suivi Lancelot, ne « parlez pas ainsi du meilleur, du plus hardi, « du plus franc chevalier du monde. — Com« ment l'appelez-vous ? fait Morgain. — Lan« celot du lac. — Eh bien ! maudite soit l'heure « où tant de hardiesse lui fut donnée. Maudit « soit-il pour être venu dans ce val, et honnie « soit la dame qu'il a loyalement aimée ! »

Cependant arrivaient messire Yvain, Galeschin et tous les autres prisonniers compagnons de la Table ronde. Tous viennent tomber aux pieds de Lancelot, en le remerciant de les avoir rendus au siècle. Morgain prenait sur elle de cacher sa douleur, et se tournant vers Lancelot d'un visage serein : « Chevalier, lui « dit-elle, vous avez fait bien, et vous avez fait « mal. Mal, en rendant la liberté à tant de « cœurs félons qui avaient manqué et manque« ront encore à ce qu'ils doivent aux dames ;

« bien, en leur permettant de reprendre les
« armes et de poursuivre le cours de leurs
« prouesses. Votre amie a droit d'être fière ;
« elle est de toutes la mieux aimée. — Dame,
« répond Lancelot, laissez partir tous ces che-
« valiers, ou dites ce qui reste à faire pour les
« délivrer. — Vous avez assez fait, ils sont
« déjà libres. Mais vous m'avez promis d'a-
« mender l'injure que j'ai reçue, et j'entends
« que vous passiez ici la nuit : demain, je pour-
« rai vous donner congé ».

Les prisonniers délivrés voulurent, avant de quitter le Val sans retour, attendre celui auquel ils devaient leur délivrance. Morgain l'avait conduit dans la plus riche de ses chambres ; mais quand tous furent endormis, elle se présenta devant sa couche et prononça sur lui une conjuration qui le retint dans un sommeil qu'elle seule pouvait rompre. Une litière avait été posée sur deux palefrois tenant bien l'amble : il y fut doucement transporté. Cependant, la demoiselle qui l'avait conduit entend quelque bruit et soupçonne la trahison. Elle saute de son lit à peine vêtue ; mais la litière qui emportait Lancelot était déjà loin : « Ah madame !
« s'écrie-t-elle, qu'entendez-vous faire de ce
« preux chevalier ? — Vous est-il de rien, fait
« Morgain ? — Non, mais nous espérions qu'il
« délivrerait mess. Gauvain. — Ne vous affligez

« donc pas ; il pourra vendredi se rendre de-
« vant la Tour douloureuse. — Hélas! dois-je
« vous en croire, vous si déloyale envers lui !
« — Je vous le promets sur ma foi de chré-
« tienne. » La demoiselle parut satisfaite du
serment et laissa Morgain s'éloigner avec la
litière et ne s'arrêter qu'au milieu de la forêt,
dans un réduit secret où elle aimait à sé-
journer.

Alors elle éveilla Lancelot. Avant qu'il ne
fût revenu de sa surprise : « Lancelot, dit-elle,
« vous êtes mon prisonnier; j'entends vous
« garder, non pour venger l'outrage que j'ai
« reçu, mais pour apaiser un plus ancien res-
« sentiment. Vous pourrez cependant vous éloi-
« gner, si vous accordez ce que je veux vous
« demander. — Parlez, dame; si je puis le
« faire, j'y consentirai. » Et il lui tend la main
droite. A l'un de ses doigts Morgain aperçoit
l'anneau que lui avait autrefois donné la reine
Geniévre; à sa main gauche était celui de la
Dame du lac. « Je vous demanderai bien peu
« de chose, lui dit-elle; donnez-moi l'anneau
« que je vois à cette main. — Dame, je n'achè-
« terai pas à ce prix ma liberté; vous n'aurez
« pas cet anneau sans le doigt qui le retient.
« — Oh! je saurai bien l'avoir tout seul. —
« Non, dame, quand vous emploieriez toutes
« les conjurations de Merlin. »

Cette résistance confirma Morgain dans la pensée que l'anneau était un présent de la reine. Or elle en avait un second presque en tout semblable : sur l'un et l'autre, deux petites figures se rapprochaient ; seulement, sur l'anneau de Lancelot les figures tenaient un cœur, et sur celui de la fée elles avaient les mains entrelacées.

Morgain avait voué à la reine Genièvre une haine furieuse, et voici quelle en avait été l'occasion : sa mère, la reine Ygierne, vivait encore quand elle s'était éprise d'une passion désordonnée pour un cousin de la jeune reine ; on ne parlait pas encore de Lancelot. Genièvre, les ayant un jour surpris dans les bras l'un de l'autre, avait menacé son cousin d'en parler au roi s'il ne lui promettait de rompre toute familiarité avec Morgain ; l'autre l'avait promis sur les Saints. A partir de là, Morgain confondit dans le même ressentiment son frère Artus et la reine. C'est pour assouvir ses projets de vengeance qu'elle avait quitté la cour sans prendre congé et qu'elle était allée rejoindre Merlin dans les forêts où il séjournait. Merlin en était devenu aveuglément épris et lui avait enseigné grande partie de ce qu'il savait de charmes et d'enchantements. Or, la possession de l'anneau de Lancelot devait lui donner les moyens de perdre la reine. Mais nous devons ici laisser Morgain, pour revenir à ceux qui n'avaient pas encore quitté le Val sans retour, ou des faux amants (1).

LXXXII.

Quand le jour reparut au lendemain, les chevaliers de la maison d'Artus que Lancelot venait de délivrer trouvèrent leurs chevaux et leurs écuyers disposés au départ; mais le château, les eaux, les jardins, les murailles, tout avait disparu. Ils se voyaient au milieu d'une plaine découverte. Messire Yvain et Galeschin, étonnés de l'absence de Lancelot, devinèrent que Morgain s'en était rendue maîtresse à l'aide de ses conjurations magiques. Que faire maintenant, et comment espérer d'arriver jusqu'à messire Gauvain, sans l'aide de celui qui pouvait seul le délivrer? Le duc fut d'avis de ne pas renoncer à l'entreprise : « Assurément, dit-il, nous

(1) Cette histoire des premières amours de Morgain découvertes et troublées par la reine Genièvre, est aussi racontée dans le *livre d'Artus*. Bertolais est le nom de l'amant congédié, et le même désir de vengeance y décide ce Bertolais à s'attacher à la seconde Genièvre quand elle vient réclamer la place de la première. Le livre de Lancelot ne renvoie pas dans cet endroit à celui d'*Artus*, et l'on en peut tirer l'induction assez vraisemblable de son antériorité.

« perdons dans Lancelot notre plus sûr garant
« du succès ; mais nous serions blâmés en re-
« venant à la cour sans avoir fait tout ce qu'il
« était en notre pouvoir pour trouver et secourir
« messire Gauvain. Invitons à nous seconder
« tous les chevaliers nouvellement délivrés ;
« le roi Artus, dès qu'il apprendra le malheur
« de son neveu, ne manquera pas de se joindre
« à nous pour attaquer la Tour douloureuse. »

Ce conseil ayant été jugé le meilleur, les chevaliers du Val des faux amants consentirent à suivre le duc de Clarence et messire Yvain. Ils étaient deux cent cinquante-trois : Aiglin des Vaux leur proposa d'aller demander le premier gîte à un sien oncle dont le beau château ne les éloignait pas de la Tour douloureuse : « Va, dit-il à son écuyer, jusqu'à Roe-
« vans (1) ; tu diras à mon seigneur d'oncle que
« je le salue et que je lui présenterai monsei-
« gneur Yvain, fils du roi Urien, le duc de Cla-
« rence et tous les chevaliers de la maison du
« roi échappés au Val sans retour. Avertis-le de
« faire belle chaire, car jamais il n'aura meil-
« leure et plus noble compagnie. »

L'écuyer fit grande hâte et trouva le sire du château assis sur une couche et jouant aux échecs avec une dame de grande beauté. Il

---

(1) *Var. Rovelans.*

les salue et dit son message : comment le Val sans retour avait cessé de mériter son nom, et comment un loyal chevalier en avait abattu les mauvaises coutumes. L'oncle d'Aiglin, en l'écoutant, ne peut contenir sa joie : il danse, il chante, il semble qu'il ait autant gagné que tous ceux qu'il va recevoir. Mais il en est tout autrement de la dame : elle pâlit, on est obligé de la soutenir, et quand elle revient à elle, elle demande qui a délivré le Val ? « Dame, dit l'é-
« cuyer, c'est Lancelot du lac que Morgain a
« emmené nous ne savons où. — Ah Lan-
« celot ! puisses-tu ne jamais sortir de prison !
« et si tu en sors, puisses-tu mourir d'armes
« empoisonnées ! tu m'as ravi toutes mes joies,
« la tranquillité de ma vie. — Dieu garde au
« contraire Lancelot de tout malheur ! fait
« l'écuyer; c'est le plus loyal des chevaliers vi-
« vants. — S'il est tel que vous dites, reprend
« la dame, l'honneur en est à lui, le profit à
« son amie ; mais les autres en auront tout
« le dommage. »

Pendant que la dame se lamente ainsi, le châtelain fait disposer les chambres et tout préparer pour recevoir honorablement la noble et nombreuse compagnie ; mais pour aller au devant d'eux, il ne dépassa pas la porte de son verger. Les rues de la ville avaient été, pour les recevoir, jonchées d'herbes fraîches et de

feuillages. Dès qu'ils arrivèrent, on établa les chevaux, on désarma les chevaliers : les tables étant dressées, Aiglin s'étonna de ne pas voir la dame : « Elle s'est enfermée dans ses cham-
« bres, répond le châtelain, pour y mener le
« plus grand deuil du monde. » En courtois maître de maison, l'oncle d'Aiglin faisait tous les honneurs possibles à messire Yvain, à Galeschin, à tous leurs compagnons. Aiglin alla d'abord à la chambre de sa tante, et lui voyant les yeux rouges et gonflés, la voix rauque et brisée à force d'avoir crié : « Qu'est-ce donc, lui
« dit-il, êtes-vous affligée de notre délivrance ?
« — Je songe à ce qui m'attend, non à ce qui
« vous arrive. Oh ! combien de femmes sages
« et loyales vont perdre de leurs avantages !
« Autant votre Lancelot vous a fait de bien,
« autant il nous a fait de mal.

« — Toutefois, reprend Aiglin, le dommage
« d'une femme n'est pas à comparer à la dé-
« livrance de deux cent cinquante-trois che-
« valiers. — Taisez-vous, beau neveu : s'ils
« étaient perdus, ne devaient-ils pas s'en pren-
« dre à leur folie ? n'avaient-ils pas la récom-
« pense de leur déloyauté ? » Tout en se débattant ainsi, elle céda aux prières d'Aiglin des Vaux et consentit à venir prendre sa place au festin. Mais elle mangea peu et se retira bientôt en exigeant qu'on ne la suivît pas.

Les nappes levées, le duc de Clarence demande au seigneur du château pourquoi leur délivrance affligeait tant la dame : « Je vous le
« dirai volontiers ; mais auparavant vous sau-
« rez que j'ai été plus de dix ans de la maison
« du roi Artus, et que je suis compagnon de
« la Table ronde. Je connais fort bien messire
« Yvain et je n'oublierai jamais ce qu'il fit
« dans un autre temps pour moi, ce qui lui
« valut même un rude coup d'épieu dans la
« cuisse. — Oui, dit en souriant mess. Yvain,
« je vous reconnais : vous êtes Keu d'Estrans.
« Il est vrai que nous eûmes alors grand
« peur et que je fus blessé ainsi que vous le
« rappelez. Nous étions chez une orgueilleuse
« dame qui voulait tuer tous ceux qui refu-
« saient de partager son lit, et faisait tuer tous
« ceux qui l'avaient partagé. Je fis ce qu'elle
« demandait et, par bonheur, j'en fus quitte
« pour une large blessure et une grande frayeur.
« — C'est pour nous sauver que vous con-
« sentiez à cette cruelle épreuve. — N'en par-
« lons plus, reprit messire Yvain, et veuillez
« nous dire pourquoi cette belle dame a tant
« de chagrin de notre délivrance.

« — Sachez donc, dit Keu d'Estrans, que je
« l'aime depuis mon enfance ; et bien qu'elle
« soit de plus haut lieu que moi, j'osai la
« prier d'amour : — Elle répondit qu'elle ne

« me chérissait pas moins et qu'elle voulait
« bien me choisir pour seigneur et mari, si je
« lui accordais un don. J'en pris l'engage-
« ment sur les Saints. Quand je fus investi de
« sa terre et que nous fûmes épousés, je lui
« demandai quel était ce don? — C'est, dit-elle,
« de ne jamais passer la porte de ce château,
« tant que les chevaliers du Val sans retour ne
« seront pas délivrés. Elle comptait ainsi me
« retenir à toujours auprès d'elle; et mainte-
« nant que Lancelot a fait tomber la mauvaise
« coutume du Val, elle pressent qu'elle perdra
« souvent ma compagnie. Pour moi, mon seul
« chagrin est la perte de Lancelot auquel je
« dois autant que vous. Et puisque vous vou-
« lez travailler à la délivrance de messire
« Gauvain, j'entends être des vôtres. » Les
chevaliers le remercièrent; il envoya semondre ses vassaux, en leur annonçant qu'il avait
recouvré le droit d'aller et venir. Ils arrivèrent
le lendemain, et tous se mirent à la voie.
Comme ils montaient, la demoiselle parut qui
avait vu emmener Lancelot; elle leur apprit
que Morgain consentait à laisser arriver son prisonnier devant la Tour douloureuse. Mais les
serments de la rancuneuse fée ne leur inspiraient
pas une grande confiance.

Pendant qu'ils cheminent, allons voir ce qui
se passe dans la prison de Lancelot.

LXXXIII (1).

Morgain n'avait pas même attendu la fin du jour pour insister de nouveau près de son prisonnier. Elle était revenue à sa geôle. « Ne voudrez-vous
« donc pas, lui dit-elle, entendre à votre ran-
« çon ? — Bien au contraire, dame : rien de ce
« que je puis faire ou donner ne me coûterait
« pour sortir d'ici. — Je ne puis pourtant de-
« mander moins qu'un simple anneau. — Cet
« anneau est la seule chose que je ne puisse
« donner : vous ne l'aurez pas sans emporter
« le doigt qui le garde. — Ainsi, vous laisse-
« rez à d'autres l'honneur de conquérir la
« Tour douloureuse. — Si messire Gauvain ne
« me doit pas sa délivrance, vous serez à ja-
« mais blâmée d'avoir causé ma mort.

« — Mais enfin, si je vous laisse aller à la
« Tour douloureuse, vous engagerez-vous à
« me revenir, une fois la besogne achevée ; et
« pour gage, me laisserez-vous cet anneau ?
« — Je ferai serment de revenir, et vous
« n'aurez pas besoin d'autre gage. »

---

(1) Les détails de cette laisse diffèrent presque entièrement dans le ms. 1430 et dans les imprimés. J'ai préféré la leçon du ms. 339, f°s 91-93.

Morgain ne douta plus que l'anneau ne fût un don de la reine. Elle l'eût même pu reconnaître, si Lancelot lui eût permis de le regarder de près. Il était petit! et les deux figures étaient taillées sur une pierre noire.

Quand elle n'espéra plus de l'obtenir de plein gré : « Je vous laisserai donc aller, dit-elle, « sans autre gage que votre parole : une fois « messire Gauvain délivré, vous me reviendrez, et dès que vous en serez sommé. »

Elle fit ouvrir aussitôt la geôle, et le conduisit devant une table bien servie. Les nappes levées, il trouva son cheval ensellé. Quand il voulut prendre congé : « Beau sire, lui dit-« elle, je mets sous votre garde une de mes « pucelles ; elle connaît bien les meilleurs et « les plus courts chemins. Vous n'avez pas à « perdre un instant pour arriver à la Tour dou-« loureuse. —Grands mercis, dame ! je condui-« rai la demoiselle aussi loin qu'elle voudra. »

Morgain parle alors à voix basse à la plus belle de ses demoiselles, et lui fait monter un palefroi ; quatre valets les accompagnent, chargés d'un petit pavillon qu'ils doivent tendre quand ils auront besoin d'arrêter.

Les voilà chevauchant du même pas, Lancelot et la demoiselle, elle l'entretient et cherche par son enjoûment à lui faire oublier les heures. Elle rit, conte, et çà et là glisse des pensées

de plaisir et d'amour. Souvent elle baisse sa guimpe ou détache un nœud de sa robe, pour laisser voir tantôt son gracieux visage, tantôt la blancheur de son cou. Elle chante des lais bretons, des rotruenges aux gais refrains; sa voix était haute et claire, elle parlait breton aussi bien que français. Comme ils traversaient de riants ombrages : « Voyez, dit-elle, l'a-
« gréable verdure : sire chevalier, ne trouvez-
« vous pas qu'il y aurait honte à qui passerait
« seul avec une belle dame, sans faire quel-
« que pause ici ? » Lancelot répondait à peine et sans la regarder, mal satisfait de telles paroles. Et comme elle continuait : « Demoi-
« selle, dit-il, parlez-vous sérieusement ? —
« Oui. — En vérité, je ne croyais pas qu'une
« pucelle eût osé jamais dire à chevalier in-
« connu ce que lui-même eût rougi de lui dire.
» — Il peut cependant arriver qu'un chevalier
« beau, sage et craintif, voyageant seul avec
« une belle dame, n'ose la prier d'amour : alors
« la dame, qui devine sa pensée, peut fort bien
« le prévenir et lui dire ce qu'il craindrait
« d'avouer. S'il n'y veut entendre, j'estime que
« pour ce défaut de courtoisie il mérite d'être
« blâmé dans toutes les cours du monde. Et
« comme je sais que vous êtes preux et loyal
« autant que je suis jeune et belle, il semble
« à propos de nous arrêter dans ce beau lieu

« et de saisir l'occasion que nous offre la so-
« litude. Si vous refusez, c'est que vous re-
« noncez à ma compagnie, et vous me donnez
« le droit de dire que vous êtes un recréant (1).

« — Demoiselle, vous me suivrez tant qu'il
« vous plaira ; mais vous n'aurez de moi rien
« de ce que vous demandez. Vous parlez appa-
« remment ainsi pour m'éprouver, et je ne
« demande pas mieux que de continuer à vous
« conduire, si vous consentez à changer d'en-
« tretien. — Soit ! Je resterai avec vous et je
« ne parlerai plus. » Et sous sa guimpe elle
laisse éclater un rire moqueur de la réserve
du chevalier. Après un silence assez long,
elle reprend : « Dites-moi, chevalier, est-il vrai
« qu'au royaume de Logres la coutume soit
« d'accorder à toute demoiselle le service qu'elle
« vient à demander ? — Assurément, demoi-
« selle ; mais s'il n'est pas en son pouvoir de
« le rendre, il n'a pas à craindre d'être blâmé.
« — Ne pouvez-vous donc accorder ce que je
« réclame de vous ? — Je n'en ai le désir ni
« la force. — Ni la force ! Ainsi vous vous
« avouez battu par une demoiselle. » Ces derniers mots mettent la patience de Lancelot à
une rude épreuve : « Demoiselle, dit-il, je mon-

(1) Le *recréant* est le champion qui s'avoue vaincu et renie ce qu'il avait soutenu avant de combattre.

« tre pour vous plus de courtoisie que vous
« n'en avez pour moi : toutes vos paroles me
« déplaisent. Pour en finir, je vous donne le
« choix de deux partis : vous viendrez avec
« moi et vous ne direz plus rien de pareil; ou
« vous irez seule et me laisserez suivre mon
« chemin. — Fort bien ! mais je ne vous tiens
« pas quitte ; vous avez promis de me conduire.
« Si vous ne le voulez, dites-le moi ; je retour-
» nerai vers ma dame et lui annoncerai que
« vous avez failli à votre engagement en refu-
« sant de m'accompagner jusqu'à la fin. » Lancelot hésite un instant : les propos de la demoiselle lui causaient un mortel ennui, mais il
s'était engagé à la garder. Il lui répond : « Si
« vous êtes vilaine envers moi, je ne vous
« imiterai pas. Dites ce qu'il vous plaira, je
« continuerai à vous conduire. »

Ainsi chevauchent-ils jusqu'aux heures de
vêpres sans ouvrir la bouche, si ce n'est pour
demander la voie. La demoiselle rompt encore
le silence la première : « Chevalier, vous pa-
« raissez oublier qu'il serait temps de gagner
« un gîte. — Cela vous regarde, demoiselle,
« je m'en remets sur vous : c'est pour m'indi-
« quer le meilleur chemin et pourvoir aux
« incidents du voyage que votre dame vous a
« confiée à moi ; en revanche, je dois vous
« garder envers et contre tous. — Eh bien j'en-

« tends vous disposer un gîte que le plus grand
« roi du monde trouverait à son gré. »

La nuit tombait, la lune brillait de tout son éclat. Ils traversent une grande et belle lande pour arriver dans un lieu ombragé. La demoiselle avertit les valets de déployer et tendre le pavillon qu'ils avaient emporté. Après avoir descendu la demoiselle, ils vont désarmer Lancelot; ils sortent de leurs valises des mets abondants et les posent sur la pelouse. Après avoir fait honneur au souper, Lancelot rentre dans le pavillon avec la demoiselle; il arrête ses yeux sur le lit que les valets ont dressé; il admire la richesse de la couverture et de la courte-pointe : au chevet, deux oreillers dont les taies étaient de samit richement ouvré, les franges semées de pierreries de grande vertu. A chacune des attaches de la taie brillait un bouton d'or rempli de baume délicieux, et sous les deux apparents oreillers s'en trouvaient deux autres à taies blanches ; enfin, à quelque distance, un autre lit bas et peu orné.

La demoiselle s'approche de Lancelot et se dispose à le dévêtir et coucher. « Et vous, de-
« moiselle, demande-t-il, où reposerez-vous ?
« — Ne vous souciez de mon lit ni de mon
« repos; je n'en suis pas en peine. » Il se couche donc; mais comme il est inquiet de ce que peut méditer la demoiselle, il garde ses braies

et sa chemise. Quand la demoiselle eut conduit les valets à l'endroit extérieur où ils doivent passer la nuit, elle revient au pavillon de Lancelot et pose à terre les deux cierges, pour que la couche de Lancelot n'en fût plus éclairée. Il ne dormait pas ; il la voit ôter sa robe, ne garder que sa chemise, venir à son lit, lever les draps et se placer à ses côtés : « Eh « quoi! s'écrie-t-il, a-t-on jamais vu demoiselle « ou dame prendre ainsi de force un cheva« lier? » Et il saute hors du lit. « O le plus « recréant des chevaliers! fait-elle ; sur ma vie, « vous n'eûtes jamais grain de loyauté : hon« teuse l'heure où vous vous êtes vanté de dé« livrer messire Gauvain, puisqu'il suffit d'une « simple demoiselle pour vous faire quitter la « place. — Dites tout ce que vous voudrez ; le « chevalier qui aurait droit d'accuser ma loyauté « n'est pas encore né.

« — Nous verrons bien. » Elle essaie de le prendre par le nez et le manque, sa main descend sur le col de la chemise. Lancelot la saisit, pose à terre la demoiselle et l'avertit qu'il se lèvera si elle ne va reposer tranquillement dans un autre lit. « Je veux bien vous « promettre une chose. — Laquelle ? — Je vais « vous le dire à l'oreille, peut-être on nous « écoute ; et si vous me refusiez, vous en au« riez grande honte. » Lancelot approche alors l'oreille de sa bouche. « Mon Dieu ! » dit-elle en poussant un grand soupir, « je me sens malade; » et elle s'étend comme pâmée. Il tourne la tête pour la regarder; elle prend son temps et le baise à la bouche. Il se rejette aussitôt en arrière; peu s'en faut qu'il ne devienne furieux; il sort du pavillon, il va frotter, laver, essuyer ses lèvres, et cracher à plusieurs reprises.

Et quand il la voit revenir à lui, il saisit son épée suspendue au poteau du pavillon et jure de l'en frapper si elle ne le laisse en repos. Elle sait n'avoir rien à craindre, elle approche les bras tendus. Il s'éloigne à grands pas : « Re-
« venez, dit-elle, chevalier couart : je renonce
« à vous donner la chasse. Ah ! le plus déloyal
« des champions ! Quelle honte d'avoir quitté
« votre lit pour moi, et d'avoir refusé le don
« que je vous demandais ! — Dieu me garde
« d'une loyauté qui ferait de moi un parjure !
« — Ne suis-je donc pas assez belle ? — Ja-
« mais assez, pour celui dont la foi est en-
« gagée. »

Alors elle se met à rire : « C'est assez, cheva-
« lier, dit-elle, vous n'avez plus à vous gar-
« der de moi. Retournez à votre lit, je ne vous
« y suivrai pas. Apprenez que tous les ennuis
« que je vous ai causés n'ont été que pour
« éprouver votre cœur. Je devais obéir à ma

« dame, et j'en ai grand deuil, car je crains
« que vous ne vouliez pas me pardonner. » Elle
tombe alors aux pieds de Lancelot qui la relève
et la rassure de son mieux (1).

Il revint à son lit, la demoiselle au sien, et
ils dormirent tranquillement le reste de la nuit.
Le lendemain, quand il fut levé, la demoiselle propose de le conduire à un ermitage voisin pour y entendre une messe du Saint-Esprit;
ils s'y rendent : l'ermite offre de partager avec
eux son frugal repas. Ils montent ensuite et
arrivent dans une vaste lande ; un agneau n'y
eût pas trouvé sa pitance. La voie était coupée
par une rivière transparente, rapide et profonde. « Veuillez, dit la demoiselle, regarder
« sous les eaux : y voyez-vous le corps d'un
« chevalier armé de toutes armes, et debout
« devant une dame ? — Oui ; qu'est-ce là ? — Je
« vous le dirai :

« Ce chevalier avait tendrement aimé la dame
« qui est encore là près de lui et qu'on avait
« mariée à un baron félon et jaloux. Bien que
« son amour pour le chevalier eût toujours été
« exempt de blâme, car rien n'eût pu lui faire
« oublier ses devoirs de femme épousée, l'é-

---

(1) On trouve à plusieurs reprises l'imitation de cette
jolie scène dans les Amadis, mais avec de nouveaux détails suffisamment accentués ici.

« poux en prit de l'ombrage. Il épia le che-
« valier, le tua en trahison et le précipita dans
« l'eau tout armé. Cela fait, il vint en ins-
« truire la dame qui, courant aussitôt à l'en-
« droit où le chevalier avait été jeté, se mit à
« genoux, pria Notre-Seigneur de lui pardon-
« ner et lui demanda, comme récompense de
« la foi conjugale qu'elle avait toujours gardée,
« de la réunir à celui qu'elle n'avait cessé d'ai-
« mer. Alors elle se précipita, plongea jusqu'au
« corps du chevalier, et demeura les bras en-
« lacés dans les siens au fond de cette eau
« transparente. Depuis ce jour, la terre qui ap-
« partenait au criminel époux cessa de rien pro-
« duire, elle se desséna complétement. Appro-
« chez de cette croix de pierre dressée à votre
« gauche. » Lancelot avance et lit : *Le chevalier et son amie seront tirés de là par celui qui
doit mettre à fin les aventures de la Tour douloureuse.* « Bien des chevaliers errants, dit la
« demoiselle, ont tenté de ramener à la rive
« les deux amants; au lieu d'y parvenir, ils sont
« demeurés engloutis sous les flots. Gardez-
« vous de les imiter. »

Lancelot ne répond pas, mais descend de
cheval, s'élance dans le courant, saisit entre
ses bras le chevalier et revient le déposer sur la
rive; puis il retourne dans l'eau, va prendre la
dame et la ramène auprès du corps de son

amant. « En vérité, s'écrie la demoiselle émerveillée, vous n'êtes pas un homme. — Et « que suis-je à vos yeux, demoiselle? — Un « fantôme! » Lancelot rit et demande ce qu'ils peuvent encore faire pour ces deux corps. « Nous « allons passer devant leur ancien château ; « nous donnerons la nouvelle; on viendra les « prendre et on leur accordera la sépulture « chrétienne. »

Ce que la demoiselle avait prévu ne manqua pas d'arriver. Lancelot ne s'arrêta pas à recevoir les remercîments des gens du château, il poursuivit son chemin ; et quand ils furent assez près de la Tour douloureuse, ils retrouvèrent le duc de Clarence, messire Yvain et tous les chevaliers nouvellement sortis du Val sans retour. Le valet de Blancastel avait rejoint le duc et venait de leur apprendre que Karadoc était sorti de son château avec deux cents chevaliers et dix mille sergents, pour attendre le roi Artus dans une gorge de la forêt qu'on appelait *le Pas félon.* « La Tour, « ajouta le valet, ne contenait plus qu'un petit « nombre de défenseurs et pouvait être aisé-« ment conquise. » Les voilà dans l'incertitude de ce qu'ils avaient de mieux à faire. Suivront-ils les traces de Karadoc, ou profiteront-ils de son éloignement pour attaquer la Tour douloureuse? Messire Yvain et Galeschin se déci-

dèrent à tenter la prise du château, d'autant mieux qu'ils auraient cru se parjurer en s'écartant volontairement de la quête entreprise. Mais Lancelot pensa qu'en l'absence de Karadoc il y aurait trop peu d'honneur à surprendre sa maison. « Messire Gauvain, ajouta-t-il,
« qui a tant de prouesse, ne voudrait pas de-
« voir sa délivrance aux moyens que Kara-
« doc emploie contre ses victimes. Mieux vaut
« tenter de joindre le ravisseur, puisque nous
« porterons en même temps secours à monsei-
« gneur le roi. » Le duc d'Estrans, Aiglin des Vaux et leurs compagnons suivirent Lancelot et laissèrent Galeschin et messire Yvain tenter l'attaque de la Tour douloureuse. Disons d'abord quel fut le succès de leur entreprise.

Quand ils arrivèrent devant le premier bail (1) en avant de la porte principale, ils y trouvèrent un nain qui tenait en main une épée sanglante. « Seigneurs, leur dit-il, voulez-vous
« entrer ici ? — Oui. — Ne vous pressez pas :
« vous ne pouvez passer ensemble ; mais pen-
« dant que l'un avancera, l'autre attendra
« pour le rejoindre des nouvelles de son com-
« pagnon. La coutume oblige le premier à
« combattre seul dix chevaliers ; qui de vous
« tentera l'épreuve ? » Les deux amis commen-

---

(1) Clôture de palissades.

cent à regretter de ne pas avoir suivi Lancelot ; toutefois : « Advienne que pourra ! dit le duc, « je ne reculerai pas.

« — Nous avons, reprit le nain, une autre « entrée peut-être moins dangereuse. » Messire Yvain, dans la crainte de passer pour timide aux yeux de son compagnon, s'en tient à celle-ci ; Galeschin tentera l'autre passage. Pendant que le duc s'éloigne, mess. Yvain dit au nain d'aller faire ouvrir la grande porte. On lève la barre, il passe le bail, et il entend corner du haut de la grande porte. Dix chevaliers armés en gardaient l'entrée, cinq d'un côté, cinq de l'autre ; tous montés sur grands chevaux, le glaive au poing, l'épée ceinte. « Seigneurs « chevaliers, leur dit messire Yvain, que doit « perdre celui qui resterait en votre pouvoir ? « — Rien que la tête. — Et s'il s'ouvre un « passage ? — Sire, répond un des dix, le fief « que nous tenons nous oblige à garder cette « porte ; mais Dieu veuille que nul n'essaye plus « de la franchir, comme tant d'autres qui y ont « laissé la vie. Si nous vous prenons, vous « aurez la tête tranchée ; si vous nous outrez « et, après nous, le gardien de la grande tour, « le château vous sera rendu avec tous les « honneurs qui en dépendent. L'épreuve est, « comme vous voyez, assez rude à tenter, plus « rude encore à achever.

« — Chevalier, répond messire Yvain, je ne
« suis pas venu jusqu'ici pour refuser de tenter
« l'aventure. »

Pendant que les chevaliers se disposent à le bien recevoir, il recule de quelques pas et, les yeux levés au ciel, prie Notre-Seigneur d'avoir merci de son âme; car pour le corps, il en a fait le sacrifice. Il recommande à Dieu le roi, la reine et messire Gauvain qu'il ne compte plus revoir. Puis, le glaive sous l'aisselle, il broche des éperons vers les dix chevaliers. Tous font tomber sur lui leurs glaives et l'obligent à ployer l'échine en arrière : alors ils détachent l'écu de son cou; mais le bon cheval qu'il avait conquis en délivrant Sagremor passe outre et l'emporte jusqu'au milieu de la cour, sans qu'il ait quitté les arçons.

Tout surpris de n'être pas tué, mess. Yvain reprend espoir, met la main à l'épée, revient sur les chevaliers et fait de merveilleuses armes. Mais la lutte était trop inégale : à force de le cribler de coups, les dix chevaliers l'abattent, le lient et le ramènent au milieu de la place où l'on immolait les vaincus. Alors parut la demoiselle qui avait si bien adouci les ennuis de messire Gauvain : elle fait entendre aux chevaliers que mieux valait retenir prisonnier ce chevalier qu'elle savait de la maison d'Artus. Ils écoutent ce qu'elle dit et conduisent messire

Yvain dans un souterrain pour y attendre ce que Karadoc en décidera.

Pendant ce temps, le duc de Clarence était à la poterne du château et passait la planche étroite jetée sur le fossé. Au delà de la poterne, deux chevaliers fondent sur lui; il se défend vaillamment, navre le premier et, tenant le second en respect, avance jusqu'au second mur, passe la seconde poterne, non sans quelque inquiétude en l'entendant refermer derrière lui. Quatre chevaliers l'assaillent en même temps et son écu est bientôt percé de part en part. Les glaives le frappent devant et derrière, et pourtant il se défend encore. Enfin il fléchit et tombe de lassitude. On le prend, on le lie; il est traîné dans le même souterrain que messire Yvain. Nous pouvons comprendre la douleur des deux amis réduits à n'attendre plus que le moment où le géant viendra leur trancher la tête.

Mais Lancelot nous réclame : nous devons laisser Galeschin et messire Yvain dans la Tour douloureuse pour retourner à lui.

LXXXIV.

Lancelot et les chevaliers du Val sans retour, en se séparant de Galeschin et de mess. Yvain, avaient été conduits par les deux demoiselles jusqu'au défilé appelé le Pas félon. L'ost du roi Artus s'y trouvait déjà aux prises avec les gens de Karadoc, et sans doute les Bretons n'auraient pu avancer plus loin, si Lancelot et ses compagnons n'étaient venus à leur aide et n'avaient attaqué l'ennemi commun d'un autre côté. Après avoir encore assez longuement combattu, Karadoc prévit qu'il ne pouvait emporter l'avantage et donna le signal de la retraite. Pour lui, il s'enfonça dans un chemin couvert et détourné qui devait le ramener à la Tour douloureuse que les Bretons n'allaient pas manquer d'assiéger.

Lancelot le vit s'éloigner et brocha des éperons sur ses traces. Il le rejoignit, et quand il fut à portée : « Lâche géant ! lui cria-t-il, « n'aurais-tu pas le cœur d'attendre un seul « chevalier? » Karadoc était alors à l'entrée d'un vallon profond : il se retourne et, n'apercevant qu'un seul adversaire, il s'arrête et l'attend l'épée levée. Bientôt s'échangent entre eux les grands coups sur la tête, les bras et les épaules. Le sang vermeil rougissait déjà les mailles de leurs blancs hauberts; mais Karadoc craint de ne pouvoir regagner à temps la Douloureuse tour, il tourne son cheval et laisse Lancelot le poursuivre. En approchant de son château, il entend un grand bruit d'armes : c'est l'ost des Bretons poursuivant de près ceux qui avaient cessé de leur disputer l'entrée du Pas félon, et qui fuyaient maintenant en désordre. Il n'en a que plus de hâte de rentrer, et la gaite qui du haut des murs le voit approcher, fait abaisser le pont pour lui laisser le passage libre.

Mais Lancelot le serrait vivement et ne cessait de le frapper de sa bonne épée. Pour se garantir, le géant fait couler son écu sur son dos. Lancelot, désolé de le voir au moment de franchir le pont, approche assez de lui pour saisir à deux mains l'écu. Il espérait le faire lâcher; Karadoc, en le retenant, est renversé sur son arçon de derrière et forcé de quitter les guiches qui restent avec l'écu aux mains de Lancelot. Lancelot s'en débarrasse et avance sur le pont avec Karadoc, auquel il ne permet pas de se redresser. Puis il se lève sur sa selle, passe sur le cou de son cheval et de ses deux mains va saisir Karadoc à la gorge. Le géant se débat sous la rude étreinte et parvient à faire tomber à terre Lancelot entre les deux chevaux : mais notre chevalier n'a pas lâché le bras gauche et, grâce à cet appui, il remonte, non plus sur son cheval mais sur l'autre croupe, où il se maintient en passant les bras autour des flancs de Karadoc. Ainsi le cheval les emporte tous deux au delà des trois portes d'enceinte, sans que Lancelot ait à craindre les chevaliers qui les gardaient ; car ils avaient tous couru sur les premières murailles pour les défendre contre l'armée d'Artus.

Arrivés à l'entrée de la Tour douloureuse, le géant, ne pouvant se délivrer de l'étreinte de Lancelot, fait un grand mouvement et tombe avec lui sur la grève. Ils sont tous deux meurtris, mais Karadoc plus encore que Lancelot, en raison de sa pesanteur. Ils restent d'abord étourdis de la chute : Lancelot se relève le premier ; quand il a dressé son épée, il trouve le géant déjà préparé à le recevoir. Karadoc n'a plus son écu, il soutient pourtant l'attaque sans trop de désavantage. Les deux hauberts sont démaillés, les deux heaumes sont fendus, entr'ouverts, inondés de sang ; et cependant ils ne semblent pas découragés ni disposés à demander merci.

Nous avons déjà parlé de la demoiselle que Karadoc avait enlevée à un chevalier qu'elle aimait et qu'il avait mis à mort. Elle en conservait un furieux ressentiment, mais le géant avait conçu pour la pucelle une passion tellement aveugle qu'il ne pouvait plus rien lui cacher de ce qu'il aurait eu le plus grand intérêt de tenir secret. Or, sa mère, la vieille magicienne, avait conjuré pour lui une épée qui devait seule avoir la vertu de lui donner le coup mortel; et, pour son malheur, Karadoc en avait confié la garde à la discrétion de sa plus cruelle ennemie. D'une fenêtre de la tour, la pucelle suivait avec intérêt la lutte terrible de Karadoc contre celui qu'elle croyait le duc de Clarence. Le géant, tout affaibli qu'il était, cherchait à saisir son adversaire pour l'étouffer entre ses bras; mais Lancelot devinait son intention et se gardait bien de lui donner prise. Enfin, non moins accablé de lassitude, il avait laissé le géant approcher des degrés de la tour et ramper sur le dos pour arriver aux dernières marches. En le voyant prêt de rentrer dans la tour, Lancelot veut lui asséner un dernier coup d'épée; mais la lame tourne, va frapper la pierre du degré et vole en éclats. Heureusement, Karadoc n'avait plus la force de profiter de cet accident. Pour la demoiselle, effrayée du danger que courait celui pour lequel elle faisait des vœux, elle va chercher l'épée fée, la fait briller aux yeux de Lancelot, et quand elle est bien certaine d'avoir été comprise, elle la dépose sur

18.

la haute marche du degré. Lancelot va la prendre, et retenant le géant sur le seuil de l'entrée, fait voler à terre le poing qui tenait l'épée. Karadoc pousse un horrible cri qui retentit au loin : les hommes d'armes, qui sur les murs du château résistaient aux Bretons, veulent répondre à cette espèce d'appel ; mais la demoiselle avait eu le temps de refermer les portes derrière eux, si bien que nul ne put arriver à temps et lui venir en aide.

Karadoc, en reconnaissant l'épée enchantée aux mains de Lancelot, comprit que sa dernière heure était venue. « Ah Dieu ! s'écria-
« t-il, devais-je être trahi par celle que j'aimais
« plus que moi-même ! » Cependant, pour essayer de retarder l'instant de sa mort, il rassemble ses forces et s'enfuit jusqu'à l'entrée d'une porte secrète à lui connue, laquelle donnait sur un fossé de deux toises de profondeur. Dans ce fossé était l'entrée de la chartre où se trouvait mess. Gauvain. Au risque de se briser le cou, et dans l'espoir de vivre assez pour immoler son prisonnier, il se laisse tomber dans la fosse, et malgré la douleur qu'il ressent de sa chute et de ses nombreuses blessures, la rage lui donne une dernière énergie ; il tâtonne, touche la porte de la chartre, prend à sa ceinture, de la main qui lui reste, les clefs qu'il ne quittait jamais, et ouvre le cachot. Mais au

même moment il sent tomber sur ses épaules Lancelot, qui, après s'être recommandé à Dieu, n'a pas voulu le laisser échapper. Il jette un sourd gémissement, Lancelot lui arrache le heaume, abat sa ventaille et lui tranche la tête. Comme il poussait le cadavre à l'entrée de la chartre entr'ouverte, il entend une voix plaintive : « Qui est là ? demande Lancelot. — Un « malheureux bien digne de pitié. » A cette voix il reconnaît le neveu du roi. « Cher sei« gneur et compain, s'écrie-t-il, comment vous « est-il ? — Je vis encore : mais pourquoi m'ap« pelez-vous seigneur et compain ? — C'est que « je suis Lancelot. — Ah ! j'aurais dû le devi« ner : quel autre pouvait arriver jusqu'à moi ! « La Table ronde peut se vanter de posséder « en vous la réunion de toutes les prouesses. »

Pendant cette heureuse reconnaissance, la demoiselle de la Tour faisait apporter et glisser dans la fosse une échelle et avertissait Lancelot de s'en servir. Il remonte donc et rejette l'échelle par la lucarne à messire Gauvain qui remonte à son tour. A la voix, messire Gauvain avait reconnu la demoiselle qui l'avait secouru : il va d'abord embrasser ses genoux. Elle fait apporter des armes pour l'en revêtir elle-même. Lancelot, pendant ce temps, allait montrer la tête de Karadoc aux chevaliers et autres défenseurs du château. Quand ils ne peuvent plus douter de la mort de leur seigneur, ils s'humilient et se mettent en la merci du vainqueur. Lancelot les reçoit avec bonté et se fait aussitôt conduire à la prison de messire Yvain et du duc de Clarence. Les deux chevaliers ne peuvent, en le revoyant, se défendre d'un peu de honte; mais leur délivrance et celle de messire Gauvain les décide aisément à prendre part à la commune allégresse.

Lancelot ayant fait ouvrir la porte du château va trouver le roi Artus qui avait pris hôtel dans le bourg. Il lui présente d'abord mess. Gauvain, puis il découvre la tête de l'odieux Karadoc. Viennent ensuite mess. Yvain, Galeschin, Keu d'Estrans et tous les chevaliers sortis du Val des faux amants. Dieu sait combien on s'émerveilla des nouvelles prouesses de Lancelot, et si Galehaut, Lionel, Bohor, la demoiselle de la Tour douloureuse et la demoiselle de Morgain furent transportés de joie et chantèrent les louanges du meilleur des bons. Après avoir raconté les différents incidents de leur quête commune, Lancelot pria le roi d'accorder un don à la demoiselle qui avait si bien mérité de mess. Gauvain et de lui-même. « Sans elle, dit-il, nous
« n'aurions pas mis à fin l'aventure; veuillez l'in-
« vestir du château dans lequel elle fut si long-
« temps retenue. » Le roi l'accorda de grand

cœur; et cette nuit-là même, Melian le Gai, qui depuis longtemps avait convoité la possession du château de son ennemi mortel, demanda et obtint la main de la demoiselle. A partir de ce moment, la Tour douloureuse ne fut plus appelée que le *Château de la belle prise*.

Comme le roi Artus, après avoir soupé, pensait à se mettre au lit, la demoiselle de Morgain tira Lancelot à part et lui dit : « Sire « chevalier, je vous rappelle votre promesse « envers ma dame. » Il écoute avec tristesse et répond sans hésiter qu'il ne se parjurera pas. « Je retournerai au point du jour, si vous n'aimez « mieux que je parte cette nuit même. — Vous « savez les conventions : vous devez partir aussi-« tôt que vous en êtes requis. » Il ne répond pas, entre dans la chambre où la demoiselle de la Tour avait déposé ses armes, et prie celle-ci de faire approcher le meilleur cheval des étables; voulant, dit-il, faire un tour dans la forêt. Dès qu'il fut sorti, il chargea la demoiselle de Morgain d'aller prier mess. Gauvain de venir secrètement le trouver.

Messire Gauvain arrive. « Sire, lui dit Lan-« celot, je suis contraint, pour acquitter un « engagement, de me séparer de vous, et je « ne dois dire à personne, même à vous que j'aime autant qu'on peut aimer chevalier, où

« je vais et qui me fait partir. J'espère ne pas
« demeurer longtemps : mais je vous prie de
« n'avertir le roi ni Galehaut de mon départ,
« avant que je ne sois éloigné. — Ah! Lance-
« lot! dit mess. Gauvain, si vous avez à courir
« un danger, laissez-moi le partager. — Non,
« je n'ai rien à craindre et je m'en vais en lieu
« sûr. A Dieu soyez recommandé! » Cela dit,
il s'en va rejoindre la demoiselle et les sergents
de Morgain qui emportent le riche pavillon. Laissons-le tristement regagner sa prison, et revenons au roi Artus et à Galehaut, auxquels messire Gauvain apprend le lendemain le départ inattendu de Lancelot. Ils en ressentent un vif chagrin : Galehaut surtout ne pouvait comprendre que son ami eût confié à un autre que lui ce qu'il avait en pensée. De là, une profonde mélancolie qui ne le quitta plus jusqu'à sa mort. Rien n'aurait pu distraire la cour du roi de la nouvelle inquiétude causée par l'éloignement du vainqueur de la Tour douloureuse, sans le fâcheux incident dont il nous faut maintenant parler.

LXXXV.

ORGAIN, rentrée en possession de son prisonnier, insista longtemps encore pour obtenir l'anneau de Lancelot; mais voyant enfin que les prières ne servaient de rien, elle eut recours à ses artifices ordinaires. Nous avons dit qu'elle avait une bague presque en tout semblable à celle de la reine, si ce n'est que sous la bague de Morgain, les deux figures se tenaient par les mains. Quand donc elle désespéra d'avoir l'anneau de bon gré, elle feignit de ne l'avoir demandé que pour éprouver Lancelot. En réalité, disait-elle, elle y tenait le moins du monde. Elle prit une herbe appelée sospite et la trempa dans un vin fort. Ainsi préparée, celui qui vient à la porter à ses lèvres tombe aussitôt dans un profond sommeil. Elle la lui présenta, un soir, au lieu de vin du coucher, en ayant soin de placer à son chevet l'oreiller sur lequel il s'était endormi quand on l'avait transporté dans sa prison. Lancelot vida la coupe et ferma les yeux : aussitôt Morgain ôta facilement l'anneau de la reine, et le remplaça par celui qu'elle portait elle-même. Le lendemain matin, elle tira l'oreiller

et Lancelot se réveilla, sans soupçonner comment on l'avait endormi. Pour être plus sûre qu'il ne s'apercevait pas de l'échange, elle fit souvent passer sous ses yeux l'anneau de la reine; il ne parut pas y faire attention. Cela fait, elle ourdit la plus noire méchanceté qui jamais soit entrée dans la pensée d'une femme.

La plus sûre, la plus adroite de ses demoiselles eut ordre de se rendre à Londres, comme Artus y célébrait la grande fête de Pentecôte. Quand cette demoiselle se présenta devant le roi, il était assis sur une couche avec la reine, messire Gauvain et Galehaut. Tous parlaient de Lancelot et de leur impatience de savoir ce qu'il était devenu.

Dès que la demoiselle fut introduite, elle annonça qu'elle venait de par Lancelot, et qu'elle était chargée d'un message dont elle devait s'acquitter en présence de tous les chevaliers et dames de la maison du roi et de la reine. Le roi, charmé de ces premières paroles, se hâta d'avertir les barons, dames et demoiselles. Quand la réunion fut complète, la pucelle parla ainsi :

« Sire, avant tout, j'ai besoin d'être assurée
« que je n'aurai rien à craindre de personne;
« car ce que j'ai mission de dire pourra bien

« ne pas plaire à tout le monde. — Vous
« êtes assurée de plein droit, répond Artus :
« ceux qui viennent à ma cour sont toujours
« en ma garde. Parlez.

« — Sire, Lancelot mande salut à vous
« comme à son droit seigneur, et à tous ses
« compagnons de la Table ronde. Il vous prie
« de lui pardonner, comme à celui que vous
« ne devez jamais revoir. »

A ces mots, Galehaut sentit un froid de
glace traverser son cœur ; il eut peine à se
soutenir. La reine en fut tellement troublée
qu'elle se leva pâle et tremblante : elle ne voulait plus en entendre davantage ; mais la demoiselle en la voyant sortir dit : « Sire, si vous
« souffrez que la reine s'éloigne, vous ne sau-
« rez rien : je ne dirai plus un mot. » Le roi
pria donc messire Gauvain d'aller demander à
la reine de revenir, et messire Gauvain rentra
bientôt avec elle.

« Sire, reprit la demoiselle, quand Lancelot
« partit de la Tour douloureuse, il eut à com-
« battre un des meilleurs chevaliers du monde,
« et fut percé d'un glaive à travers le corps.
« Il perdit beaucoup de sang, il se crut en dan-
« ger de mourir. Alors il demanda un prêtre
« et confessa, en sanglotant, l'horrible péché
« qu'il avait, dit-il, commis envers son droit
« seigneur. Ce péché était de lui avoir enlevé le

« cœur de sa femme épousée. Après avoir
« fait publiquement cet aveu, il prit devant le
« Corps-Dieu l'engagement de ne jamais cou-
« cher plus d'une nuit en ville ; d'aller toujours
« pieds nus et en langes; enfin de ne jamais
« pendre écu à son cou. Pour qu'on ne doutât
« pas de sa résolution, il m'a chargé de rappeler à messire Gauvain ce qu'il lui avait dit
« en quittant la Tour douloureuse : qu'on ne
« devait rien craindre pour lui, et qu'il s'en
« allait en lieu sûr. »

Messire Gauvain se souvint de ces paroles de Lancelot et baissa la tête de douleur. Pour Lionel, il n'avait pas attendu les derniers mots de la demoiselle, et s'était élancé furieux vers elle : il l'aurait apparemment foulée des pieds et des mains si Galehaut ne l'eût arrêté et empêché de toucher une personne en la garde du roi. « Qu'elle sache au moins, s'écria Lionel,
« que si je la puis tenir hors d'ici, il n'y a pas
« de roi ou de reine qui m'empêche de châtier
« ses indignes médisances. — Ainsi, fait la de-
« moiselle, j'aurai dans le roi un mauvais ga-
« rant ! — Ne craignez rien, répond Galehaut,
« je vous prends comme le roi en ma garde,
« vous pouvez continuer : qui voudra vous
« croire vous croie !

« — Voilà, reprit la pucelle, ce que Lan-
« celot m'a chargée de vous dire. Et à vous,

« compagnons de la Table ronde, il recom-
« mande de ne pas l'imiter et de vous garder
« mieux qu'il n'a fait de honnir votre droit
« seigneur. J'apporte d'ailleurs une seconde
« preuve de la sincérité de mon message. Reine,
« il vous renvoie l'anneau que vous lui aviez
« donné comme gage d'amour et de complet
« abandon. » Et elle jeta l'anneau dans le giron
de la reine.

La reine regarde froidement, se lève et dit :
« En effet, cet anneau est le mien : je l'avais
« donné à Lancelot avec d'autres drueries (1).
« Et je veux bien que tout le monde sache
« que je l'ai donné comme dame loyale à loyal
« chevalier. Mais, sire, croyez bien que si nous
« avions ressenti l'amour charnel dont parle
« cette demoiselle, je connais assez la gran-
« deur d'âme de Lancelot et sa fermeté de
« cœur pour être assurée qu'on lui eût arra-
« ché la langue avant de lui faire dire ce que
« vous venez d'entendre. Il est vrai qu'en
« reconnaissance de tout ce qu'il a fait pour
« moi, je lui donnai mon amour, mon cœur,
« et tout ce que je pouvais loyalement don-
« ner. Je dirai plus encore : si, par violence
« d'amour, il se fût oublié jusqu'à me deman-

(1) *Drueries*, gages d'amitié. Joyaux qui témoignaient d'une sorte d'engagement affectueux. (Voyez l'histoire de la dame de Roestoc, tome I, p. 304).

« der au delà de ce que je pouvais donner, je
« ne l'en aurais pas éconduit. Qui voudra m'en
« blâmer le fasse ! Mais quelle dame au monde,
« Lancelot ayant autant fait pour elle, lui eût
« refusé ce qu'il était en son pouvoir d'ac-
« corder ? Lancelot, sire, ne vous a-t-il pas con-
« servé par sa prouesse votre terre et vos
« honneurs ? N'a-t-il pas fait tomber à vos
« pieds Galehaut que je vois ici, et qui déjà
« avait triomphé de vous ? Quand par jugement
« de votre cour je fus injustement condamnée à
« la mort, n'a-t-il pas aussitôt offert, pour me
« sauver, de combattre seul contre trois cheva-
« liers ? Il a conquis la Douloureuse garde ; il
« a mis à mort le plus cruel et le plus fort che-
« valier du monde, pour nous rendre Gauvain,
« messire Yvain et le duc de Clarence. Devant
« Kamalot il a délivré le pays de deux géants
« qui en étaient la terreur ; il est le non-pair
« des chevaliers ; toutes les bontés qui peu-
« vent être dans un homme mortel sont en
« Lancelot, aimable et doux pour tous, le plus
« beau que Nature ait jamais formé. Comme
« il osait dire paroles plus fières et plus hautes
« que personne, il osait entreprendre et savait
« achever les plus surprenants hauts-faits. Que
« dirai-je de plus ? Je ne cesserais pas de louer
« Lancelot que je ne dirais pas encore tous
« les biens qui sont en lui. Par mon chef !

« je ne crains pas qu'on le sache : l'eussé-je
« aimé de sensuel amour, je n'en serais pas
« honteuse ; et s'il était mort, je consentirais à
« lui accorder ce que vient d'avancer cette
« femme, à la condition de lui rendre la vie. »

Ainsi parla la reine, et le roi qui ne semblait pas lui en savoir mauvais gré reprit : « Dame,
« laissez ce propos : je suis persuadé que Lan-
« celot ne pensa jamais rien de ce qu'on vient
« de dire. D'ailleurs, il ne pourra jamais rien
« penser, dire ou faire qui m'empêche d'être
« son ami. Il est bien vrai que la vilaine action
« qu'on lui attribuait tout à l'heure serait pour
« moi grand sujet de douleur ; mais que tous
« mes hommes le sachent : je voudrais, reine,
« qu'il vous eût épousée, si tel était votre
« commun désir, à la seule condition de con-
« server sa compagnie. » Tout en parlant, il tendit la main à la reine que suffoquaient déjà les larmes et les sanglots. Elle demanda la liberté de sortir, et le roi chargea messire Yvain de la conduire. De son côté, la demoiselle de Morgain s'éloignait en tremblant de peur. Galehaut prit aussitôt congé du roi, en déclarant qu'il ne voulait pas coucher en ville plus d'une nuit avant d'avoir nouvelles de Lancelot. Mais il ne pouvait s'éloigner de la cour sans voir la reine. Il la trouva dans le plus grand désespoir, non de ce qui venait d'arriver,

mais de la crainte que Lancelot n'eût cessé de vivre. « Ah Galehaut ! s'écria-t-elle en le « voyant, votre compagnon est assurément « mort ou hors de sens : autrement, aurait-il « jamais quitté cet anneau ! Mais s'il avait « chargé cette femme de venir conter à la « cour ce qu'elle a fait entendre, Lancelot « n'aurait jamais mon amour ; et s'il est « mort, le mal est plus grand pour moi que « pour lui ; car on ne meurt pas de douleur. « — De grâce, madame, ne parlez pas ainsi. « Vous connaissez le cœur de Lancelot, et vous « n'auriez d'autre témoignage de sa loyauté « que l'aventure du Val des faux amants, qu'il « vous serait interdit de le soupçonner. Je vais « en quête de lui ; je reviendrai dès que j'aurai « la preuve assurée de sa mort ou de sa vie. « — Qui doit aller avec vous ? — Lionel que « voici. » La reine les baise tous les deux et leur donne congé. Galehaut renvoie tous ses hommes en Sorelois et ne garde avec Lionel que quatre écuyers chargés du pavillon. En sortant de Londres, ils font rencontre de messire Gauvain, et lui avouent qu'ils entreprennent la quête de Lancelot et ne reviendront qu'après avoir appris s'il est mort ou vivant. Mess. Gauvain déclare aussitôt qu'il les accompagnera, et qu'avant de savoir des nouvelles de Lancelot, il ne reparaîtra pas dans la maison du roi son oncle. Les voilà donc chevauchant de compagnie. Bientôt ils rejoignent messire Yvain que le roi chargeait de conduire la demoiselle de Morgain. Galehaut s'empresse de demander à celle-ci ce qu'elle savait de Lancelot. « Rien, « répond-elle. — Mais, dit Lionel, nous direz-« vous où vous l'avez laissé? — Volontiers. » Et elle nomme un lieu imaginaire où jamais Lancelot n'était passé. — « En tout cas, reprend « Lionel, je ne vous quitte pas et je saurai « au moins d'où vous êtes venue. — J'en serai « charmée : sous la conduite d'aussi preux che-« valiers, je n'aurai pas à craindre de mau-« vaises rencontres. »

Le jour baissait; ils se trouvèrent devant une bretèche fermée de fossés et de palissades. On ouvrit à la demoiselle, les chevaliers la suivirent. Le maître de la maison était absent; à son défaut la dame leur fit grand accueil : un grand manger leur fut préparé. Pendant qu'ils faisaient honneur aux mets, la demoiselle fit secrètement conduire son palefroi au delà des fossés par un valet de la maison et s'éloigna doucement sans prévenir les chevaliers. Elle arriva le matin à la retraite de Morgain et lui apprit le mauvais succès de son message. « Le « roi, dit-elle, n'avait rien voulu entendre con-« tre l'honneur de la reine : la reine avait fran-« chement avoué et reconnu, sans qu'on parût

« lui en savoir mauvais gré, qu'elle aimait Lan-
« celot autant qu'elle pouvait aimer. »

LXXXVI.

CEPENDANT les quatre compagnons apprenaient, en se réveillant le lendemain, la fuite de la perfide pucelle. Lionel voulait se venger sur la dame qui les avait hébergés ; mais Galehaut sut lui persuader que leur hôtesse pouvait être dans l'ignorance des intentions de la demoiselle. Ils partirent de grand matin, avec l'espoir de la retrouver aisément : ils ne conservèrent pas longtemps cette illusion, et par le conseil de messire Yvain, ils se séparèrent à l'entrée d'un carrefour, pour qu'au moins l'un d'eux pût toucher au but qu'ils poursuivaient. Nous allons les accompagner tour à tour.

Pour commencer par Galehaut, il passa la nuit suivante au logis d'un forestier. Le lendemain il arriva devant une forte maison (1), et

(1) La Maison-fort, comme on disait alors, n'avait pas de donjon, mais seulement des tourelles, une enceinte de murs et de fossés. La maison gravée dans le *Dictionnaire d'architecture* de M. Viollet-le-Duc, tome VI, p. 308, au mot *Manoir*, semble en donner une idée exacte.

vit dames et chevaliers formant de joyeuses danses autour d'un écu suspendu à la branche d'un pin. En passant devant cet écu, les danseurs s'inclinaient comme devant un sanctuaire. Galehaut le reconnut pour avoir été porté par Lancelot quand il vint au secours du roi, devant le Pas-félon. Un chevalier de certain âge semblait conduire les autres ; il va le saluer, et lui demande pourquoi l'on faisait tant d'honneur à cet écu ? « Sire, répond-il, parce qu'il a appar« tenu au meilleur chevalier du monde. Nous « lui devons la délivrance de ce château au« jourd'hui nommé Ascalon l'enjoué, et que « des ténèbres attristaient ; nous témoignons « ainsi de notre reconnaissance pour celui qui « nous a rendus à la lumière du jour. »

Galehaut ayant remercié le vavasseur tend le bras jusqu'à la branche où pendait l'écu, le prend et le passe à l'un de ses écuyers. « Comment ! sire chevalier, dit le vavasseur, « pensez-vous emporter cet écu ? — J'aimerais « mieux mourir que le laisser. — Vous mour« rez donc, car nous avons ici quarante che« valiers pour le défendre. » Galehaut ne répond pas et poursuit son chemin jusqu'à l'entrée de la forêt. Là, dix chevaliers arrêtent son cheval et le défient. « Sire, lui dit « alors le valet auquel il avait remis l'écu, veuil« lez me faire chevalier, je vous aiderai dans

« ce pressant besoin. — Non, répond Gale-
« haut. J'aurais honte de te donner la colée
« pour un tel motif. Je t'armerai plus tard et
« avec plus d'honneur ; tu vas voir si j'ai be-
« soin d'aide. » En effet, de son premier coup,
il abat celui qui le tenait de plus court ; il
passe son épée dans la gorge du second ; il
en affronte quatre ensemble, puis six, puis dix
qui, l'un après l'autre, vident les arçons. Enfin
un des derniers venus profite du moment où
il levait le bras, frappe sur son haubert et passe
le fer tranchant entre ses deux mamelles.
Galehaut resta ferme sur les arçons et, plus
irrité par le sang qui sortait de sa blessure,
il arrache le fer de lance retenu dans les
mailles, brandit sa bonne épée et fait voler la
tête de celui qui l'avait percé. Il tenait les autres en respect, quand le vieux vavasseur admi-
rant sa prouesse paraît au milieu des assaillants et leur fait poser les armes : « A la male
« heure soit le glorieux écu, dit-il, s'il cause
« la mort d'un aussi preux vassal ! »

Ils s'arrêtent ; Galehaut se fait désarmer et
bander sa plaie. Le vavasseur l'ayant conjuré
de dire son nom. « On m'appelle Galehaut.
« — Galehaut, grand Dieu ! Que ne suis-je
« mort avant d'avoir vu navrer le meilleur des
« bons, le preux des preux ! Pour Dieu ! sire,
« veuillez attendre dans le château que votre

« plaie soit fermée. Vous avez droit avant nous
« de garder l'écu du bon chevalier votre com-
« pain. Disposez de notre maison comme il
« vous plaira. — Grands mercis! mais je ne
« puis demeurer. Dites-moi si vous savez quel-
« que chose de la vie ou de la mort de Lan-
« celot. — Le bruit de sa mort est venu jus-
« qu'à nous; nous espérons qu'il n'en est rien :
« mais nous ignorons le lieu de sa retraite. »

Galehaut recommanda le vavasseur à Dieu et s'éloigna, assez content de ce qu'il avait entendu. Arrivé dans un fond découvert, il entendit les grelots d'un troupeau de vaches et s'approcha des bouviers, tous vêtus de livrée religieuse (1). Il les salue et leur demande si leur maison est éloignée. Un d'entre eux monte une jument et le conduit jusqu'à la porte. Il appelle, on ouvre; les religieux accueillent Galehaut avec honneur. Parmi eux se trouvait un ancien chevalier maintenant rendu, habile à guérir les plaies. Il demande à visiter la blessure du chevalier : quand elle est examinée, il assure qu'elle se fermera avec le temps et un repos absolu. Galehaut consentant à rester quelques jours auprès d'eux va nous permettre de passer à la quête de messire Gauvain.

(1) « Si salue les vachers qui estoient vestus de robe de religion. » Ces bouviers étaient apparemment eux-mêmes des moines chargés de cet humble emploi.

Elle fut encore moins heureuse que celle de Galehaut. Après avoir longtemps chevauché sans aventure, et passé la nuit en forêt sous le pavillon que ses écuyers étendirent, il s'était éveillé le lendemain de bonne heure. Vers le milieu du jour, un samedi, il aperçoit, à l'entrée d'une chaussée pratiquée sur un marais fangeux, un chevalier armé de toutes armes qui lui ferme le passage en déclarant qu'il gardait le lieu au nom de Morgain. Gauvain le laisse approcher et le porte facilement à terre. Le vaincu jette un grand cri : « Ha ! je « suis mort. Pour Dieu, merci, Chevalier ! « veuillez me rendre mon cheval ; autrement « je ne pourrai regagner mon logis. » Gauvain descend, attache son cheval à un arbre voisin, et veut bien ramener l'autre au chevalier navré qu'il aide à remonter. Comme il allait remonter lui-même, le glouton accourt sur lui et le frappe du poitrail de son cheval assez rudement pour l'étendre à terre tout de son long. Messire Gauvain furieux se relève et court à lui l'épée à la main ; mais désespérant de l'atteindre, il revient à son cheval et veut traverser le marais pour continuer sa poursuite. Or la fange était profonde et à demi séchée ; le cheval pose le pied dans une crevasse et tombe dans la boue sur messire Gauvain qu'il blesse gravement. Pour comble de disgrâce, l'indigne chevalier, qui de loin le voit tomber, revient et pousse vers lui son cheval, le foule à quatre ou cinq reprises et l'eût tout à fait écrasé sans l'arrivée d'un autre chevalier qui les avait suivis des yeux et venait en aide à celui qui ne pouvait se défendre. L'autre en le voyant approcher prend la fuite, emmenant le cheval de messire Gauvain : mais enfin pour éviter d'être poursuivi, il abandonna le coursier.

Le bon chevalier revint à mess. Gauvain qui avait grand besoin d'aide. Il le relève, le prend entre ses bras et le reconnaît. Ah! messire Gau« vain, dit-il, êtes-vous gravement blessé? » Gauvain le regarde et le reconnaît à son tour. « Non, doux et bon cousin ; je crois que j'en « guérirai, mais je souffre beaucoup. » Yvain l'aide à remonter ; d'un pas lent ils arrivent devant un cimetière. Un ermite agenouillé laisse ses oraisons en les voyant approcher, et messire Yvain lui demande où ils pourront trouver un hôtel. « Puisque l'un de vous est malade, « je vous hébergerai. Veuillez me suivre jusqu'à « notre ermitage ; il n'est pas éloigné. » En arrivant, le bon homme les présente aux deux compagnons de sa pieuse retraite ; puis il va prévenir le prêtre qui avait fondé cet asile. Quand il sut le nom des deux étrangers : « Sire, « dit le saint homme, je ne puis féliciter de « preux chevaliers tels que vous de sortir

« tout armés, un haut jour de samedi. Aucun « bien ne vous en pouvait venir et l'on doit « toujours s'en garder pour l'amour de la mère « de Dieu ». Gauvain approuva ces paroles et promit de ne jamais chevaucher armé à pareil jour, sauf nécessité et le soin de son honneur. Ils restèrent quelques journées dans cet ermitage, mess. Yvain ne voulant pas quitter mess. Gauvain avant son entière guérison.

Ce même jour où, comme on a vu, Galehaut blessé avait été recueilli dans une autre maison de religion, Lionel s'était arrêté chez un vavasseur à peu de distance de là. Avant de prendre congé de son hôte, il lui demanda où il pourrait entendre la messe. Le vavasseur le conduisit à la religion de Galehaut : un des frères, au sortir de l'office ayant appris qu'il venait de la cour du roi Artus, lui dit : « Sire, nous avons « ici un preux chevalier, le plus grand que « nous ayons jamais vu, et comme vous de la « maison du roi. — Ce doit être messire Gale- « haut, » pensa Lionel. Il s'informe et apprend que les plaies du chevalier n'étaient pas mortelles. Rassuré sur ce point, il ne veut pas le voir, honteux de n'avoir à lui raconter aucune prouesse; il se contente de recommander aux religieux le grand chevalier blessé et se remet à la voie. En passant d'une haute forêt dans un court taillis, (« une basse broce »), il fait rencontre d'une demoiselle qui démenait un grand deuil. « Demoiselle, dit-il; pourquoi pleurez-« vous? — Et vous, pourquoi paraissez-vous « affligé? — J'en ai grandement raison. — Moi, « plus encore; mais quelle est votre raison? — « Je suis en quête du meilleur et du plus beau « chevalier de son âge; personne ne peut m'en « donner nouvelles. Je crains qu'il n'ait été « victime d'une trahison. — Nommez-le-moi; « peut-être pourrai-je vous en dire quelque « chose. — C'est Lancelot du Lac. — Lancelot? « il est mort. » A ce mot, Lionel n'a pas la force de se soutenir; il glisse de son cheval, presque sans connaissance. « Mais au moins, « dit-il savez-vous où l'on a transporté son « corps? — Oui, c'est à deux lieues d'ici, et « je veux bien vous y conduire. » Aussitôt, Lionel remonte et suit la demoiselle jusqu'à l'entrée d'un cimetière. Sur chacune des fosses était une belle croix de bois. Elle lui indique celle qui était le plus fraîchement recouverte. « C'est là, dit la demoiselle, que repose Lan-« celot du Lac, mis à mort par le plus félon « des chevaliers. » Lionel regarde, immobile de douleur : la demoiselle semble partager son désespoir : ils répandent une abondance de larmes. Dès qu'il put parler : « Demoiselle, où « pourrai-je trouver le meurtrier de Lancelot? « — Dans une bretèche voisine que vous pou-

« vez même apercevoir : Je sais un moyen de le
« faire sortir. » Elle prend un cor suspendu par
une chaîne à l'une des croix et le tend à
Lionel qui en tire trois sons éclatants.

Bientôt paraît un chevalier armé de toutes
armes sur un grand et fort cheval. « Voilà,
« dit la demoiselle, le meurtrier de votre com-
« pain. » Lionel s'élance sur lui; ils s'entre-
donnent force coups sur les écus, leurs glaives
volent en éclats; ils se heurtent et se malmè-
nent : les écus se fendent, les épées échappent
de leurs mains, leurs genoux sont à découvert
et rouges de sang; enfin ils tombent des arçons
et restent quelque temps sans pouvoir se relever. Lionel le premier se redresse, reprend
son épée et, l'écu sur la tête, court au chevalier déjà remis en garde et qui se défend du
mieux qu'il peut. D'un grand coup sur le
heaume Lionel le fait retomber; il se relève
encore, tourne, revient, esquive et frappe avec
une vitesse, une sûreté dont Lionel commence
à s'inquiéter.

Enfin, l'inconnu paraît exténué; le sang qu'il
a perdu ne lui permet plus de continuer à se
défendre; Lionel le presse de plus en plus et
l'étend sur une tombe plate; déjà il posait un
genou sur sa poitrine, il avait abattu le heaume
et détaché la ventaille pour lui couper la tête,
quand il voit arriver une seconde demoiselle

qui lui crie : « Merci ! gentil chevalier, épar-
« gnez-le, pour Dieu d'abord, pour moi ensuite,
« à moins qu'il n'ait trop méfait. — Il a com-
« mis le plus grand des méfaits : il a donné la
« mort à Lancelot, le meilleur des chevaliers.
« — Lancelot? En vérité, je l'ai vu sain et en
« bon point aujourd'hui même, assez près d'ici.
« — Demoiselle, je vous croirai quand vous
« me l'aurez montré ; et si vous avez dit vrai,
« votre ami ne mourra pas. — Il vivra donc,
« fait-elle, car je vais vous faire voir Lancelot,
« à une condition cependant : c'est que vous
« ne vous montrerez pas; autrement j'en aurai
« la honte et vous la mort. »

Lionel permit au vaincu de se relever. Avant de quitter le cimetière, il demanda à la première demoiselle pourquoi elle avait accusé ce chevalier d'avoir occis Lancelot. « Je ne « sais, répond-elle, qui est Lancelot ; je ne vou- « lais qu'être vengée du meurtrier de l'homme « que j'aimais le plus au monde. » Lionel tout à fait rassuré suivit la seconde demoiselle, en ordonnant de les accompagner au chevalier ou- tré qu'on appelait Aucaire (1) du Cimetière. A l'extrémité d'une belle lande s'élevait un grand chêne : la demoiselle les arrête et avertit Lionel de monter sur les hautes branches. Il

---

(1) *Var.* « Augaiers ».

se dresse sur les arçons, gagne de là la cime de l'arbre. Il aperçoit alors dix sergents, armés de haches et d'épées, qui sortaient d'une cour pour entrer dans un riant et vert préau. Au milieu d'eux était Lancelot. « Surtout, dit la « demoiselle, ne paraissez pas; il y va de la « vie de votre cousin. Vous avez vu ce que « vous désiriez; j'ai tenu ma promesse, tenez « la vôtre en faisant votre paix avec ce preux « chevalier. » Lionel en descendant tendit la main à Aucaire et lui donna congé. Il alla passer la nuit dans un hermitage assez voisin de là, et, le lendemain, après avoir entendu la messe, la demoiselle le ramena à la religion où séjournaient encore Galehaut et messire Yvain.

Ne demandez pas si la joie fut grande de ces deux chevaliers en apprenant de Lionel qu'il avait vu Lancelot. Galehaut n'était pas encore bien guéri de ses plaies, mais il ne voulut pas demeurer plus longtemps. Lionel et lui remontèrent avec l'espoir de retrouver le chêne et les lieux où Lancelot était retenu. Toutes leurs recherches furent inutiles. Après avoir parcouru la contrée dans tous les sens, Galehaut prit le parti de retourner en Sorelois. Il voyait approcher le terme que maître Hélie lui avait prédit, et voulait se préparer au grand passage. Nous reviendrons une dernière fois à lui après vous avoir dit ce qu'il en était de Lancelot et de messire Gauvain.

Le grand dépit de Morgain était de ne pouvoir rendre Lancelot infidèle à la reine. Elle lui offrait la liberté, sous la condition de ne jamais reparaître à la cour du roi ; et Lancelot prévoyant qu'il ne pourrait tenir un tel engagement, aimait mieux mourir en prison. Une nuit elle lui fit présenter un vin chaud fortement épicé dont les fumées devaient lui porter au cerveau. Quand il fut endormi, il crut voir la reine couchée dans un riche pavillon au milieu d'une verte prairie. Un jeune chevalier reposait près d'elle. Dans un transport de rage causé par cette vision, il courait à son épée pour en percer le chevalier. Et la reine lui disait : « Qu'allez-vous faire Lancelot ? Laissez ce che« valier, je l'aime ; il est à moi, je suis à lui. « Ne soyez jamais assez hardi pour venir où je « serai, tant votre compagnie m'est devenue « déplaisante. »

Telle était la force de l'enchantement qu'en se levant, Lancelot crut encore voir le pavillon et le lit. Morgain avait eu soin de placer à portée son épée qu'elle avait tirée du fourreau ; si bien qu'il ne douta pas de la réalité de ce qu'il avait songé. Le lendemain elle arrive de grand matin, et regardant l'épée : « Quoi « Lancelot! dit-elle, voulez-vous donc vous

« parjurer et sortir de céans? — Non. Mais
« vous m'avez souvent posé un jeu parti; j'ai
« fait mon choix. Je n'entrerai pas d'une an-
« née dans la maison du roi; je ne resterai
« pas une seule heure de jour dans la com-
« pagnie de chevalier, dame ou demoiselle
« de la cour. » Morgain, ravie de l'entendre
ainsi parler, reçut son serment, elle fit appor-
er ses vêtements, ses armes, et lui donna
congé. Ainsi fut-il affranchi de la prison qu'elle
lui avait fait tenir, en haine de la reine Genièvre.

Il était libre depuis quelques jours, quand
messire Gauvain et messire Yvain quittèrent
leur maison de religion. Ils passèrent de la
forêt dans une grande prairie où leurs yeux
furent captivés par un grand tournoi. Cinq
cents chevaliers y prenaient part. Ils approchent et remarquent un jouteur qui se faisait
redouter entre tous. Ils le voient vingt fois re-
fouler les plus grands et les plus forts, puis
se mettre à l'écart pour voir ce que feraient
sans lui les chevaliers de son parti. Les autres
reprenaient alors courage et revenaient à la
charge; mais dès que le bon chevalier reparaissait, l'épouvante les reprenait et l'avantage revenait au parti opposé.

Après l'avoir vu plusieurs fois quitter ainsi la
lice et revenir. « En vérité, pensa mess. Gau-

« vain, ce chevalier est de merveilleuse proues-
« se ; il n'y a que Lancelot que j'aie jamais vu
« exploiter de cette façon. »

Un écuyer arrive alors vers eux : « Seigneurs,
« leur dit-il, pourquoi ne rompez-vous pas une
« lance ? — C'est que nous pensions le nom-
« bre des jouteurs déterminé (1). — Nullement,
« qui veut tournoyer ici le peut faire; il ne
« court d'autre danger que la perte de son
« cheval et de sa liberté. — Dites-moi, reprend
« messire Gauvain, quel est ce chevalier qui
« le fait si bien ? — Je ne le connais pas : vous
« pouvez voir seulement qu'il porte au cou
« un écu noir. »

Alors, les deux cousins entrèrent en lice :
ils allèrent soutenir le parti opposé au preux
chevalier et trouvèrent assez à faire. Mais à
compter de ce moment ils restèrent maîtres du
terrain, bien qu'au jugement de tous, le chevalier à l'écu noir eût mérité le prix des mieux
faisants. Soit ou non le dépit de voir la victoire
échapper aux siens, il s'était éloigné sans attendre qu'on le proclamât vainqueur. Arrivé
dans la forêt et se croyant seul, il jeta son écu
sur la voie ; mais messire Gauvain et messire
Yvain ne l'avaient pas perdu de vue ; ils avaient

(1) « Nous cuidions que li tournoiemens fut à tan-
quum. » A tant quant; *tanti-quanti*.

suivi ses traces. « En vérité de Dieu, disait
« messire Gauvain, ce ne peut être que Lan-
« celot. — Je le crois comme vous, dit messire
« Yvain; voyez-vous l'écu qu'il a abandonné?
« Reprenons-le; l'arme d'un tel chevalier ne
« doit pas être laissée au premier venu. »

Ils le rejoignirent à l'entrée de la forêt,
comme il avait déjà déposé son heaume et attaché son cheval à un arbre. C'était en effet
Lancelot. Il avait le cœur oppressé, les yeux
inondés de larmes. Les deux fils de roi descendent, courent à lui les bras tendus et le baisent mille fois. « Beau doux compain, dit mes-
« sire Gauvain, que vous est-il arrivé? parlez;
« ne pouvez-vous être consolé? — Mes amis,
« dites à tous ceux qui ne m'oublient pas que
« je suis sain de corps, mais que mon cœur a
« tous les malaises que puisse avoir cœur
« d'homme. Je ne dois pas, sans me parjurer,
« jouir une seule heure de votre compagnie ni
« reparaître dans la maison du roi Artus. Éloi-
« gnez-vous donc, ou souffrez que je vous laisse
« moi-même. — S'il en est ainsi, reprend mes-
« sire Gauvain, nous vous laisserons; mais au
« moins apprenez-nous pourquoi vous avez si
« vite quitté le tournoi. — Je puis vous le
« dire. J'ai vu le temps où jamais bataille, si
« grande qu'elle fût, ne m'eût résisté; mais
« dans ce dernier pauvre tournoi, je n'ai pu

« asser les derniers qui se sont présentés ; je
« sens que j'ai perdu les biens qui étaient en
« moi ; comme elle était venue, ma prouesse
« s'en est allée. Elle était empruntée, je la
« devais à la vertu d'autrui : de chose em-
« pruntée on ne doit pas s'enorgueillir. Dites
« à la cour du roi ce que vous avez vu, mais ne
« demandez rien de plus; vous perdriez vos
« peines. »

Ils le recommandèrent à Dieu, sans lui avoir parlé du message de la demoiselle de Morgain à la cour du roi, pour ne pas ajouter à ses ennuis. Arrivés à la cour, ils contèrent ce qu'ils avaient vu de Lancelot et ce qu'il leur avait dit. Tous s'en affligèrent, bien que leur chagrin ne pût en rien se comparer à celui de la reine. Lancelot, pensait-elle, aura connu ce que la demoiselle est venue dire à la cour en son nom : c'est apparemment pour cela qu'il ne veut plus paraître devant moi.

Pour le malheureux Lancelot, après être resté longtemps incertain de ce qu'il ferait, il résolut d'aller retrouver Galehaut, le seul qui pût connaître la cause de son désespoir et lui donner la force de supporter la vie. Il croyait à l'abandon de la reine, tel que le songe ménagé par Morgain le lui avait présenté. De toutes ses angoisses, c'était assurément la plus cuisante. Il arriva en Sorelois, tandis que Galehaut le cherchait encore dans la forêt où Morgain l'avait retenu. A force de rêver, il sentit sa raison l'abandonner. La tête se troubla, il répandit des flots de sang. Enfin, devenu forcené, il quitta son lit ensanglanté, s'élança par une fenêtre, emportant son épée. Dans son délire, il s'en prenait aux arbres qu'il déracinait, aux rochers qu'il ébranlait et détachait des montagnes. On le voyait pleurer, embrasser les enfants, leur parler doucement de Dieu, de ce qu'ils devaient apprendre et faire. Ses fureurs ne s'adressaient qu'aux choses insensibles, et quand venait à passer dame ou demoiselle, il s'inclinait, saluait et se détournait en fondant en larmes. Tout le monde le plaignait, personne à son approche n'éprouvait de crainte. Ainsi le laisse cette première partie de son histoire, pour nous parler des derniers jours de son grand ami Galehaut.

LXXXVII.

GALEHAUT avait appris de messire Gauvain et de messire Yvain tout ce que Lancelot avait dit de ses ennuis et de son désir de vivre oublié dans la plus profonde solitude. Ces nouvelles lui causèrent une grande douleur et une grande joie.

Il le savait vivant, hors de prison : il s'inquiétait d'un chagrin dont il devinait la cause. Que devra-t-il faire? Le chercher en terres lointaines? Mais par où commencer? retourner en Sorelois? quel deuil pour lui s'il ne l'y rencontre plus! Il choisit pourtant ce dernier parti, quand il eut perdu tout espoir de le retrouver en Grande-Bretagne. Rentré dans ses États, il apprit qu'on avait vu Lancelot désespéré de le savoir absent; que sa raison en avait reçu une nouvelle atteinte, et qu'on ignorait ce qu'il était devenu. Le sang dont il trouva rougi le lit dans lequel avait couché son ami lui donna à penser qu'il s'était donné la mort; il s'accusa d'avoir été lui-même son meurtrier en tardant à revenir. Dans toutes ses terres, il envoya des messagers chargés de recueillir de ses nouvelles : quand ils revinrent sans l'avoir trouvé, il ne douta plus de sa mort. Ainsi, malade de corps et de cœur, il se mit au lit le jour de la Madeleine et ne se releva plus. Devant sa couche il fit placer l'écu de Lancelot; mais cette vue, loin d'adoucir ses chagrins, contribuait encore à les augmenter. Pendant neuf jours et neuf nuits, il refusa toute espèce de nourriture. On le conjura de faire un effort sur lui-même et de consentir à manger; mais il était trop tard. Sa langue était gonflée, ses lèvres se détachaient d'elles-mêmes, tous ses membres étaient desséchés. C'est ainsi qu'il languit du jour de la Madeleine (1) jusqu'à la dernière semaine de septembre : alors il partit du siècle. Chacun à sa mort pensa avec raison que le monde en le perdant et en n'espérant plus rien de Lancelot, avait perdu les plus purs rayons de la gloire mondaine. De toutes les dames qui le pleurèrent, la dame de Malehaut fut la plus inconsolable : on croit bien que Galehaut l'eût épousée, devant Sainte Église, s'il eût vécu plus longtemps. Mais avant de passer de ce monde, il avait eu soin de revêtir de sa terre et de toutes ses seigneuries, son neveu Galehaudin.

C'est ainsi que finit le fils de la Géante, le seigneur des Iles lointaines, le grand ami de Lancelot.

(1) 22 juillet.

FIN DU DEUXIÈME VOLUME DE LANCELOT DU LAC
QUATRIÈME VOLUME
DES ROMANS DE LA TABLE RONDE.

NOTES
ET OBSERVATIONS GRAMMATICALES.

Page 4, « *Loin d'elle il ne peut être en bon point* », c'est-à-dire dans un bon état de santé. De ces trois mots nous avons fait très-improprement *embonpoint*, et nous en avons modifié le sens naturel au point de pouvoir parler d'un embonpoint *excessif*, — du *trop* d'embonpoint, — de *beaucoup* d'embonpoint.

P. 4. *Quand il fut au monter*. Quand il fut au moment de monter à cheval. — Les mots cheval et chevalier reviennent si souvent que j'ai trouvé à propos d'en diminuer le nombre. D'ailleurs, c'est dans le texte qu'on se contente de dire seulement, comme ici, *monter*. La forme « être au monter » semble un gallicisme qu'on eût pu conserver.

P. 4. *La quête*. Enquête, recherche. On a encore restreint le sens de ce mot; il ne répond plus guère qu'à *demande*. On disait également : la quête de celui qu'on cherchait, et la quête de celui qui cherchait; de même que dans l'acception actuelle on dit : « la quête du *dimanche* » et la quête de *madame N.*

P. 4. *Messire Gauvain*. Gauvain et Yvain sont toujours ainsi qualifiés, comme fils aînés de rois encore vivants.

P. 5. *Un clerc revêtu*, c'est-à-dire en costume de clerc

allant officier; *en surplis*, comme on dirait aujourd'hui.

P. 5. *N'est-il pas dans la forêt d'autre religion*, d'autre maison religieuse. On n'a guère conservé cette ancienne acception que pour ceux qui entrent « en religion ».

P. 6. *Le clerc se chargea d'établer le cheval*. De le mettre à *l'écurie;* mot qui n'était pas encore usité.

P. 8. *Messire Allier*. L'histoire d'Allier, père de Maret, semble, sous des noms fictifs, se rapporter à Guichart III, sire de Beaujeu, devenu moine de Cluny en 1137. Bien que je ne sois plus aujourd'hui aussi persuadé que je l'étais il y a trois ans de la part que Gautier Map aurait prise à la composition des romans de la Table ronde, il faut encore, à l'appui de cette attribution, tenir compte de quelques passages du *De nugis curialium*. Au chap. XIII de la première *Distinction*, G. Map a raconté de Guichart III, seigneur de Beaujeu, mort vers 1140, ce qu'on trouve dans notre XLVIIIe laisse (p. 13) de mess. Allier père de Maret. Voici le passage qu'on pourra comparer :

« Guichardeus de Bellojoco (1) pater hujus Im-
« berti cui nunc cum filio suo conflictus est, in
« ultimo senectutis suæ Cluniaci assumpsit habitum,
« distractumque prius tempore, scilicet militiæ, sin-
« gularis animi copiam adeptus, etiam quietem
« adegit : in unum collectis viribus, se subito poe-
« tam persensit, sua quo modo lingua, scilicet gallica,
« pretiosus effulgens, laïcorum Homerus fuit. Hæ

---

(1) Et non *de Bello loco*, comme a cru devoir corriger M. Th. Wright, d'après le sermon en vers français publié par M. Jubinal sous ce dernier nom.

« mihi utinam induciæ! ne, per multos diffusæ
« mentis radios, error solæcismum faciat (1). Hic
« jam Cluniacensis monachus factus, jam dicto Im-
« berto filio suo, licet vix impetratus ab abbate et
« conventu, totam terram suam, quam idem filius
« per potestatem hostium et suam impotentiam ami-
« serat, armata manu restituit. Reversusque, devotus
« in voto persistens, diem suum felici clausit exitu. »

M. Victor Leclerc, *Hist. litt.*, tome XXIII, p. 250, avait déjà conjecturé que les vers publiés sous le titre de *Sermon de Guichart de Beaulieu* étaient de Guichart seigneur de Beaujeu, mort, ajoute-t-il, en 1137. Mais je crois qu'il s'est mépris en rapportant la composition de ces vers au temps où ce Guichart était encore dans le *siècle*. C'est dans l'abbaye de Cluny qu'il dut les faire, non comme un *sermon* prononcé en chaire, mais comme épître ou discours moral. Guichart fut l'« Homère des laïcs », parce qu'il s'était adressé directement dans cette épître aux laïcs; non parce que lui-même était encore laïc. Pour ce nom d'Homère, il n'en faudrait pas induire que Guichart eût fait quelque chanson de geste, mais seulement qu'on le comparait, comme ancien poëte français, au plus grand et au plus ancien des poëtes grecs.

P. 10. *Il vaut une* « *échelle* » *entière*. Une aile, un bataillon. Notre diminutif *bataillon* dérive de *bataille*, corps d'armée rangée en *bataille*. On disait la *bataille du roi*, pour l'aile que commandait le roi.

(1) Je ponctue autrement que l'éditeur du *de Nugis*, et je crois entendre ici que Map semble souhaiter de ne pas se laisser entraîner par une imagination vagabonde à écrire en français, à l'exemple de Guichart. Mais j'avoue que cette interprétation est fort douteuse.

P. 11. *Quand ils eurent « levé leur ventaille »*. J'aurais dû dire *baissé*. La ventaille était une espèce de petite pièce qui dépendait du haubert, et qui descendait sur la poitrine, quand on ne la remontait pas sur le visage pour l'attacher à la coiffe du haubert. Je ne crois pas qu'elle montât jamais jusqu'aux yeux. Elle fut plus tard remplacée par la visière, qui dépendait du casque, heaume, ou armet. Disons en passant, qu'armet ne vient pas d'*arme*, mais de l'italien *elmo* heaume, *elmetto*, petit heaume.

11. *Deux jeunes « pucelles »*. Ce mot n'avait d'autre sens que celui du latin *puella*, femme non mariée.

11. *Les deux amis quittent « heaume, épée, haubert. »* L'aspiration de l'initiale *h* rend ces formes, heaume, haubert, un peu dures. L'italien *elmo, albergo* est assurément plus agréable. Je ne pouvais substituer *casque* à heaume, ni *cuirasse* à haubert, ces deuxièmes noms ayant une physionomie trop moderne. Il en a été de même de l'*écu*, que n'aurait pas exactement remplacé le *bouclier*. J'ai parfois aussi conservé *ost* au lieu d'armée. Pour des récits surannés, il faut souvent des expressions et même des constructions vieillies. *Brocher des éperons* ne vaut-il pas mieux que *piquer des deux? Defermer* au lieu d'*ouvrir* n'est-il pas à regretter un peu?

14. *Messire Gauvain devait être facile à reconnaître « au sinople de son escu »*. Les armoiries sont encore de fantaisie dans nos romans. Bien que les chevaliers affectent de certaines couleurs, de certaines figures, ils en changent et les cèdent volontiers. Rien plus éloigné de la vérité que les attributions faites à la fin du quinzième siècle, dans un livre souvent

réimprimé sous le titre : *Armoiries des chevaliers de la table ronde*. Tout y est imaginaire.

P. 17. *Celui qui m'« outrera » n'est pas encore né*. Celui qui me vaincra. Le mot vaincre, dur à conjuguer, justifie l'emploi de synonymes même vieillis, comme ici *outrer* dans le sens de vaincre, réduire à merci.

P. 17. *Un sergent va dans le « moutier »*. Ce mot se prenait pour église ou pour chapelle, aussi bien que pour *monastère* : dans ce dernier sens, on préférait même le mot *religion*.

P. 21. *Et ce chevalier « félon »*. L'Académie, qui me semble avoir prodigué les accents, peut être blâmée d'en avoir affublé félon, dont le radical français est *fel* : je n'ai jamais entendu prononcer félon. Il en est de même de l'accent qu'elle exige pour *pèlerin*.

P. 21. *A l'entrée d'une « lande »*. Plaine non cultivée, aride ou couverte de gazon.

P. 21. *Vous avez fait que « vilain »*, comme « vous avez fait que sage ». C'est-à-dire « vous avez fait *ainsi* que vilain *ferait*. »

P. 21. *Vous amenderez le méfait*. Vous réparerez, vous compenserez. Bonne locution perdue. On dit encore dans un sens presque analogue : *faire amende honorable*.

P. 22. *Vous êtes le meilleur « vassal » du monde*. Le premier et le vrai sens de ce mot répond à *chevalier*, et non pas à tenancier d'un fief seigneurial. Messire Gauvain n'était pas de ces tenanciers. Le radical latin qu'on trouve dans la loi salique est *vassus* : on l'a rendu d'abord par *vax*, puis par *vassal*, noble chevalier. Dans nos chansons de geste et dans nos romans, Charlemagne et Artus sont fréquemment loués comme *bons vassaux*. Si l'on a confondu l'ancienne et la nouvelle acception, c'est parce qu'en recevant l'adoubement ou vêtement militaire, on devenait l'obligé de celui qui vous armait. Mais *Vassal* suppose néanmoins une position indépendante; aussi ne voit-on jamais, dans nos premiers textes de langue, l'expression *vassal* de quelqu'un; mais ce vassal peut être le : *chevalier* d'un prince, à raison de son hommage ou des soudées qu'il recevait. Les mots de la basse latinité *vassus, vassalis, vassaletus* et *vassus vassorum* représentent *vax, vassal, vallet* ou *varlet*, et *vavasseur*.

P. 25. *Sagremor le « desrée »* sur ce surnom, voyez encore t. I, page 290.

P. 25. *Les trois « gloutons »*, synonyme de notre *drôles*, ou *vauriens*. « Glout » dans les chansons de geste.

P. 25. *Nous pourririons encore dans la « chartre » de Marganor*. La prison. C'est le latin *carcer*. Le rapprochement du sens de ce mot avec le nom de la ville des Carnutes, *Chartres*, n'a pas été sans influence sur le type des monnaies chartaines. Remarquons ici : 1° qu'un des airs de chanson les plus connus est celui de : *Tous les Bourgeois de Châtres* (aujourd'hui Arpajon), et non pas *d Chartres*, 2° qu'à Reims, la *porta carceris*, porte de la prison de l'archevêque, où, dit-on, fut enfermé Ogier le Danois (non l'Ardenois), doit à cet ancien nom celui de *Porte Cère*, comme disent encore les bonnes gens du peuple, ou *Porte Cérès*, comme disent les gens bien élevés.

P. 27. *Je veux bien « baisser ma guimpe »*. La guimpe était pour les dames ce que la *ventaille* était pour les hommes. Voyez tome I, p. 206, note.

P. 27. *Par mon chef!* auj. « Sur ma tête! »

P. 34. *Elle prend « plein son poing de chandelles »* (plain poing de candeilles). Cette expression, fréquemment répétée, donne à penser que ces chandelles étaient en faisceau de deux ou trois mèches. « Prendre plein ses poings, » c'est peut-être exactement notre *empoigner*.

P. 29. *Je fais serment sur les saints.* C'est-à-dire sur les reliques de saints. Je renvoie sur ce sujet à l'*Étude sur les origines des romans de la Table ronde*, insérée dans la *Romania*, tom. Ier.

P. 45. *Comment le fait Galehaut*, lieu commun d'entrée en propos, *How do you do* des Anglais; (*Comment le faites-vous*)? et notre *Comment vous portez-vous?*

P. 45. *Les dames « après s'être conseillées »*. Ou *avoir pris conseil*. On dirait aujourd'hui *s'être consultées*, mais avec moins d'exactitude.

P. 45. Les *Saisnes* sont les Saxons; les *Irois*, les Irlandais, souvent confondus avec les *Escots* ou Écossais. Pour la forme *Saxons*, elle eût écorché la bouche délicate de nos anciens Français : ils préféraient les Saisnes (Saxoni), et la Sassogne (Saxonia), au lieu de notre *Saxe*.

P. 46. *Un riche peigne dont les dents étaient garnies de ses cheveux.* Admettons qu'alors les beaux cheveux blonds des dames ne fussent jamais imprégnés d'huiles ou de pommades parfumées, on se rendra mieux compte du prix que les amoureux attachaient au don d'un peigne garni comme celui que Genievre envoie à Lancelot. Ce mot *peigne* nous tient aujourd'hui en respect : autrefois c'était fréquemment une œuvre d'art. On en voit d'un charmant travail dans plusieurs cabinets, entre autres dans celui des Anti-

ques de la Bibliothèque nationale. On y traçait à la
pointe le *Jugement de Paris*, la *Punition d'Actéon*, ou
quelque belle devise galante.

P. 70. *La dame le fait asseoir sur* « *la couche* ». L'usage
de la *couche* répondait assez à celui de nos *divans*.
Il ne faut pas la confondre avec notre lit ; les dames
du *Lancelot* l'auraient fait partager trop fréquemment
à ceux qui les visitaient.

P. 70. *A Dieu soyez-vous recommandée!* Cette pieuse for-
mule est devenue tellement elliptique que bien des
gens aujourd'hui ne s'en rendent plus compte en la
prononçant. Nous cessons depuis longtemps d'é-
crire : A Dieu! on dit *adieu*, on fait ses *adieux*. On
parle même des gens qui ont dit, les uns *adieu* à
l'Église, les autres adieu à Satan. Ce que c'est d'oublier le vrai sens des mots !

P. 75. *La bonne épée* « *Sequence* ». On voit ici combien
de remaniements souvent fâcheux dans les traditions.
Le nom véritablement consacré de l'épée d'Artus est
Escalibur. Les romanciers y ont substitué d'abord
Marmeadoise, en faisant donner *Escalibur* à Gauvain.
Ici, on nous parle de *Sequence*, la moins autorisée des
trois épées. Au reste, il est rare, dans nos romans,
de voir désigner les armes et les chevaux par des
noms particuliers. Je ne me souviens que de ces trois
épées et du cheval de messire Gauvain, *Gringalet*,
nom que le *Lancelot* n'admet même pas.

P. 87. *Il eut soin de mander les quatre clercs*, etc. Le fond
de cet alinéa a été plus tard défiguré dans le texte
du manuscrit 751, que j'ai donné en note. Voici
celui du manuscrit 752 : « Celui jor furent mandé
« li cler qui metoient en escrit les proesces as com-
« paignons de la maison le roi. Si estoient quatre.

« Et avoit non li uns Arodion de Coloigne, e li se-
« gons Taudramides de Verzeaus, e li tiers Thomas
« de Tolede e li quarz Sapiers de Baudas. Cil,
« quatre metoient en escrit quanque li compaignon
« le roi faisoient d'armes. Si mistrent en escrit les
« aventures monseignor G. tot avant, porce que ce
« estoit li comencemens de la queste ; e puis les
« Hector, porce que del conte meesmes estoient
« branches. E puis les aventures as autres XVIII com-
« paignons. E tot ce fu del conte Lancelot. E tuit
« cest conte estoient branches. e li contes Lancelot
« meismes fu branche del grant conte del Graal, si
« tost com il fu ajostés. »

On voit ici que le « Grand conte du Graal » ne fut constitué que par la réunion successive des branches qu'avaient formées le *Merlin*, l'*Artus*, le *Gauvain* et le *Lancelot*. La branche de Gauvain n'est plus aujourd'hui séparée, au moins dans les romans en prose, de celles d'Artus et de Lancelot. Tout semble porter à croire que les deux livres d'*Artus* et de *Lancelot* étaient, dans l'origine, parfaitement indépendants du Saint Graal et du Merlin. C'est pour avoir voulu raccorder les deux premiers aux deux seconds que les arrangeurs définitifs auront été obligés de recourir çà et là à des interpolations.

P. 95. *En tendant les bras à son « nourri »*. Nous avons perdu ce mot, désignant celui qui avait passé sa jeunesse, avait été nourri, élevé, dans la maison d'un parent, ami, patron ou client, devenu *père nourricier*. Ainsi Eginhard nomme-t-il Charlemagne *nutritor meus;* ainsi Guillaume de Machault se disait-il le *nourri* du roi de Bohême.

P. 97. *On vit descendre devant le « degré »*. Ancien nom

de notre escalier. Celui du Palais de Justice s'appelle encore le *degré*.

P. 98. *Les cheveux roulés en une seule tresse.* Cette tresse descendait apparemment le long du dos, comme on le voit sur les coffrets et peintures murales des onzième et douzième siècles. On verra plus loin, page 222, qu'une fille était déshonorée quand on lui coupait ses *tresses*.

P. 102. *Le plus loyal des hommes qui soient aux « îles de mer. »* Autrefois on donnait volontiers le nom d'îles aux terres qui étaient à demi fermées de rivières; et c'est ainsi que l'Ile-de-France peut avoir mérité son nom. Froissart nomme fréquemment des *îles* de ce genre. Voilà pourquoi notre auteur distingue les *îles de mer*.

P. 106. *Il se signait.* Il faisait des signes de croix.

P. 107. *Quiconque osera me contredire sera.... réduit « à se déclarer foi mentie ».* A se reconnaître parjure, à confesser un faux serment, à manquer à la foi jurée. On voit dans tous nos romans combien le nom de *féodalité*, de gouvernement *féodal*, était justement choisi. Tous les devoirs avaient pour base la *foi* promise, l'hommage librement rendu. Rien de plus sacré que cet engagement, rien ne pouvait excuser l'homme qui ne le respectait pas. Si vous promettiez, il fallait tenir; fût-ce à la ruine de votre famille ou de votre pays. Nous n'avons plus guère de ces rigoureuses exigences, si ce n'est peut-être pour ce qui tient aux gageures et aux dettes de jeu.

P. 110. *La nature de la clameur « qu'elle avait levée ».* Lever, élever une clameur, c'était porter une accusation, ou réclamer contre une mesure, un décret du souverain. Telle était chez les Normands la *Clameur de haro.*

P. 112. *Il fondait en larmes.* On a dû remarquer avec quelle facilité les héros de nos chansons de geste et de nos romans fondent en larmes et se pâment de douleur. Nous sommes aujourd'hui plus durs et plus difficiles à émouvoir que ne l'étaient Charlemagne, Artus et Lancelot. Sans doute, les poëtes et les romanciers ont trop multiplié ces témoignages involontaires d'attendrissement; mais il faut bien qu'on ne les trouvât pas, de leur temps, aussi exagérés qu'ils nous le paraissent aujourd'hui.

P. 128. *Une manche de « samit » jaune.* Le samit était, je crois, une espèce de taffetas. Le mot vient du grec ἑξάμιτον, ou peut-être de l'ile de *Samos* d'où l'on tirait la plus belle soie.

P. 132. *La fête de Noël, que le roi Artus a choisie pour tenir « cour plénière ».* Le texte dit : *cour enforcée,* ce qui n'est pas exactement ce qu'on a plus tard entendu par *Cour plénière.*

P. 133. *Seigneurs, vous êtes « mes hommes ».* C'est-à-dire j'ai reçu votre hommage; vous me devez conseil et service.

P. 135. *Un « bailli » convoiteux met tout à destruction.* Bailli est ici le régent, celui qui gouverne en l'absence ou pendant la minorité du seigneur naturel. De *bajulus,* bâton, on a fait bailli, celui qui tient le sceptre, le bâton. Le *bail* et la *baillie* sont le gouvernement, le pouvoir. A la page 310. bail est pris dans un autre sens.

P. 137. *On apporta les « Saints. »* Les reliques de saints

sur lesquels on jurait. Il faut remarquer que dans ce temps-là le *serment* (sacramentum) se prêtait soit en adjurant Dieu représenté par une église, soit en posant la main sur l'évangile ou de saintes reliques qu'on faisait venir de l'église ou qu'on y allait chercher. On les invoquait comme garants de l'engagement pris ou de la vérité des déclarations. Mentir au serment ainsi prêté, c'était se dévouer à la vengeance céleste; c'était renier Dieu et les saints.

P. 138. L'*Apostole*. C'est le synonyme ordinaire du mot *pape*. On a dit aussi *la pape*. Nous conservons encore le Siége *apostolique*.

P. 141. *Il avait la barbe et les cheveux roux.* Cette prévention contre les gens à cheveux roux accuse assez bien un gallo-breton. Les hommes de cette race étaient généralement bruns, comme nos Bretons du continent. Ils tenaient pour ennemis mortels les conquérants Anglo-Saxons, généralement roux. Il est vrai que, parmi les compagnons de Guillaume le conquérant, il devait se trouver autant de cheveux roux que de cheveux noirs; mais Henri II, le protecteur de notre auteur, était, au moins par son père, Angevin.

P 143. *Un « behourdis » à armes courtoises fut disposé dans la prairie.* Le behourdis était un exercice militaire comme les tournois et, plus tard, les *Tables rondes*. Il n'était pas interdit aux écuyers ni aux simples valets. Le plus souvent il s'agissait de franchir à cheval, et tout en combattant, des obstacles plus ou moins dangereux.

P 144. *Le « glaive » de Meleagan se brisa.* Par glaive, il faut toujours entendre ici la lance ou l'épieu, non l'épée. De l'ancienne forme est venu glavelot, javelot (*gladium, gladiolum*). La *hante* (hasta) était le bois du glaive.

P. 144. *Et tomba sous les pieds de son « destrier. »* L'écuyer d'un chevalier prêt à combattre conduisait, à la *dextre* du cheval qui portait son maître, le cheval de bataille que le maître ne montait qu'après s'être fait complétement armer. De là le nom de destrier (*dexterarius*) donné au cheval de guerre.

P. 146. *Des « mires » lui recommandent un repos absolu.* Mire représente le latin *medicus*, et ne vient pas de l'arabe. On a dit *mie, mege*, et enfin *mire*.

P. 179. *Prononcer le honteux mot de recréance.* Avouer qu'on avait soutenu une mauvaise cause, et qu'on était outré, vaincu. On appelle encore aujourd'hui un cheval *recru*, celui qui est las, harassé, et ne peut avancer d'un pas.

P. 179. *Si m'ait Dieu*, adjuration sacramentelle : Ainsi Dieu me soit en aide! (*Sic me Deus adjuvet*.)

P. 187. *Allons ensemble le « mettre à raison »*, c'est-à-dire lui parler, le faire parler. Aujourd'hui, dans un sens presque analogue, arraisonner. Dans le livre curieux de Gautier Map *De Nugis curialium*, ce gallicisme est traduit mot à mot : « Dicunt Herlam regem.... *positum ad rationem* ab altero rege.... » (*Dictinctio I*, chap. XI.)

P. 193. *La poursuite les occupa jusqu'à None.* Le jour était encore distribué en quatre parties, de trois en trois heures. *Prime* commençait au lever du soleil, c'est-à-dire de six à neuf heures du matin. *Tierce*, de neuf heures à midi. *Sexte*, de midi à trois heures, et *None*, de trois à six heures. La nuit était également divisée en quatre parties : vêpres, noc-

turne, vigile et matines; ou simplement : première, deuxième, troisième et quatrième veilles de la nuit.
— Il faut corriger la note de la page 251, où l'on a compté *tierce* de six à neuf heures.

P. 194. *Sans perdre de temps, il revêt les armes du Seigneur-Dieu*, c'est-à-dire les vêtements sacerdotaux. On comptait trois sortes de chevaliers : les chevaliers proprement dits, les chevaliers-ès-lois, les chevaliers clercs. A ces trois grades était acquis le titre honorifique de mes sires (mon seigneur, au cas régime). Les Présidents de cour souveraine et les évêques avaient le rang de chevaliers; et c'est en vertu de cette ancienne hiérarchie que l'évêque est encore aujourd'hui qualifié *Monseigneur*. Mais, pour être conséquent, il eût fallu maintenir le *monseigneur* à nos présidents de justice et à ceux qu'on nomme aujourd'hui *officiers supérieurs*, ces chevaliers du moyen âge.

P. 206. *L'usage d'Artus était de ne pas monter à cheval durant « la semaine peneuse »*. La semaine sainte. On a vu plus haut qu'on se faisait généralement un scrupule de chevaucher le samedi, jour consacré à la vierge.

P. 208. *Le roi le relève et le « baise sur la bouche »*. Le baiser sur la bouche était le plus grand témoignage d'union, de paix et de réconciliation. Aussi un chrétien se serait-il gardé de jamais l'accepter d'un Sarrasin : il eût aussi bien renié sa foi. Voyez plus loin, page 306.

P. 218. *Une pucelle, la plus belle qu'on puisse voir de pauvre lignage*. Nous dirions aujourd'hui la plus belle fille de village ou de campagne ; ce qui rappelle le vers de Gresset :

Elle a d'assez beaux yeux, pour des yeux de province.

P. 219. *Je vous le dirai « si je n'ai garde »*, c'est-à-dire si je n'ai pas à me garder, si je n'ai rien à craindre de vous. Le mot *garde* a précisément le sens de caution.

P. 230, note. *L'histoire d'Ascalon est racontée dans la partie inédite du livre d'Artus; mais, je crois, d'après notre roman.* Je suis aujourd'hui moins disposé à croire à cette antériorité du *Lancelot*. L'*Artus* inédit, bien distinct du texte que j'ai reproduit à la suite du Merlin, pourrait bien être une première ébauche bientôt abandonnée et qui aurait donné l'envie de mieux faire à l'auteur du *Lancelot*.

P. 241. *La messe chantée par un « prouvaire »*. Prouvaire est l'ancienne forme française du latin *præsbiter*; mais la forme *prêtre* est aussi ancienne. Nous avons (ou nous avions) à Paris la rue des *Prouvaires*. Nos municipaux n'ont-ils pas trouvé à ce nom de rue le grand tort d'être ancien?

P. 241. *Des jeux d'échecs et de « tables »*. Les jeux de tables étaient en général ceux que l'on jouait sur un tablier ou une sorte d'échiquier. En particulier, je crois qu'il désignait notre jeu de trictrac.

P. 244. *Il est mort « s'il ne fiance prison »*. C'est l'expression textuelle : s'il ne se rend prisonnier.

P. 257. *On le replaça sur la litière « cavaleresque »*. La litière placée en travers sur le dos de deux chevaux ; à la distinction de la litière portée à bras d'hommes, et qu'on appelait aussi *bière*.

P. 294. *Aiglin des Vaus.* Ce neveu de Keu d'Estrans est nommé « Kaeddin li biaus » dans le ms. 752, f° 89.

P. 300. *Il était petit, et les deux figures étaient taillées sur une pierre noire.*

Le manuscrit 752 ajoute un détail nouveau : « Si « estoit li aniaus petit à une pierre plate bise, qui « estoit de si grant force que ele descovroit les « enchantemens vers celui qui la portoit, si tost « com il l'avoit esgardée » (f° 91). Mais le romancier confond ici l'anneau donné par la Dame du lac avec l'anneau de la Reine. C'est déjà beaucoup que Lancelot n'ait pas regardé le premier talisman, dès qu'il s'était vu au pouvoir de Morgain.

P. 301. *Çà et là glisse des pensées d'amour.* « Si li trait avant de beles paroles, et rit et gabe et jue o lui, en chevauchant. De toutes les choses le semont de quoi ele le cuide eschaufer. Si se deslie sovent devant lui por mostrer son chief qui de très grant biauté estoit, et chantoit lais bretons et autres notes plaisans et envoisiés. Ele avoit la vois haute et clere, et si avoit la langue bien parlant et breton et françois et meins autres langages » (ms. 752, f° 92). J'ai rendu cette scène, le plus exactement que j'ai pu, d'après les plus nombreuses leçons, sans rien ajouter ni supprimer. Ce manuscrit 752 offre pourtant quelques détails de plus qu'il peut être intéressant de reproduire :

« Et quant ele voit un leu bel et plaisant, si le mostre et dit : « Veez ci biau leu, sire chevaliers; « dont ne seroit-il bien honiz qui cest leu trespase- « roit avec bele dame ou bele damoisele sans faire « plus? » Mès sa parole a perdue, car Lancelot n'a talent ne volenté de nule chose qu'ele li die. Ainçois li anuie tant qu'il ne la puet regarder. Et quant

ele tant l'anuie, si ne se puet-il plus taire, si li
« dit : « Damoisele, dites-vous acertes ce que vous
« dites? » Ele respont que voirement le dit ele. —
« Se Deus me consant fet-il, je n'avoie pas apris
« que damoisele parlast en tel maniere, ne qui eust
« si honte perdue. — Avoi! sire chevalier, fet ele,
« il avient bien à un chevalier que, se il est boens et
« loiaus et sages, qu'il prie bele damoisele ou bele
« dame d'amors puis qu'il sont soul à soul; et se li
« chevaliers ne la prie, parce qu'il la crieme ou
« parce qu'il est en autre pensée, la dame ou la da-
« moisele le doit prier et semondre de quanqu'elle
« desirrera ; et s'il s'en escondist, dont sai-je bien
« qu'il est honis sur terre et doit avoir toutes leis
« perdues en totes corz. Et por ce que vous ieste
« beaus chevaliers et je bele damoiselle, por ce vos
« requier et pri que vos gesiez à moi. Et vez-ci beau
« leu et cointe et bien aesié. Et se vos ne le faites, je
« ne vos sivrai en avant, ne jamais ne vos troverai
« en cort que je ne vos apel de recréandise. »

.... « Quant ils ont chevauchié une grant pièce au
rai de la lune, si choisissent et voient devant aus un
paveilon mult bel et mult riche. Si aperçoit Lanceloz que ce est li paveilons où Morgains soloit gésir
au Val des faus amans, lor et au tens qu'il chasoit
le chevalier qui se feri desous le lit.... Lors esgarde
Lanceloz et vit un des plus riches lis qu'il eust
onques veus et des plus biaus. Car il n'estoit nu le
grans richesce de courtepointe ne de dras ne de co-
vertor qui n'i fust, et par desuz le chevez en haut si
avoit deus oreilliers moult riches por le lit parer,
dont les coites estoient d'un samit trop richement
broudé; et en la broudeure avoit de maintes riches
pierres asises, plaines de vertuz ; et à chascun des
cors des oreilliers avoit un grant boton d'or tout

plain de basme qui rendoit si grant odor que nule mieudre ne puet estre. Et par desoz ces deus en avoit deus autres, et cil estoient fet por gesir sus....

Or Lanceloz s'est couchiez par le comandement à la damoisele, et semble bien que il ait garde, au semblant que il fait; quar il n'oste ne braies ne chemise, ançois gist come huem qui a besoing. Quand la damoisele ot fet couchier touz les valez ès loges dont entour le paveillon avoit assez, si revient arère là où Lanceloz gisoit. Et l'en voit léans mult cler, car devant le lit avoit deus grans cirges qui ardoient. La damoisele prent les cirges, si les oste de soz un coffre où il estoient, si les esloigne et met en bas, si que la clarté ne parviengne à la couche où Lanceloz gist. Cil esgarde quanqu'ele fait, come cil qui entent plus à penser que à dormir. Si voit qu'ele a tote sa robe ostée fors sa chamise, puis vient à Lancelot, si lieve les dras de son lit et se lance lez lui, et giete les bras por lui acolier, et le vost beisier; mes il n'a cure, si se defent moult durement, si qu'il li vole hors des bras et se lance hors dou lit, et ele est après lui saillie. Et quant il la vit hors del lit, si a trop grant honte et li dit : « Avoi! damoi-
« sele, m'aist Deus! bien avez honte perdue. Car
« onques mes n'oï parler de dame ne de demoisele
« qui vousist chevalier prendre à force. — Ha! fit-
« ele, mauvez recréant! dahés avez-vos! car onques
« chevaliers ne fustes, et honie soit l'eure que vos vos
« vantastes de monseignor Gauvain rescoure, quant
« vostre lit avez guerpi por une damoisele sole! si
« ne sui pas moins bele de voz ne meins valanz;
« car au meins ne sui-je pas desloiaus com vos
« estes. — Damoisele, fet-il, vous dirois ce que vos
« plaira; mes il ne se leva hui si buens chevaliers,
« se il m'apeloit de desloiauté, vers qui je ne me

« defendisse — Certes, fit-ele, or i parra coment vous
« en defendrez, car jel mostrerai encontre vos. »
Lors se lance à lui, si le cuide prendre par le col,
mais ele faut, et la main s'en vient par la chavesaille
de la chamise, si la fent jusqu'à la pointe. Quant il
voit ce, si a trop grant honte. Lors la seisist par les
deux bras, si la met arière au plus belement que il
puet, et dit qu'ele ne s'en relevera devant qu'ele li
ait fiancé qu'ele ne couchera en lit où il gise, ne ne
li querra chose qui encontre son cuer soit. — « Jel
« fiancerai, fet-ele, se vos volez fere une chose que
« je vos requerrai. — Dites, fet-il, car je le ferai
« teus puet-ele estre. — Ne vos en dirai rien se en
« l'oreille non; car je ne sai qui nous escoute, et se
« vos m'en escondisiez et il fust oï, tant seroit por
« vous la honte greindre . » Lors s'abesse Lanceloz
et met la destre oreille en sa boche. Et ele comence
à sospirier, si dist moult belement : « Ha Deus !
« coment le dirai-je ? » Lors s'estent si durement que
Lancelot cuida bien que ele fust pasmée. Lors l'a
regardée et, el regarder que il fist, ele giete la
boche, si li beise. Et il en est si angoissous que par
un poi que il n'enrage. Atant l'a laissiée, si comence
à crachier de despit de ce qu'ele l'avoit beisié. Et
ele le recort sore ; et quand il voit qu'il ne porra à
lui durer, si cort à s'espée qui à l'atache dou paveillon estoit pendue, si la sache hors del fuere, et
jure que il en ferra, se ele touche plus à lui. Ele
set bien que il n'en fera riens, etc.... (f° 92.)

P. 335, *note*. La preuve n'est pas décisive. Les Cister-
ciens, par exemple, confiaient tous les travaux de
leurs terres à des *frères convers* ou néophites rendus.
Ces bouviers rencontrés par Galehaut pouvaient
donc être de ces *rendus*. Plus loin, on voit Lionel à

l'entrée d'un enclos religieux, aborder « un des frères, qui labourait. »

P. 244. Le texte du ms. 752 raconte encore avec d'autres développements le songe et le départ de Lancelot :

Si li a mis poisons en son boivre qui estoient confites à conjuremenz et à charraiz; si li troblerent la cervele, tant que, la nuit, li fu avis en son dormant que il veilloit et que il trovoit sa dame la roine gisant avec un chevalier si de près que il le li faisoit; et il corroit à s'espée, si le voloit ocire, quant la roine sailloit sus et disoit : « Lanceloz, que volez « vos à cest chevalier? Ne soiez-vos jà si hardis que « vos i metois la main; car je sui soe; ne jamais, si « chier com vos avez vostre cors, n'entrez en leu où « je soie, car je le vous deffent mult bien. » Ensi le fit Morgue songier, et por ce qu'il tensist sa vision au matin plus veraie, le fist porter hors de la chambre à mienuit, et metre en une litière, autresi com ele avoit fait ou Val sans retor, tout endormi, en une des plus belles landes del monde, bien trois lieues loing d'ilecques; et ele meismes i ala, s'el fist à ses gens gueitier de près. Au matin fu avis Lancelot qu'il estoit en un des plus biaus paveillons del monde, et véist devant lui une autretel couche com estoit cele où il avoit véu gesir la roine et le chevalier, et que encore tenoit l'espée dont il le voloit ocirre. Ne sous ciel n'a home qui croire li féist que il n'eust veu à ses iaus ce que il avoit songié. — Quant il vit les gens Morgain, si fu mult honteus, et ele meismes vint avant à guise de fame mult irée, si li dist : « Coment Lancelot, i estes-vous si desloiaus « que vous en i estes fuis sans mon congié? » Et quant il entent, si cuide bien qu'ele l'ait ateint de desloiauté, si en a tel duel que par un poi qu'il ne forcene. Si prent l'espée qu'il cuide tenir, si la se viaut boter parmi le cors, quant Morgue li cort andeus ses mains tenir, si le chastie et dist que maintes gens trespassent lor loiautéz qui puis vivent loiaument totes lor vies. « Dame, fait-il, je ne porroie « mie longuement durer en tel manière, et mieus « me vendroit tot le monde guerpir et foïr, que à « morir. Et vos me devisâstes er soir que je m'en « iroie se vous juroie que je n'enterroie, etc. »

P. 350. *C'est ainsi que finit Galehaut.*

Dans plusieurs anciens manuscrits, cette partie du roman de Lancelot est appelée *Le livre de Galehaut*, ou *Le prince Galehaut*. A ce titre faisait allusion Dante Alighieri, dans les vers si souvent cités :

> Noi leggevamo un giorno per diletto
> Di Lancilotto, come amor lo strinse....
> *Galeotto* fu il libro e chi lo serisse....

On sait que Bocace avait choisi pour second titre de son Decaméron celui de *Il principe Galeotto*, tant ce personnage avait acquis une célébrité générale.

Galehaut semble pourtant un hors-d'œuvre dans l'ensemble de notre roman. L'auteur, après avoir promis de lui monts et merveilles, ne lui a confié qu'un rôle secondaire. Il est vrai qu'il devient l'utile intermédiaire des premières relations de Genièvre avec Lancelot, et qu'il donne un asile à la reine répudiée. Mais son excessive amitié pour Lancelot; ses projets insensés de conquête, abandonnés au moment où la défaite du grand roi Artus allait lui permettre de les réaliser; ses songes que douze astrologues viennent interpréter, tout cela forme je ne sais quelle fausse note qui affaiblit l'intérêt de l'action principale. Le romancier eût mieux fait de confier le soin de protéger la reine exilée au bon roi Baudemagus; en rapportant au temps du séjour de Genièvre à la cour de ce prince la passion de l'orgueilleux Méléagan pour la reine, passion dont le livre suivant va nous entretenir. Il est vrai que dans un des premiers, sinon dans le premier des romans français, on ne pouvait guère espérer de trouver l'observation de toutes les règles du genre : c'est déjà avec une certaine surprise qu'on y reconnaît tant de précieuses qualités dont les romanciers postérieurs ont fait leur profit.

Ainsi l'Amadis espagnol, composé dans le cours du quatorzième siècle, dut à cette première partie trop oubliée du Lancelot, tout ce qu'on y loua le plus, tout ce qu'on en retint le mieux. Si le roi Périon demande à ses astrologues l'explication de ses songes, c'est parce que Galehaut avait fait les mêmes rêves et demandé les mêmes explications aux astrologues d'Artus. Le *damoisel de la mer* reçoit chez Gandale l'éducation du « *Beau valet* » chez la Dame du lac. L'intervention répétée de demoiselles errantes, les landes, les forêts, les châteaux, les fontaines de l'Amadis, tout cela est emprunté au Lancelot. Urgande la desconnue, protectrice d'Amadis, est la Dame du lac protectrice de Lancelot. Ces deux fées sont amoureuses et ne disent pas celui qu'elles aiment. Languines, roi d'Écosse, arme chevalier le *Damoisel de la mer*, sans demander qui il est ni comment il se nomme, parce que le roi Artus en avait agi de même avec le *Beau valet*. Le premier entretien du Damoisel avec Oriane est librement traduit de celui de Lancelot avec Genièvre. L'aventure de Galaor avec la belle Aldene, est l'aventure de Gauvain avec la fille du roi de Norgales. Amadis rêvasse quand il voit Oriane, comme Lancelot quand il voit Genièvre; et dans cette contemplation ils oublient également de parer les coups de leurs adversaires. Comment ne pas reconnaître Mabile et la demoiselle de Danemarc du roman espagnol dans la Saraïde et la dame de Malehaut du roman français ? *L'arc des loiaus amans* de l'Amadis n'est-il pas notre *Val des faux amants?* Mais pourquoi tous ces rapprochements ? Il faudrait pour ainsi dire rappeler à chaque page des quatre premiers volumes de l'Amadis une page correspondante des romans de la Table ronde, et surtout de notre Lancelot. Qu'il nous suffise de dire que pour avoir été si fidèle imitateur de nos romans, l'Amadis a justement été regardé comme le chef-d'œuvre de l'ancienne littérature espagnole.

TABLE DES MATIÈRES

CONTENUES DANS LES *LAISSES*, OU CHAPITRES.

XLVII. Galehaut et Lancelot envoient Lionel à la cour, pour les recommander à la reine. P. 1.

XLVIII. Suite de la quête de Lancelot par Gauvain. Il est hébergé chez un ermite qui lui raconte l'histoire d'Allier, père de Marest. Gauvain assiste à l'assemblée de Loverzep; il y retrouve Giflet fils-Do. Ils font triompher le parti du duc Escaus de Cambenic. Ils rencontrent deux demoiselles à l'entrée d'une forêt Bonne fortune de Giflet. Gauvain suit l'une des deux demoiselles, qui promet de le conduire chez la dame sa maîtresse. Il s'arrête d'abord chez la dame, femme de Manassé. Il défend Manassé contre le sénéchal du duc Escaus. Lionel s'arrête pour suivre les combattants. Sa parole indiscrète. Gauvain tue le sénéchal. P. 5.

XLIX. Gauvain rejoint Lionel, et lui fait rendre son cheval. Combat des deux amis, interrompu par Gauvain auquel ils racontent le sujet de leur querelle. P. 20.

L. Gauvain va reprendre la demoiselle de la forêt. Il voit bientôt Sagremor aux prises avec dix larrons qui s'enfuient à son approche. Sagremor consent à prendre pour amie la demoiselle de la forêt. P. 24.

LI. Pourquoi Sagremor était surnommé le *desréc* et *mort-de jeun*. Arrivée de Gauvain, Sagremor et la demoiselle chez la fille du roi de Norgales. Bonne fortune de messire Gauvain. Le roi surprend le couple amoureux. Gauvain et Sagremor sortent à grand'peine du château. Un des Norgalois qui les poursuivent devient l'homme de Sagremor. Celui-ci conduit sa nouvelle amie au château d'Agravain. P. 28.

LII. Hector, prisonnier du châtelain des Mares, devient celui de la sœur d'Hélène-sans pair dont il va défendre la beauté contre la prouesse de Perside. Il triomphe de Perside et envoie les deux époux réconciliés à la cour du roi Artus. P. 37.

LIII. Arrivée de Lionel à Londres. Les Saisnes et les Irois en Écosse. La Reine envoie de ses *drueries* à Lancelot. Entrée et combats aveugles de messire Gauvain et d'Hector dans le Sorelois; ils retrouvent Galehaut et Lancelot dans l'*Ile perdue*. Saignée de Lancelot nécessaire à la complète guérison d'Agravain. Arrivée en Écosse; une demoiselle les conduit à l'*ost* du roi Artus, en exigeant un don qu'elle se réserve de réclamer plus tard. Artus amoureux de la belle Camille. Grande défaite des Saisnes par l'effet d'un stratagème de Lancelot. Le *Gué du sang*. P. 45.

LIV. Camille donne rendez-vous au roi Artus qui se présente à la Roche aux Saisnes avec Gaheriet. Bel accueil, suivi d'une attaque préméditée. Ils sont retenus dans la Roche aux Saisnes. Bel accueil fait à Lancelot et Galehaut par la Reine et la dame de Malehaut. Réunion des deux parties de l'écu, don de la Dame du lac. La Reine apprend la captivité du roi. P. 55.

LV. Lancelot, Gauvain, Hector et Galehaut tombent dans le piége tendu par la demoiselle qui leur avait demandé un don. Ils restent prisonniers de Camille. Conseil tenu chez la Reine. Messire Yvain remplace le Roi. Grand combat. Prouesse du roi Ydier de Cornouaille. Défaite des Saisnes. P. 59.

LVI. Frénésie de Lancelot. Il sort de la Roche aux Saisnes et est recueilli par la Reine qui parvient à le guérir avec le secours de la Dame du lac. P. 65.

LVII. Nouvelle attaque des Saisnes; ils sont mis en déroute avec l'aide de Lancelot. Mort du roi Hargodabran. Retour de la poursuite des Saisnes. Dépit de Lancelot. P. 74.

LVIII. Délivrance du Roi et des autres prisonniers de Camille. Mort de Camille. P. 80.

LIX. Lancelot, Galehaut et Hector deviennent compagnons de la Table ronde. Galehaut et Lancelot vont en Sorelois. Les quatre grands clercs d'Artus chargés d'écrire l'histoire des temps aventureux. P. 83.

LX. Langueurs de Galehaut et de Lancelot. Songe de Galehaut. Le château de l'Orgüeilleuse garde. Chute des tours et des murailles. Galehaut fait demander au roi Artus ses plus sages astrologues. P. 89.

LXI. La seconde Genièvre envoie à la cour une demoiselle pour accuser la reine Genièvre de lui avoir été substituée. Elle est accompagnée du vieux Bertolais. Le Roi renvoie l'examen de sa réclamation au jugement d'une assemblée de barons convoqués à Caradigan pour la Chandeleur. P. 97.

LXII. Arrivée en Sorelois des clercs d'Artus. Lancelot et Galehaut apprennent l'accusation portée contre la Reine. Premiers projets abandonnés de Galehaut. P. 110.

LXIII. Explication du songe de Galehaut. Histoire d'une dame d'Écosse. Galehaut cache à Lancelot ce que maître Hélie de Toulouse lui avait révélé. P. 113.

LXIV. Galehaut veut partager avec Lancelot tous ses domaines, et aller reprendre à Claudas le royaume de Benoïc. Refus de Lancelot. Galehaut assemble ses barons. Son discours. Il leur annonce son départ, et choisit le roi de Gorre Baudemagus pour gouverner en son absence. Quel était le pays de Gorre. Le *Pont étroit* et le *Pont de l'épée*. Meleagan, fils de Baudemagus. Départ de Galehaut et de Lancelot. P. 131.

LXV. Arrivée à Camalot. Tournois. Lancelot est blessé par Méléagan. Angoisses de la Reine. Artus lui propose de garder Lancelot dans ses chambres. Quelle était la seconde Genièvre de Carmelide et Bertolais, son complice. P. 142.

LXVI. Assemblée de la Chandeleur. La seconde Genièvre renouvelle sa clameur contre la Reine.

TABLE DES MATIÈRES. 379

Elle accorde un jour de délai. D'après un faux avis, Artus va poursuivre un sanglier dans la forêt. Il est pris, désarmé et conduit en Carmelide par les chevaliers de la seconde Genièvre. Les chevaliers d'Artus le cherchent en vain. Douleur de la Reine. P. 148.

LXVII. Artus en Carmelide. Il devient amoureux de la seconde Genièvre, et mande à messire Gauvain de semondre les barons de Logres pour le jour de l'Ascension. P. 154.

LXVIII. Messire Gauvain est élu pour Roi. Il reçoit le message du roi Artus, reconforte la Reine et convoque les Barons de Logres. P. 159.

LXIX. Arrivée de la Reine en Carmelide. Assemblée des barons. Jugement. La Reine est condamnée pour avoir usurpé la place de reine. Une nouvelle assemblée, convoquée pour la Pentecôte, déterminera le châtiment de la Reine. Les barons de Logres refusent de prendre part au jugement. Les barons de Carmelide, présidés par le Roi, font proclamer par Bertolais la punition infligée à la Reine. Lancelot renonce à la compagnie de la Table ronde, avant de fausser le jugement rendu. Il offre de défendre l'innocence de la Reine seul contre les trois plus vaillants chevaliers de Carmelide. Sa querelle avec Keu. P. 163.

LXX. Combat et victoire de Lancelot contre les trois chevaliers de Carmelide. A la prière de la Reine, il reçoit à merci Guifrey de Lamballe. La Reine est proclamée quitte de tout châtiment. P. 175.

LXXI. Lancelot refuse de demeurer à la cour d'Artus. Galehaut, avec le consentement du Roi, emmène la Reine au Sorelois, et la fait reconnaître pour la reine du pays. Elle impose des réserves à Lancelot, qui les accepte. P. 183.

LXXII. Le pape de Rome met la Bretagne en interdit. Maladie de la fausse reine. Le Roi s'arrête chez un ermite, y tombe en faiblesse. Amustant, le prêtre de l'ermitage, lui fait reconnaître ses fautes. La fausse Genièvre confesse les siennes. Mort de Bertolais. La reine Genièvre est justifiée et rappelée. Les barons de Carmelide vont lui crier merci et l'obtiennent. Artus reprend la Reine. Adresse dont elle use pour avoir l'air de contraindre Lancelot à redevenir compagnon de la Table ronde. P. 191.

LXXIII. Le roi Artus à Dinasdaron et son Retour à Londres. Adoubement de Lionel. La forêt de Varannes. Enlèvement de mess. Gauvain. Lancelot, Galeschin duc de Clarence, et messire Yvain entreprennent sa quête. P. 208.

LXXIV. Quête de messire Gauvain par Galeschin. Il s'arrête chez la dame de Blancastel sa cousine, qui tente en vain de le détourner d'aller attaquer Karadoc de la Tour douloureuse, ravisseur de messire Gauvain. Elle lui donne, pour le conduire, un de ses écuyers. Il délivre et venge la dame de Cabrol. Une demoiselle le conduit à Pintadol. Les quatre escrimeurs. Galeschin les tue, abat une mauvaise coutume et devient seigneur du Pintadol. *Ascalon le Ténébreux.* La demoiselle qui conduisait Galeschin raconte l'origine des ténèbres répandus sur le château. Galeschin tente l'épreuve et ne peut en triompher. Histoire des quatre escrimeurs. Galeschin continue sa quête, et arrive au *Chemin du Diable*. Il s'arrête chez un vavasseur qui lui indique la voie qui mène à la *Chapelle Morgain* et au *Val sans retour*. L'écuyer de la dame de Blancastel l'abandonne à l'entrée de cette voie. Histoire du Val sans retour ou *des Faux amants*; Galeschin y est retenu. P. 213.

LXXV. Quête de messire Gauvain par messire Yvain. Rencontre de la litière du Chevalier navré. Mess. Yvain essaie vainement de le lever du coffre. Il chasse d'une maison-forte les voleurs qui la pillaient. Il voit dix chevaliers qui ont suspendu à un arbre une demoiselle, et contre lesquels se défend un chevalier. Il vole au secours du chevalier. P. 246.

LXXVI. Quête de messire Gauvain par Lancelot. Il lève du coffre le Chevalier navré. Il est conduit au *Gay-Château* chez Trajan le Gai, dont les deux fils sont Adrian le Gai — le chevalier navré, et Melian le Gai, celui qu'il avait guéri à Camalot, le jour où Artus l'avait armé chevalier. Melian lui raconte comment leur père, son frère et lui avaient été victimes des ressentiments de Karadoc et de sa vieille sorcière de mère. Mélian suit quelque temps Lancelot en quête de messire Gauvain. P. 255.

LXXVII. Messire Gauvain enfermé dans la Tour douloureuse, au milieu de reptiles et de vermines. Il est secouru par une demoiselle que Karadoc avait enlevée au chevalier qu'elle aimait. P. 262.

LXXVIII. Retour à la cour d'Artus. Lionel, qui devait être armé chevalier le jour de la Pentecôte, part en secret à la recherche de son cousin Lancelot. Galehaut le reconnait et l'oblige à revenir. La Reine est mécontente de Lancelot, qui s'est éloigné sans son congé. Suite des aventures de Lancelot. Melian le quitte pour se rendre à Londres où il arrive, comme Lionel nouvellement adoubé venait de triompher du lion couronné de Lybie. Melian raconte l'enlèvement de messire Gauvain, et la quête entreprise par Lancelot, Galeschin et messire Yvain. Douleur de la Reine. Le roi rassemble un ost et part dans l'espoir de délivrer messire Gauvain. P. 268.

LXXIX. Suite de la quête de messire Gauvain par Lancelot. Il arrive à l'endroit où messire Yvain soutenait l'effort des dix chevaliers de Norgales qui avaient attaqué et lié Sagremor et son amie; il les délivre. Sagremor raconte comment il avait été attaqué, et reprend avec son amie le chemin de Londres. P. 274.

LXXX. Lancelot continue sa quête en compagnie de messire Yvain. Une demoiselle consent à leur servir de guide, et les fait arriver devant le château des Ténèbres. Messire Yvain veut essayer de traverser le moutier, et revient tout meurtri. Lancelot tente à son

TABLE DES MATIÈRES. 383

tour l'aventure et en triomphe. Les ténèbres disparaissent; la lumière du jour rentre dans le château. P. 276.

LXXXI. Lancelot et messire Yvain arrivent devant la *Chapelle Morgain*. Messire Yvain descend le premier dans le Val sans retour; il y est retenu. Lancelot tente cette nouvelle aventure et en triomphe. En poursuivant l'ami de Morgain, il retourne le lit où la fée était endormie. Une demoiselle veut venger son ami tué par Lancelot. Délivrance des chevaliers retenus dans le val. Ressentiment de Morgain. Elle endort Lancelot et le transporte dans une de ses retraites, au milieu de la forêt. Quand il se réveille, elle lui offre la liberté en échange de l'anneau que lui avait donné la Reine. Refus de Lancelot. Origine de la haine de Morgain contre la Reine. P. 283.

LXXXII. Le Val sans retour disparaît. Galeschin, messire Yvain et les chevaliers délivrés poursuivent la quête de messire Gauvain. Hospitalité de Keu d'Estrans, oncle d'Aiglin des Vaus. Regrets de la dame d'Estrans, en apprenant la délivrance des chevaliers du Val sans retour. P. 293.

LXXXIII. Lancelot chez Morgain. La fée lui permet de se rendre devant la Tour douloureuse, en lui faisant promettre de revenir dès qu'il en serait averti. Elle le charge de conduire la plus belle de ses demoiselles. Tentatives de celle-ci pour rendre Lancelot infidèle à la Reine. Il reste insensible à ses provocations et elle lui demande pardon. Il enlève du milieu de l'eau le corps d'un chevalier et celui de son ancienne amie. Leur histoire. Il rejoint les chevaliers en quête de messire Gauvain. Messire Yvain et Galeschin veulent essayer de pénétrer dans la Tour douloureuse; ils sont l'un après l'autre retenus prisonniers. P. 299.

LXXXIV. Lancelot se rend au *Pas Felon* auquel était arrivé l'ost du Roi et que gardait Karadoc. L'arrivée de Lancelot décide Karadoc à reprendre le chemin de la Tour douloureuse. Lancelot le rejoint et le fait arrêter. Combat terrible. Karadoc, serré de près, entre avec Lancelot dans la Tour douloureuse. La demoiselle qui avait secouru messire Gauvain met à la portée de Lancelot une épée. Histoire de cette épée. Karadoc, mortellement frappé, veut faire mourir avant lui messire Gauvain. Lancelot le prévient et délivre messire Gauvain. Le roi Artus est reçu dans la Tour; il en fait don à la demoiselle qui avait secouru Lancelot et messire Gauvain. Melian le Gai l'épouse et devient sire de la Tour douloureuse, qu'on appellera désormais le Château de la belle prise. Lancelot est averti de retourner chez Morgain, et prend auparavant congé de messire Gauvain. P. 314.

LXXXV. Morgain, ne pouvant obtenir l'anneau de la Reine, endort Lancelot et lui enlève cet anneau auquel elle substituer le sien. Lancelot ne s'en aperçoit pas. Elle envoie une de ses demoiselles à Londres pour annoncer au Roi et à la Cour que Lancelot, dans une grande maladie, a reconnu le péché qu'il avait commis en répondant à l'amour de Genièvre. La demoiselle jette l'anneau dans le giron de la Reine, et la Reine avoue fièrement qu'elle l'avait donné à Lancelot avec tout l'amour dont elle pouvait encore disposer. Le Roi écoute avec assez de calme cet aveu, et la demoiselle recueille, en prenant congé, les malédictions de tous. Galehaut, Lionel, messire Gauvain, messire Yvain partent en quête de Lancelot. Ils rejoignent la messagère de Morgain, qui les conduit chez une de ses parentes, puis s'esquive et va rendre compte à Morgain du peu de succès de sa mission. P. 323.

LXXXVI. Séparation des quatre amis à l'entrée d'un carrefour. Aventure de Galehaut. Il voit l'écu de Lancelot que l'on fêtait; il s'en empare, et le garde après un long combat d'où il sort blessé. Il est reçu dans une maison de religion, où il reste jusqu'à sa guérison. Aventure de messire Gauvain. Il abat un chevalier felon qu'il consent à laisser remonter, et qui le fait tomber dans un marais fangeux. Messire Yvain le secourt. Ils s'arrêtent dans la maison où Galehaut attendait que ses plaies fussent cicatrisées. Lionel rencontre une demoiselle qui lui donne à croire que Lancelot a été tué. Elle offre de le conduire vers celui qui l'a frappé. Lionel la suit et provoque ce chevalier : il allait lui trancher la tête quand arrive une autre demoiselle affirmant que Lancelot n'est pas mort, et qu'elle le lui montrera, s'il veut bien épargner le chevalier vaincu. Lionel la suit : elle le fait monter sur un arbre, et, de là, apercevoir Lancelot dans le verger de Morgain. Il revient annoncer à Galehaut la bonne nouvelle ; mais c'est en vain que le lendemain ils tentent de retrouver l'arbre d'où Lionel avait aperçu Lancelot. Galehaut découragé, reprend le chemin du Sorelois.

Morgain présente à Lancelot un philtre qui le plonge dans un sommeil agité. Il croit voir dans les bras d'un nouvel amant la reine Genièvre qui lui défend de reparaître devant elle. Abusé par ce songe, il consent le lendemain à promettre d'éviter la Cour d'Artus et de ne parler à nul des compagnons de la Table ronde. A quelques jours de là, messire Gauvain et messire Yvain le reconnaissent aux grands coups qu'il frappe dans un tournois ; ils le suivent et ne peuvent lui arracher le secret de son désespoir. Lancelot retourne en Sorelois, et tombe de nouveau en frénésie. P. 332.

LXXXVII. Galehaut en Sorelois. Sa mort. P. 348.

15855 — TYPOGRAPHIE LAHURE
Rue de Fleurus, 9, à Paris.

www.ingramcontent.com/pod-product-compliance
Lightning Source LLC
Chambersburg PA
CBHW060052190426
43201CB00034B/679